公立幼稚園教諭・保育士採用試験対策シリーズ

2025年度

専門試験

公立

幼稚園教諭
（過去問題集）

京都市

協同教育研究会 編

まえがき

　本書は，京都市の公立幼稚園教諭採用試験を受験する人のために編集されたものである。

　幼稚園教諭は，満3歳から小学校就学までの幼児に対して，年齢に応じた指導を行うことをその職務とする。具体的には，幼児の健康状態のチェック，遊び，絵画，音楽や運動など，幼児の心身の発達を伸ばす教育を行うものである。その他には，教室の掃除，カリキュラムの作成，園児の行動記録など，仕事の範囲は多岐にわたる。

　幼稚園教諭試験は，その職務を全うできる有為な人材を，幅広い範囲から登用するために，公務員試験の原則に則り，公開平等の原則によって実施される。すなわち，一定の基準点に達すれば合格する資格試験とは根本的に違い，有資格者であれば，誰にでも門戸が開かれた選抜競争試験である。そのため毎年，多数の人が受験している人気職種である。

　このような幼稚園教諭という職務の重要性をかんがみ，激烈な関門を突破するためには，まず自分の適性・素養を確かめると同時に，試験内容を十分に研究して対策を講じておく必要があろう。

　本書はその必要性に応え，京都市の公立幼稚園教諭採用試験の過去問，及び，最近の出題傾向を徹底分析した上で，「専門試験」について，問題と解説などを加えたものである。これによって短期間で学習効果が現れ，自信をもって試験に臨むことができよう。

　公立幼稚園の教諭をめざす方々が本書を十分活用され，難関を突破して目標を達成されることを心からお祈りする。

協同教育研究会

＊目次＊

第1章

京都市の
公立幼稚園教諭

試験概要

令和5年度京都市立学校教員採用選考試験実施要項

京都市教育委員会

令和5年度京都市立小学校教諭（幼稚園を含む），中学校教諭，高等学校教諭，総合支援学校教諭，養護教諭及び栄養教諭の採用選考試験を以下のとおり実施します。

※ 本試験実施にあたっては，新型コロナウイルス感染症の拡大防止のため，参加者のマスク着用，身体的距離の確保や3密（密閉空間・密集場所・密接場面）の回避といった基本的な感染症対策を徹底して行いますが，感染者の発生状況等により，試験日程や会場，試験内容等，一部を変更する可能性がありますのでご了承ください。
　　京都市教育委員会ホームページにも，新型コロナウイルス感染症対策や非常災害等をはじめとした受験に関わる注意事項を順次掲載しますので，受験者は，必ず確認してください。

【出願手続き】 詳細はP12に記載しています。
　出願の受付（電子申請（インターネット）により出願すること）
　　　　　　　　　　令和4年4月13日（水）午前9時～
　　　　　　　　　　令和4年5月9日（月）正午受信分まで
　　　（提出書類に多くの不備がある場合には受験資格を満たさないと判断する場合があります。）

※パソコンからの出願となります。スマートフォンやタブレットからの出願はできませんので，ご注意ください。

【主な試験日程】
第1次試験（筆記試験）　令和4年6月25日（土）
　　　　（面接試験）　令和4年6月26日（日），7月2日（土），3日（日）のうち，指定する日
第　2　次　試　験　令和4年8月20日（土），21日（日）の両日

＜昨年度からの主な変更点＞

1　模擬授業の教科・単元・場面等について，当日指定から事前指定に変更（高等学校及び総合支援学校教諭は除く）
　　第2次試験で実施する模擬授業（幼稚園は模擬保育）について，幼稚園，小学校，中学校，養護教諭及び栄養教諭に限り，事前に指定した教科・学年・単元・場面等で模擬授業を行っていただくこととします。なお，高等学校及び総合支援学校教諭は，従来どおり当日に指定することとします。（詳細はP5に記載）

2　総合支援学校教諭の受験資格のうち，特別支援学校の普通免許状についての要件を緩和
　　採用日時点に「特別支援学校の普通免許状を有しない方」についても受験を可能とします。ただし，採用後3年以内に必ず当該免許状を取得することを出願条件とします。（詳細はP4に記載）

3　大学・大学院推薦制度による対象教科・人数の拡大
　　推薦対象となる中学校の教科を従来の3教科から，家庭・英語を加えた5教科に拡大します。また，各校種における推薦可能人数を増やします。（詳細はP4及び「令和5年度京都市立学校教員採用選考試験　大学・大学院推薦制度実施要項」を参照してください）

4　京都市立学校園の常勤講師について「第1次試験免除制度」を拡大
　　本市では，「前年度実施の第1次試験合格者」について，「その翌年度の第1次試験を免除（※1）」していますが，次の3つの要件に当てはまる場合は，「さらにその翌年度も1次試験を免除（※2）」します。
　　① 上記（※1，2）のそれぞれの試験の出願時において，京都市立学校園の常勤講師であること。
　　② 上記（※1）の2次試験の結果が「不合格のうち上位（B-1判定）」または「補欠合格」であること。
　　③ 上記（※2）の試験の出願区分が，（※1）の試験と同一の区分のみであること。　（P11参照）

・本要項における「国公私立学校」とは「学校教育法第1条」に掲げる学校を指します。
・本要項における「総合支援学校」とは「学校教育法上の特別支援学校に該当する学校」を指します。
・本要項における「小中学校」とは「学校教育法上の義務教育学校に該当する学校」を指します。
・本要項における「育成学級」とは「学校教育法上の特別支援学級に該当する学級」を指します。

1　出願の区分及び教科並びに採用予定数

（1）一般選考

出願区分・採用予定教科等		採用予定数
ア　小学校教諭	（小学校英語教育推進コース 小学校理科教育推進コースを含む）	１００名程度
	うち，幼稚園	若干名
イ　中学校教諭	国語・社会・数学・理科・音楽・美術・ 保健体育・技術・家庭・英語	６０名程度
ウ　高等学校教諭	国語・地理歴史・数学・理科（物理，化学， 生物）・英語・情報・工業（機械）	１５名程度
エ　総合支援学校教諭（小学校，中学校，小中学校の育成学級を含む）		５０名程度
オ　養 護 教 諭		１０名程度
カ　栄 養 教 諭		若干名

【小学校英語教育推進コースについて】

　　第1次試験の個人面接において，「英語」に関する事項をテーマとするなど，通常の小学校教諭区分と比較し，英語活用力をより重視した試験内容を予定しています。また，第1次試験の個人面接については，通常の小学校教諭区分と異なる配点（最大15点加点）としています。

【小学校理科教育推進コースについて】

　　第1次試験の個人面接において，小学校理科教育に対する理解や専門性を問うなど，小学校理科を指導するために必要な資質等を重視した試験内容を予定しています。また，第1次試験の個人面接については，通常の小学校教諭区分と異なる配点（最大15点加点）としています。

（2）特別選考（詳細はP8～10参照）

ア　国際貢献活動経験者特別選考

出願区分	採用予定数
一般選考で実施する区分・教科	5名以内

イ　フロンティア特別選考

選考区分	採用予定教科	採用予定数
理数工コース	中学校・高等学校教諭（数学・理科・工業）	
保健体育コース	中学校教諭（保健体育）	5名以内
英語ネイティブコース	中学校・高等学校教諭（英語）	

ウ　現職教諭特別選考

出願区分	採用予定数
一般選考で実施する区分・教科	一般選考に含める

エ　障害者特別選考

出願区分	採用予定数
一般選考で実施する区分・教科	一般選考に含める

（3）留意事項

　ア　採用予定数は実施要項発表時点での見込みであり，今後，状況により変動する場合があります。

　イ　志願書提出後の選考区分，出願区分，教科の区分の変更は認めません。

　ウ　高等学校については上記（1）の採用予定教科のみ募集し，その他の教科は募集しません。

　　　なお，中学校美術，保健体育，家庭の合格者については，採用時に高等学校へ配置する場合があります。

　エ　小学校及び中学校の合格者については，採用時に小中学校や総合支援学校へ配置する場合があります。

オ　総合支援学校の合格者は，採用時に総合支援学校（小学部・中学部・高等部のいずれか）のほか，小学校，中学校又は小中学校の育成学級に配置する場合があります。

カ　全ての区分において，日本国籍を有しない方の受験が可能です。ただし，採用の際の職名は，「任用の期限を付さない常勤講師」となります。

キ　採用予定教科・分野であっても，選考の結果，採用を行わない場合があります。

＜大学・大学院推薦制度について＞ ▌推薦対象となる中学校の教科を拡大・各校種の推薦可能人数を増加

　　京都市立学校教員を第一志望とし，学業成績優秀であるとともに，部活動やボランティア活動等の実績が顕著であるなど，大学・大学院における諸活動の実績を評価され，教師として優れた実践力を発揮することが期待できると学長等（学部長以上の職）からの推薦を受けた方（令和5年3月卒業・修了予定者等）は，書類選考のうえ，合格者については第1次試験を免除します（個人面接については，第1次試験の日程のうち指定する日に実施）。

　　詳細については，京都市教育委員会ホームページ掲載の「令和5年度京都市立学校教員採用選考試験　大学・大学院推薦制度実施要項」をご覧ください。

2　受験資格

一般選考については，次の（1）～（3）の全てに該当する方

※特別選考については，P8～10を参照してください。

（1）　昭和38年4月2日以降に生まれた方（令和5年4月1日現在の年齢が60歳未満の方）

（2）　出願する区分及び教科又は職に相当する普通免許状を有する方，又は令和5年4月1日までに取得見込みの方

　　ア　幼稚園教諭の出願者は，幼稚園の普通免許状とともに小学校の普通免許状を有するか，令和5年4月1日までに取得見込みであることが必要です。また，幼稚園専門筆記試験に加え，小学校専門筆記試験も受験していただく必要があります。

　　イ　小学校英語教育推進コースの出願者は，小学校の普通免許状を有するか，令和5年4月1日までに取得見込みであるとともに，以下のいずれかの条件を満たすことが必要です。なお，試験内容や配点等の詳細についてはP3，P5，P16を参照してください。

　　　① 中学校英語又は高等学校英語の普通免許状を有するか，令和5年4月1日までに取得見込みであること。
　　　② 実用英語技能検定2級以上の資格を所有していること。
　　　③ TOEFL 500点以上（iBTの場合は42点以上）の資格を所有していること。
　　　④ TOEIC 550点以上（S&Wを含む場合は790点以上）の資格を所有していること。
　　　⑤ GTEC（CBT）960点以上の資格を所有していること。
　　　⑥ IELTS4.0以上の資格を所有していること。
　　　※上記②～⑥の資格の有効期限は設けていません。過去に一度でも要件を満たせば該当します。

　　ウ　小学校理科教育推進コースの出願者は，小学校の普通免許状とともに，中学校理科の普通免許状を有するか，令和5年4月1日までに取得見込みであることが必要です。なお，試験内容や配点等の詳細についてはP3，P5，P16を参照してください。

　　エ　一般選考における中学校の数学・理科，高等学校の数学・理科・工業については，当該校種及び教科の普通免許状を有しない方及び取得見込みのない方も受験が可能です。合格者については，「6　受験資格に係る特例について」に基づき，正式採用を予定しています。

　　　※エの特例を適用する場合は，第1次試験の一部免除等（社会人経験者チャレンジ制度，理数工志願者チャレンジ制度）の特例（P12）を使用できません。

　　オ　総合支援学校の出願者は，以下の条件を全て満たすことが必要です。

　　　① 特別支援学校の普通免許状（知的・肢体不自由・病弱の3領域のうち，いずれかの領域）を有するか，取得見込であること（受験者本人の責に帰さないやむを得ない事由を除き，採用後3年以内に必ず取得すること）。なお，令和5年4月1日までに取得見込でない方には，出願後，免許状の取得方法と具体的な計画について別途，確認します。

　　　　※養護学校の普通免許状を有している方については，上記の特別支援学校の普通免許状を有しているものとみなします。

② 小学校，中学校又は高等学校の普通免許状（小学校の育成学級を希望する場合は小学校の普通免許状，中学校の育成学級を希望する場合は，中学校の普通免許状）を有するか，令和5年4月1日までに取得見込みであること。

（3）地方公務員法第 16 条及び学校教育法第 9 条の欠格条項に該当しない方

【併願に関すること】

　　1（1）のア～エの出願区分について，「各出願区分（イ，ウは教科の区分）に相当する普通免許状を現に有するか令和5年4月1日までに取得見込みの方」は，該当する出願区分のうち，1校種又は2校種までの併願が可能です。エは，「**採用日時点に特別支援学校の普通免許状を有しない方**」でも併願が可能です。ただし，受験者本人の責に帰さないやむを得ない事由を除き，採用後3年以内に必ず特別支援学校の普通免許状（知的・肢体不自由・病弱の3領域のうち，いずれかの領域）を取得することを出願条件とします。併願を希望する場合はP17の表で，併願ができる区分を必ず確認してください。

3　選考試験の内容

		小学校 (幼稚園・小学校英語教育推進コース・小学校理科教育推進コース含む)	中学校	高等学校	総合支援学校	養護教諭	栄養教諭
第1次試験	6/25(土)	◎一般選考・・・一般・教職教養筆記試験　30分 　　（社会人経験者チャレンジ制度及び理数工志願者チャレンジ制度適用者・・・論文試験　30分） ◎国際貢献活動経験者特別選考・・・論文試験　30分 ◎フロンティア特別選考・・・論文試験　30分（専門筆記の受験は必要ありません） ◎現職教諭特別選考・・・一般・教職教養筆記試験を免除					
		◎専門筆記 50分 (幼稚園併願者は，別途幼稚園専門筆記30分)	◎専門筆記 50分 (国語60分)	◎専門筆記 90分 (国語110分，地理歴史・情報60分)	◎専門筆記 50分	◎専門筆記 50分	◎専門筆記 50分
		―	◎実技試験〈英語（リスニング）〉			―	
	6/26(日)，7/2(土)，7/3(日)	◎個人面接（場面指導等を行う場合があります。）					
第2次試験	8/20(土)～8/21(日)	◎論文（フロンティア特別選考英語ネイティブコース受験者は，英語での記述も可能とします。） ◎集団討議 ◎模擬授業（幼稚園，小学校，中学校，養護教諭，栄養教諭の受験者に対しては，第1次試験結果発表日頃に模擬授業の実施教科（小学校のみ。国語，社会，算数又は理科），学年及び単元等を京都市教育委員会ホームページにて指定します。当該区分の受験者は，ホームページ上の指示に従って確認のうえ，事前に指導案を作成し，試験当日に持参してください。） （高等学校教諭及び総合支援学校教諭の受験者は，学年及び単元等は試験当日に示し，指導案作成も試験当日に行います。） （模擬授業では，教科の専門性や職務遂行に必要な適性等を問う口頭試問を行います。） （幼稚園受験者は模擬授業の替わりにピアノを使用した模擬保育を実施します。） （フロンティア特別選考英語ネイティブコース受験者は，指導案作成を日本語に加え，英語での作成も可能とします。）					
		―	◎実技試験 〈音楽・美術・保健体育・英語〉	◎実技試験 〈英語〉	―	◎実技試験 〈救急処置等〉	―

（注1）　大学・大学院推薦制度の適用者の個人面接は，第1次試験の日程のうち指定する日に実施します。

（注2）　上記の試験のうち，併願する区分も含めて，いずれか一つでも受験されない場合は，体調不良等のいかなる理由でも，その時点で本市の教員採用選考試験の受験を辞退したものとみなし，本試験の受

験資格を失うものとします。ただし，中学校保健体育の体育実技試験については，身体等の事情により試験を受けないことを認める場合があります。

(注3)　試験開始時に指定会場内において出席が確認できない場合は，その時点で受験を辞退したものとみなし，本試験の受験資格を失うものとします。ただし，公共交通機関の遅延による遅刻については，遅延証明書等による確認のうえ，受験を認める場合があります。

(注4)　障害のある方を含め，受験に際し配慮を必要とする方は，可能な範囲で配慮を行いますので，志願書に具体的な事情を記入のうえ，出願の際に教職員人事課（Tel：075-222-3781，Fax：075-222-3759）までご相談ください。

試験会場（予定）　試験会場の詳細は受験票にてお知らせします。

≪第1次試験≫

立命館大学　衣笠キャンパス（京都府京都市北区等持院北町５６−１）

京都市総合教育センター（京都府京都市下京区河原町仏光寺西入）

職員会館かもがわ（京都府京都市中京区土手町通夷川上る末丸町２８４）

≪第2次試験≫

同志社大学　新町キャンパス（京都府京都市上京区新町通今出川上ル近衛殿表町 159-1）

京都市総合教育センター（京都府京都市下京区河原町仏光寺西入）

※試験会場の敷地内は全て禁煙とし，携帯電話の使用も一切禁止します。

※試験日程や会場，試験内容等については，受験者数等により，一部変更する場合があります。

（1）第1次試験の留意事項

　　ア　専門筆記試験について

　　　①　併願希望者…志願する全ての区分・教科についての専門筆記試験を受験してください。一つでも受験されなかった場合は，本市の教員採用選考試験の受験資格を失います。

　　　②　幼稚園併願者…幼稚園専門筆記試験に加え，小学校専門筆記試験も受験する必要があります。

　　　③　高等学校（国語・数学・理科・英語）志願者…高等学校の専門筆記試験に加えて，中学校の該当教科の専門筆記試験（中学校・高等学校の共通問題）を受験する必要があります。試験時間は合わせて国語 110 分，その他の教科 90 分です。

　　　④　高等学校（地理歴史・情報・工業）志願者…高等学校の専門筆記試験（地理歴史及び情報は60 分，工業は 90 分）のみ受験してください。ただし，中学校社会と高等学校地理歴史の併願者は，中学校社会の専門筆記試験（50 分）を合わせて受験してください。

　　イ　第1次試験免除等の特例について

　　　要件に該当する方は，希望により第1次試験の一部又は全部を免除，あるいは他の試験に替えて実施します。詳細は，P10〜P12 を参照してください。

（2）第2次試験の留意事項

　　ア　第2次試験受験対象者は次の①〜②のいずれかに該当する方です。

　　　①　第1次試験の結果により第2次試験の受験資格を得た方

　　　②　7（1）「第1次試験の全部免除」の要件に該当する方

　　イ　実技試験について

　　　次のとおり実技試験を実施します。

① 中学校保健体育受験者（フロンティア特別選考の保健体育コース受験者を除く）

内　　　容	持　参　物
・体つくり運動 ・器械運動：マット運動（空中回転技は実施しません。） ・球技：バスケットボール	運動のできる服装〔前後に受験番号を記入したゼッケン（縦15cm×横20cm以上）を各自で用意し、縫い付けておくこと。〕、運動靴（屋内用）

② 中学校音楽・美術・英語，高等学校英語，養護教諭受験者

　実技試験の内容，集合時刻，持参物等は，第1次試験結果通知書等により直接，受験者に通知します。

4　試験の結果発表等について

※結果発表の時期等については，今後，変更する場合があります。

（1）第1次試験の結果発表

ア　令和4年8月中旬までに，受験者全員に結果を通知します。試験結果の通知は，A（合格）とB（不合格）に区分してあり，A（合格）は第2次試験の受験資格を得たこと，B（不合格）は受験資格がないことを示します。

　また，結果は受験番号により京都市役所公用掲示場に掲示するとともに，京都市教育委員会ホームページでも発表します。

イ　第1次試験にて併願区分も含めて全て不合格となった方には，B－1，B－2，B－3，B－4，B－5の5段階の区分で結果を通知します。ただし，併願区分については，5段階の区分での結果通知は行いません。

（2）第2次試験の結果発表

ア　令和4年9月下旬に，第2次試験受験者全員に合否結果（合格，補欠合格，不合格）を通知します。また，結果は受験番号により京都市役所公用掲示場に掲示するとともに，京都市教育委員会ホームページでも発表します。

イ　第2次試験において不合格になった方には，B－1，B－2，B－3の3段階の区分で結果を通知します。

（3）内定時期等について

　合格者については，令和4年9月下旬に合格通知とともに内定通知書を送付し，原則として令和5年4月1日付けで採用します。

　ただし，**令和5年4月1日に有効な普通免許状を所有されていないときは，採用することができませんのでご注意ください。（ただし，「6　受験資格に係る特例」の適用者を除く）**

　また，補欠合格者については，欠員状況に応じて採用される場合があります。

（4）採用延長の特例（大学院進学者及び国際貢献活動派遣者）

　第2次試験合格者が，合格した区分・教科又は職の専修免許状取得を目指して，大学院へ進学する場合は，最大2年間採用を猶予し，当該専修免許状の取得を条件として，令和6年4月1日付け又は令和7年4月1日付けで採用します。

　また，第2次試験合格者が独立行政法人国際協力機構法の規定に基づく青年海外協力隊又は日系社会青年ボランティアの活動に従事する場合は，最大2年間採用を猶予し，令和6年4月1日付け又は令和7年4月1日付けで採用します。

（5）京都市立学校園 常勤講師の「前年度不合格者のうち上位もしくは補欠合格者」の特例

　「前年度実施の第1次試験合格者」について，「その翌年度の第1次試験を免除（※1）」する取扱いを拡大し，次の3つの要件に当てはまる場合は，「さらにその翌年度も1次試験を免除（※2）」します。

① 上記（※1，2）のそれぞれの試験の出願時において，京都市立学校園の常勤講師であること。
② 上記（※1）の2次試験の結果が「不合格のうち上位（B-1 判定）」または「補欠合格」であること。
③ 上記（※2）の試験の出願区分が，（※1）の試験と同一の区分のみであること。

（6）講師任用候補者の名簿登載制度

　　第2次試験の結果が「不合格者のうち上位（B-1判定）」または「補欠合格」で、京都市立学校園の常勤講師以外の方については、京都市立学校園の常勤講師候補として名簿登載し、優先的に任用を検討します。名簿登載の有効期間は令和5年3月31日までとします。

5　特別選考における資格要件及び試験内容等について

　　「国際貢献活動経験者特別選考」，「フロンティア特別選考（理数工コース，保健体育コース，英語ネイティブコース）」，「現職教諭特別選考」及び「障害者特別選考」については，一般選考の資格要件（P4を参照）に，以下の受験資格の追加及び免除等を行います。

　　ただし，第1次試験の一部免除等（常勤講師，社会人経験者チャレンジ制度，理数工志願者チャレンジ制度）の特例（P11～12）を使用することはできません（障害者特別選考を除く）。

　　合格後の取扱いについては，「6　受験資格に係る特例について」を参照してください。

※各選考内容については，P5及びP20を参照してください。

（1）国際貢献活動経験者特別選考　試験内容の一部変更
　ア　資格要件
　　　一般選考の資格要件を満たし，かつ，独立行政法人国際協力機構法（平成14年12月6日法律第136号）の規定に基づく青年海外協力隊又は日系社会青年ボランティアとしての派遣実績（廃止前の国際協力事業団法の規定に基づく派遣を含む）を有する方（1年未満の派遣期間を除く）。
　イ　一般選考との相違点

第1次試験	第2次試験
一般・教職教養筆記試験に替えて，論文試験を実施。	一般選考と同様。

（2）フロンティア特別選考
○　理数工コース　　普通免許状を有しない方の受験可　　試験内容の一部変更
　ア　資格要件
　　　一般選考の資格要件を満たし，かつ，次に掲げる①・②のいずれかに該当する方。
　　①　令和4年3月31日時点で，博士号を有し，受験教科の分野における高度な専門的知識・経験又は技能を有する方。
　　②　大学・企業又は研究機関等における，研究・開発・調査等に関する一定の勤務経験を有し，受験教科の分野において上記①に相当する高度な専門的知識・経験又は技能を有する方。
　　※当該区分及び教科の普通免許状を有しない方及び取得見込みのない方も受験が可能です。出願される場合は，事前に受験区分・教科の確認が必要ですので，教職員人事課（Tel：075-222-3781）までお問い合わせください。
　イ　一般選考との相違点

第1次試験	第2次試験
一般・教職教養筆記試験，専門筆記試験に替えて，論文試験を実施。	一般選考と同様。

○　保健体育コース　　普通免許状を有しない方の受験可　　試験内容の一部変更・免除　　加点措置
　ア　資格要件
　　　一般選考の資格要件を満たし，かつ，次に掲げる①・②のいずれにも該当する方。
　　①　保健体育の分野における高度な専門的な知識・経験又は技能を有する方
　　②　高等学校卒業以降に，国際的規模の競技会に日本代表として出場した方又は日本選手権大会若しくはこれに準ずる全国的規模の大会において4位以内の成績を収めた方（ただし，団体競技は正選手として登録された大会等における実績に限る。）又はこれらの者を指導育成した実績（経験）を有する方（高校卒業以前の指導実績は除く）
　　※当該区分及び教科の普通免許状を有しない方及び取得見込みのない方も受験が可能です。

イ　一般選考との相違点

第1次試験	第2次試験
一般・教職教養筆記試験，専門筆記試験に替えて，論文試験を実施。また，個人面接において，最大10点の加点を行う。	体育実技は免除。

○　英語ネイティブコース　普通免許状を有しない方の受験可　試験内容の一部変更・免除
　ア　資格要件
　　　一般選考の資格要件を満たし，かつ，次に掲げる①から④のいずれにも該当する方。
　　　　①　英語を第一言語とする方
　　　　②　大学卒業（学士号取得）以上
　　　　③　平成29年4月1日から令和4年3月31日までの間で，国公私立学校での勤務歴が通算3年以上（実勤務月数として36月以上。休職期間は含まない）ある方，又は外国語としての英語指導法に関する課程（TESOL，CELTA）を修了（又は令和5年3月31日までに修了見込みであること）されている方
　　　　④　教員の職務を行う上で必要とされる日本語能力を有する方
　　　※当該区分及び教科の普通免許状を有しない方及び取得見込みのない方も受験が可能です。
　イ　一般選考との相違点

第1次試験	第2次試験
一般・教職教養筆記試験，専門筆記試験に替えて，論文試験（日本語記述）を実施。また，実技試験（リスニング）を免除。	一般選考と同様。ただし，論文試験，指導案作成は英語での記述も認める。

（3）現職教諭特別選考　試験内容の一部免除　加点措置
　ア　資格要件
　　　一般選考の資格要件を満たし，かつ，現職の教諭等として，令和5年3月31日時点で，同一の任命権者の国公私立学校に連続して2年以上（休職期間を除く）勤務し，在職している方。
　　（注1）教諭等とは教諭，養護教諭，栄養教諭，任用の期限を付さない常勤講師（日本国籍を有しない者に限る。）を指します。臨時的任用職員である常勤講師は含みません。
　　（注2）出願は現在勤務する区分（養護教諭，栄養教諭にあっては職種）及び普通免許状を有する教科と同一の受験区分を専願する場合に限ります。ただし，幼稚園教諭を志願する場合は，小学校教諭の併願として受験する必要があります。
　　（注3）小学校英語教育推進コース又は小学校理科教育推進コースへの出願及び併願はできません。
　　（注4）総合支援学校については，特別支援学校の他，小学校・中学校等の特別支援学級での勤務（学級担任に限る）も含みます。
　イ　一般選考との相違点

第1次試験	第2次試験
一般・教職教養筆記試験を免除。また，個人面接において，最大10点の加点を行う。	一般選考と同様。

（4）障害者特別選考　普通免許状を有しない方の受験可
　ア　資格要件
　　　一般選考の資格要件を満たし，かつ，身体障害者手帳，精神障害者保健福祉手帳又は療育手帳（以下，「障害者手帳等」という。）の交付を受けている方。
　　　※当該区分及び教科の普通免許状を有しない方及び取得見込みのない方も一部の区分・教科を除いて受験が可能です。出願される場合は，事前に受験区分・教科の確認が必要ですので，教職員人事課（Tel：075-222-3781，Fax：075-222-3759）までお問い合わせください。

イ　一般選考との相違点

第１次試験	第２次試験
障害の程度に応じて，文字・用紙の拡大，試験時間の延長，書面等での指示，受験会場・座席の配慮を可能な範囲で行う。	

（5）特別選考の受験の可否について

　　　出願書類を審査した結果，特別選考への出願が相当と認められなかった場合は，一般選考の受験資格を満たしていれば，一般選考により受験していただくことができます。審査結果については，受験票をもって通知します。

6　受験資格に係る特例（当該区分及び教科の普通免許状を有しない合格者及び取得見込みのない合格者の取扱い）について

　　　２（２）エの中学校の数学・理科，高等学校の数学・理科・工業の特例，５（２）「フロンティア特別選考」，５（４）「障害者特別選考」において，当該区分及び教科の普通免許状を有しない合格者及び取得見込みのない合格者については，京都府教育委員会に推薦し，京都府の教育職員検定に合格して特別免許状が授与された場合は，教諭等として正式採用します。特別免許状が授与されない場合は，合格した校種・教科の臨時免許状の取得を条件として，臨時的任用の常勤講師として任用し，令和10年4月1日までに普通免許状を取得すれば，教諭として正式採用します。

※　一部の区分・教科については４（４）「採用延長の特例」に基づき，採用を猶予したうえで，普通免許状を取得すれば，教諭として正式採用します。

※　受験資格に係る特例を適用する場合は，第１次試験の一部免除等（社会人経験者チャレンジ制度，理数工志願者チャレンジ制度）の特例（P12）を使用できません。

特別免許状について
　1　制度の趣旨：大学での養成教育を受けていない者に，都道府県教育委員会の行う教育職員検定により免許状を授与する制度
　2　授与要件：次のア，イのいずれにも該当する者
　　ア　担当する教科に関する専門的な知識経験又は技能を有する者
　　イ　社会的信望があり，かつ，教員の職務を行うのに必要な熱意と識見を持っている者

7　第１次試験免除等の特例について

　　　以下のいずれかに該当する方は，希望により第１次試験の一部又は全部を免除，あるいは他の試験に替えて実施します。ただし，免除等の特例の併用はできません。
　　　特例により，第１次試験が免除となる場合でも，必ず受付期間内に出願手続きを行ってください。

（1）　第１次試験の全部免除
　ア　令和４年度試験（令和３年度実施）の「第１次試験合格者」，「大学・大学院推薦制度合格者」，「第２次試験補欠合格者」，「体調不良を理由に第２次試験を欠席した方のうち，教職員人事課が第１次試験の全部免除を認めた方」

12

要件	免除内容等
令和4年度京都市立学校教員採用選考試験の「第1次試験合格者（第2次試験受験辞退者及び内定辞退者を除く）」，「大学・大学院推薦制度合格者で第2次試験の不合格者」，「第2次試験補欠合格者（内定辞退者を除く）」，「体調不良を理由に第2次試験を欠席した方のうち，教職員人事課が第1次試験の全部免除を認めた方」で，令和4年度教員採用選考試験の第1次試験の合格区分と同一の受験区分のみを受験する方。	第1次試験を免除。

（注）　他の区分，教科との併願はできません。

イ　大学・大学院推薦制度合格者

要件	免除内容等
京都市立学校教員を第一志望とし，学業成績優秀であるとともに，部活動やボランティア活動等の実績が顕著であるなど，大学・大学院における諸活動の実績を評価され，教師として優れた実践力を発揮することが期待できると学長等（学部長以上の職）からの推薦を受けた方（令和5年3月卒業予定者等）のうち，書類選考で合格した方。	第1次試験を免除。 第2次試験に加え，個人面接を実施。 （個人面接は第1次試験の日程のうち指定する日に実施）

（注1）　本特例を，令和4年度教員採用選考試験に適用し，出願された方は，本年度の試験で大学・大学院推薦制度を適用することはできません。
（注2）　本特例により，第2次試験を受験したが不合格となった場合，令和6年度京都市立学校教員採用選考試験に限り，同一の受験区分のみ受験する場合は，第1次試験を免除します。
（注3）　他の区分，教科との併願はできません。
（注4）　令和5年度から，推薦対象となる中学校の教科を従来の「数学，理科，技術の3教科」から，「家庭，英語を加えた5教科」へ拡大します。また，各校種における推薦可能人数を増加します。詳細は，「令和5年度京都市立学校教員採用選考試験　大学・大学院推薦制度実施要項」を参照又は在学中の大学等へ確認してください。

ウ　京都市立学校園の常勤講師の「前年度不合格者のうち上位もしくは補欠合格者」の特例

要件	免除内容等
次の①～③の全ての要件を満たす方 ①　令和4年度試験（令和3年度実施）及び令和5年度試験（令和4年度実施）のそれぞれの出願時において，京都市立学校園の常勤講師であること。 ②　令和4年度試験（令和3年度実施）において，教職員人事課が第1次試験の全部免除を認めており，2次試験の結果が「不合格のうち上位（B-1判定）」または「補欠合格」であること。 ③　令和5年度試験（令和4年度実施）の出願が，令和4年度試験（令和3年度実施）と同一の受験区分のみであること。	第1次試験を免除。

（2）　第1次試験の一部免除等
ア　常勤講師（臨時的任用職員）

要件	免除内容等
平成29年4月1日から令和4年3月31日までの期間で，国公私立学校での勤務歴が通算2年以上（実勤務月数として通算24月以上。休職期間を除く），又は，令和2年4月1日から令和4年3月31日までの期間で本市立学校園での勤務歴が通算1年以上（実勤務月数として通算12月以上。休職期間を除く。）ある方（出願時の在職は問いません）。	出願区分に関わらず，一般・教職教養筆記試験を免除。

イ　社会人経験者チャレンジ制度

要件	免除内容等
平成29年4月1日から令和4年3月31日までの期間で，同一の法人格を有する民間企業又は官公庁等で正社員又は正規職員として，連続して3年以上（休職期間を除く）の勤務歴がある方（出願時の在職は問いません）。	出願区分に関わらず，一般・教職教養筆記試験に替えて，論文試験を実施。

(注) ただし，普通免許状を有しない方及び取得見込みのない方については，この特例を適用することはできません。

ウ　理数工志願者チャレンジ制度

要件	免除内容等
中学校の数学・理科及び高等学校の数学・理科・工業の志願者（いずれも第1志望の場合に限る）で，志願する教科の普通免許状を有するか，令和5年4月1日までに取得見込みである方。	一般・教職教養筆記試験に替えて，論文試験を実施。

(注) ただし，普通免許状を有しない方及び取得見込みのない方については，この特例を適用することはできません。

エ　英語資格所有者

（※資格の有効期限は設けていません。過去に一度でも要件を満たせば該当します。）

要件	免除内容等
中学校・高等学校の英語志願者のうち，出願時点で，実用英語技能検定準1級，TOEFL550点以上（iBTの場合は80点以上），TOEIC730点以上（S&Wを含む場合は1095点以上），GTEC(CBT)1,190点以上，IELTS5.5以上のいずれかの資格を有する方。	英語の第1次試験の実技試験を免除。

（3）　第1次試験における一律加点（情報処理技術に関する資格所有者）

要件	加点内容等
出願時点で，ITパスポート試験，基本情報技術者試験，応用情報技術者試験のいずれかに合格している方（前身の資格を含め，上記以外の資格については対象外）	個人面接点に5点を加点。

8　出願手続きについて

（1）　出願方法・期間等について

ア　出願方法

京都市教育委員会ホームページを確認のうえ，電子申請（インターネット）で出願してください。

（URL：https://www.city.kyoto.lg.jp/kyoiku/　→教育委員会からのお知らせの募集を確認してください）

イ　出願期間

令和4年4月13日（水）午前9時〜 令和4年5月9日（月）正午受信分まで

ウ　留意事項

①　京都市教育委員会ホームページ（URL：https://www.city.kyoto.lg.jp/kyoiku/　→教育委員会からのお知らせの募集）に掲載する「志願書作成上の注意」を確認のうえ，パソコンで出願してください。**スマートフォンやタブレットからの出願はできません。**なお，出願内容等の照会についてもスマートフォンやタブレットはご利用いただけません。

14

② 出願開始までに志願書（エクセル様式）をホームページに掲載しますので，入力等の準備をしてください。

③ 出願内容に不備等がある場合には，教職員人事課から出願者に電話連絡又は京都府・市町村共同電子申請システムを通してＥメールにて連絡することがあります。教職員人事課の電話番号（Tel：075-222-3781）を携帯電話の電話帳に登録する，出願時に登録したＥメールアドレスの受信ボックスをこまめに確認するなど，本市からの電話やメールの連絡に応じられるよう事前に準備しておいてください。応じない場合，受験不可とする場合もあります。

④ 出願にあたり，万一，虚偽の内容があったと認められる場合は，この試験で得た資格を全て無効とすることがあります。

⑤ 出願期間終了間際はアクセスが集中し，手続きを完了できない恐れがありますので，余裕を持って手続きを行ってください。出願期間内に手続が完了しなかった場合は，いかなる理由でも受け付けません。

⑥ システムの維持，補修の必要があるとき，その他の理由により，一時的にインターネットによる出願受付を停止する場合があります。このような一時的な停止により，期間内に手続きが完了しなかった場合も，原則として，受け付けません。余裕を持って手続きを行ってください。

（2） 提出物について
※詳細は，京都市教育委員会ホームページ（URL：https://www.city.kyoto.lg.jp/kyoiku/
→ 教育委員会からのお知らせ の 募集 ）を確認してください
※提出書類に多くの不備がある場合には受験資格を満たさないと判断する場合があります。
※一度申請した後は，出願者からの修正を認めませんので，内容に不備等がないか，十分確認のうえ申請してください。

内容	対象者/提出方法	留意事項
①志願書 （エクセル様式）	全員 /電子申請	ホームページからエクセル様式をダウンロードし，必要事項の入力，顔写真データの貼付けを行ったうえ，電子申請画面で添付すること。 ※ PDFに変換しないこと。 ※ 入力欄の黄色箇所（必須項目）は，全て入力（選択）済であること。
②顔写真データ	全員 /電子申請	「①志願書（エクセル様式）」の所定の箇所に，以下の要件を満たす顔写真データを貼り付けること。 ・上半身，脱帽，無背景，正面向 ・最近3ヶ月以内に撮影したもの ・形式：JPEG（JPG），PNG，GIF，BMP ・ファイルサイズ：最大1MB
③必要書類	該当者のみ /電子申請 （※次表参照）	上記①，②に加え，次表「該当者のみ提出が必要な書類」を参照し，該当する必要書類のPDFデータ又は画像データを，電子申請画面で添付すること。 ※ 画像データについては，スキャンしたもののほか，スマートフォン等で撮影したものでも可能とするが，その場合，文字等が鮮明に判読できることを確認すること。 ※ 2次試験の合格者については，該当する必要書類の原本又は写しを提出する必要があるため，出願後も必要書類を大切に保管すること。
④返信用封筒	該当者のみ /郵送	封筒（角形2号 24cm×33.2cm）の表面に 140円切手を貼付のうえ，志願者の郵便番号・住所・氏名を明記すること。 【該当者】 P10の「7（1）第1次試験の全部免除」の要件に該当する方。 （ただし，大学・大学院推薦制度による推薦者は除く）

15

該当者のみ提出が必要な書類（PDF データ又は画像データを添付）
※複数ある場合は ZIP 形式のフォルダに圧縮した上，提出してください。

希望する選考区分，出願区分等	必要書類
国際貢献活動経験者特別選考	派遣証明書 ※独立行政法人国際協力機構青年海外協力隊事務局による定形書式
フロンティア特別選考・理数工コース （博士号を取得している場合）	学位授与等証明書
フロンティア特別選考・英語ネイティブコース（英語指導法に関する課程を修了済みの場合）	学位授与等証明書
フロンティア特別選考・保健体育コース	実績報告書及び実績を証明する書類等 ※実績報告書の様式は，志願書の様式とともに，京都市教育委員会ホームページに掲載します。 ※実績を証明する書類：表彰状，新聞記事の写し等（団体競技の場合はメンバー表を含む）
現職教諭特別選考	履歴事項証明書 **※発令された履歴事項（人事，給与，処分含む）が全て明記されているもので，任命権者（教育委員会等）が発行するもの。** 様式自由。 ※正規教諭として勤務した全ての期間の履歴事項証明書を提出すること。 ※校長等，任命権者でない者が発行するものは認めません。 ※発令された履歴事項（人事，給与，処分含む）が全て明記されていない人事異動通知書，辞令等は認めません。
障害者特別選考	障害者手帳等（身体障害者手帳，精神障害者保健福祉手帳又は療育手帳） ※いずれも氏名，生年月日，障害の種別及び等級が確認できるもの
小学校英語教育推進コース志願者（中学校英語又は高等学校英語の普通免許状を有する方を除く）及び英語資格所有者の特例	英語資格について各実施団体が発行する証明書
情報処理技術に関する資格所有者の特例	情報処理技術者試験合格証書の写し

（3） 受験票の交付

出願から一定期間経過後に，受験票のダウンロード等に関する電子メールを送付しますので，メール内容を確認のうえ，**受験票をダウンロード・プリントアウトし，試験当日に必ず持参してください。**

当該メールが 6 月 21 日（火）までに届かない場合には，教職員人事課（Tel：075-222-3781）までお問合せください。

志願書への入力ミス等を含め，提出書類に多くの不備がある場合には受験資格を満たさないと判断する場合があります。その場合，受験票は交付しません。

携帯電話・スマートフォンによるダウンロードはできませんので，ご注意ください。

受験票には，試験日程，試験会場，集合時刻及び持参物等の記載がありますので，必ず確認してください。

9　問い合わせ先について

（1）　制度及び出願手続きに関すること

京都市教育委員会事務局総務部教職員人事課

〒604-8161　京都市中京区烏丸通三条下ル饅頭屋町595‐3（大同生命京都ビル7階）

電話　075-222-3781　FAX　075-222-3759

e-mail アドレス　jinji@edu.city.kyoto.jp

※非常災害時等における試験実施の情報は京都市教育委員会ホームページを確認してください。

（2）　出願手続き時の電子申請の操作に関すること

電子申請ヘルプデスク

電話　0120-368-822（受付時間　平日9時～17時）

FAX　0120-60-5392　　e-mail アドレス　hd-kyoto@elg-front.jp

Web　お問合せフォーム（https://www.shinsei.elg-front.jp/kyoto2/uketsuke/form.do?acs=qa）

※電話及び FAX については，IP 電話（050 から始まる番号）からはつながらない場合があります。

つながらない場合は，メールもしくは Web をご利用ください。

（参考）

1　勤務条件等について

（1）　給与及び勤務時間等

○初任給（令和4年4月1日現在，小・中学校教諭の例）

修士課程修了者　　：　約264,500円

大学卒業者　　　　：　約243,500円

短期大学卒業者　　：　約217,300円

> ※　上記の金額は，給料，教職調整額，地域手当，義務教育等教員特別手当を含みます。
> このほか，期末・勤勉手当（年間約4.24月分），通勤手当，扶養手当，住居手当等が所定の条件に応じて支給されます。
> ※　採用前に職歴等を有する場合は，その内容・期間に応じて初任給が決定されます。

○勤務時間等

勤務時間は7時間45分／日（1週間38時間45分）。

休日は，土曜日，日曜日，祝日，年末年始です。

休暇には，年次休暇20日，夏季特別休務，服喪休暇，結婚休暇，妊娠・出産に関する休暇，子育て・介護に関する休暇などがあります。

（2）　研修システム

○初任者研修等の質の高いサポート体制があり，若手同士の交流を通じた横の繋がりも構築できます。

○自分の興味関心に応じた自主的に選べる研修等，キャリアステージに応じた年間約260講座を実施しています。

○オンライン研修も充実し，いつでもどこでも自己研鑽が行える環境も整えています。

（3）　福利厚生

採用と同時に公立学校共済組合員となり，健康保険・厚生年金に加入するほか，給付事業，貸付事業，検診事業等を利用できます。また，教職員互助組合に加入することができます。

2 過去5年間の採用選考試験実施結果

	受験者数					採用者数				
	30年度	31年度	令和2年度	令和3年度	令和4年度	30年度	31年度	令和2年度	令和3年度	令和4年度
小学校	672	640	585	635	612	156	144	149	159	135
中学校	666	624	570	612	515	63	61	79	96	78
高等学校	156	167	172	204	165	9	15	20	20	15
総合支援学校	178	172	178	177	148	37	37	48	60	49
養護教諭	87	82	84	101	92	9	9	10	11	10
栄養教諭	43	57	32	35	30	5	4	5	5	3
計	1802	1742	1621	1764	1562	279	270	311	351	290

※「小学校」には「幼稚園」を含む

3 令和5年度採用選考試験の配点

			第 1 次 試 験				第 2 次 試 験※1			
			個人面接	一般・教職教養	専門筆記	実技試験	論文	集団討議	模擬授業	実技試験
一 般 選 考 障害者特別選考を含む			70 ※2、3	30	100	30	20	35	60	30
特別選考		国際貢献活動経験者	70	30 (論文)	100	30	20	35	60	30
	フロンティア	理数工コース	70	30 (論文)	—	—	20	35	60	—
		保健体育コース	80	30 (論文)	—	—	20	35	60	—
		英語ネイティブコース	70	30 (論文)	—	—	20	35	60	30
		現職教諭	80	—	100	30	20	35	60	30

※1 第1次試験免除者のうち、個人面接実施者は、第2次試験の合計点に個人面接点を加えた後、換算を行います。

※2 小学校英語教育推進コース及び小学校理科教育推進コースの個人面接配点は、85点です。

※3 情報処理技術に関する資格所有者の個人面接配点は、75点です。

4 よくある質問について（Q＆A）

> よくあるお問い合せや，間違えやすい点をまとめて掲載していますので，出願する前に必ず目を通してください。

《出願要件・手続きに関すること》

【Q1】複数の免許を持っているので併願を考えているのですが，どの区分が併願できますか。

【A1】併願は，下表の組み合わせのみ可能です。

第一志望区分		併願可能区分				
		幼稚園	小学校	中学校	高等学校	総合支援学校
第一志望区分	小学校	○		×	×	×
		×		◎	×	◎
	中学校	×	◎		×	◎
		×	×		○	×
	高等学校	×	×	○		×
	総合支援学校	×	◎	◎	×	

（○印は1つまで，◎印は2つまで併願可能）

- （注1）上記の小学校には，小学校英語教育推進コース及び小学校理科教育推進コースを含みます。
- （注2）中学校及び高等学校については同一教科のみ併願が可能です。
  なお，中学校社会と高等学校地理歴史は併願可能です。
  ［例：「中学校理科と高等学校国語」や「中学校英語と高等学校国語」などの併願はできません。］
- （注3）現職教諭特別選考は，小学校英語教育推進コース及び小学校理科教育推進コースへの出願及び併願はできません。
- （注4）併願する区分も含めて，いずれか一つでも受験されない場合は，体調不良等のいかなる理由でも，その時点で本市の教員採用選考試験の受験を辞退したものとみなし，本試験の受験資格を失うものとします。ただし，中学校保健体育の体育実技試験については，身体等の事情により試験を受けないことを認める場合があります。

【Q2】第1次試験一部免除等の特例について，2つ以上併用することはできますか。また，要件に該当していても使用しないことは可能ですか。

【A2】試験免除に関する特例の併用はできません。複数ある場合も，1つのみ選択してください。また，要件に該当していても使用しないことは可能です。その場合は，志願書の第1次試験一部免除等の特例欄に入力をせずに出願してください。（反対に，特例の使用を希望している場合でも，志願書に入力が無い場合には特例の適用ができませんのでご注意ください。）

【Q3】現職教諭特別選考について，私立や海外の学校で勤務していた場合でも対象となるのでしょうか。

【A3】学校教育法第1条に掲げる学校での勤務経験が資格要件となりますので，私立学校勤務の場合でも対象となります。また，海外の学校の場合は対象となりません。ただし，日本人学校については，日本国内の学校からの派遣により勤務されている場合は対象とします。

【Q4】現職教諭特別選考について，経歴はあるが現在は退職している場合でも対象となりますか。

【A4】対象となりません。現職教諭特別選考は，令和5年3月31日まで在職している方が対象です。なお，常勤講師の特例は，要件を満たせば出願時に在職していなくても対象となります。

【Q5】現職教諭特別選考について，総合支援学校を受験する場合は現在，総合支援学校（学校教育法上の特別支援学校に該当する学校）に勤務している必要がありますか。

【A5】総合支援学校の区分で現職教諭特別選考を受験するためには，令和5年3月31日まで総合支援学校（学校教育法上の特別支援学校に該当する学校）又は小学校，中学校又は小中学校の特別支援学級で勤務（学級担任に限る）していることが必要です。

【Q6】現職教諭特別選考について，現在，総合支援学校の小学部に勤務していますが，小学校を受験する場合でも資格要件の対象となりますか。

【A6】対象となりません。この場合，総合支援学校を受験するときのみ資格要件の対象となります。

【Q7】 フロンティア特別選考の理数エコースについて，どのような方が志願していますか。

【A7】 理学・工学等の博士号取得者，再生医療技術の基礎研究従事者，半導体製造技術者，都市開発・住宅建築技術者（1級建築士や技術士等の有資格者を含む）など，受験教科の分野における高度な専門的知識・経験又は技能を有する方が志願しています。御自身の知識や技能を伝え，教え，育むことをさらに超えて，知識や技能を社会での問題解決，課題設定に結び付けて，生徒を育成する資質・能力を有する方を求めています。

【Q8】 フロンティア特別選考の理数エコースについて，実績についての証明書等を提出する必要がありますか。

【A8】 博士号を取得している方は，学位授与証明書を提出してください。提出方法の詳細は，P14及び京都市教育委員会のホームページをご確認ください。
大学・企業又は研究機関における勤務経験から特別選考を志願する方は，出願時の証明書等の提出は不要で，第2次試験合格後に勤務先の在職証明書等の提出を指示します。また，出願後，研究・勤務内容について個別に問い合わせる場合があります。

【Q9】 フロンティア特別選考の保健体育コースについて，どのような方が合格していますか。

【A9】 オリンピックメダリスト，元プロ野球選手などの実績を有する方が合格しています。

【Q10】 常勤講師の特例について，勤務歴のある校種（教科）と受験を希望する校種（教科）が異なっていても対象となりますか。

【A10】 対象となります。常勤講師としての勤務歴については，どの校種（教科）であっても対象となります。また複数の校種（教科）の勤務歴であっても対象となります。

【Q11】 社会人経験者チャレンジ制度について，出願時に在職していなくても対象となりますか。

【A11】 出願時には在職していなくても，正社員又は正規職員として，平成29年4月1日から令和4年3月31日までの間で，連続して3年以上（休職期間を除く）同一の民間企業又は官公庁等での勤務歴があれば対象となります。

【Q12】 社会人経験者チャレンジ制度について，会社の在職証明書等を提出する必要がありますか。

【A12】 出願時の証明書等の提出は不要です。ただし，第2次試験合格後に勤務先の在職証明書等の提出を指示します。

【Q13】 現在教員免許を持っていないため，「受験資格に係る特例」（免許がなくても受験可能）での受験を検討しています。このとき，3年以上の社会人経験がある場合には，「社会人経験者チャレンジ制度」により第1次試験一部免除の特例の対象となりますか。

【A13】 「受験資格に係る特例」を使用して受験する場合には「社会人経験者チャレンジ制度」の対象とはなりません。

《電子申請に関すること》※申請の手続き等，詳細については，京都市教育委員会のホームページを確認してください。

【Q14】 スマートフォンやタブレットからの申請は可能ですか。

【A14】 できません。パソコンから出願してください。動作環境等は，申請ページに記載していますので，ご確認ください。<u>出願だけでなく，出願内容等の照会もスマートフォンやタブレットからはご利用いただけません。</u>

【Q15】 自宅にパソコンがない等，インターネットを利用できる環境がない場合は，どうすればよいですか。

【A15】 電子申請は，私物のパソコンからでなくても構いません。インターネット接続可能なパソコンから出願してください。

【Q16】 電子申請システムによる申請後に，修正のうえ再提出することは可能ですか。

【A16】 <u>一度申請した後は，出願者からの修正を認めませんので，内容に不備等がないか，よく確認の上，申請してください。</u>申請後は，教職員人事課から修正の指示があった場合のみ修正可能です。不備が見つかった場合等，再度申請された場合，初回の申請ついても受験を認めない場合があります。

【Q17】 特別選考等により申請する場合に必要な書類（P14）のPDFは，スキャナーで読み取ったもののほかに，デジタルカメラ等で撮影された画像データを利用することも可能ですか。

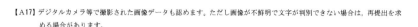

【A17】デジタルカメラ等で撮影された画像データも認めます。ただし画像が不鮮明で文字が判別できない場合は,再提出を求める場合があります。

《試験内容に関すること》

【Q18】現職教諭特別選考の第1次試験個人面接について,最大10点の加点となっていますが,どのような試験内容ですか。

【A18】現職教諭特別選考の個人面接については,一般選考区分と比較し,現職教諭としての職務経験を通じて培った教育実践や専門性等をより重視した試験内容としています。

【Q19】フロンティア特別選考の保健体育コースの第1次試験個人面接について,最大10点の加点となっていますが,どのような試験内容ですか。

【A19】フロンティア特別選考の保健体育コースの個人面接については,一般選考区分と比較し,競技者又は指導育成の経験を通じて培った専門性や教員としての資質等をより重視した試験内容としています。

《その他》

【Q20】都合により筆記試験を受験できなくなりました。面接から受験することはできますか。

【A20】できません。必要試験のうち,併願する区分も含めて,いずれか一つでも受験されなかった場合は,体調不良等のいかなる理由でも,その時点で本市の教員採用選考試験の受験を辞退したものとみなし,本試験の受験資格を失うものとします。ただし,中学校保健体育の体育実技試験については,身体等の特別な事情により試験を受けないことを認める場合があります。

【Q21】他の自治体等が実施する試験も受験しますが,志願書Bの「本試験以外に受験を予定している職種・都道府県市名」にそのことを記入すれば,試験日程について事前の配慮又は指定後の変更に応じていただくことはできますか。

【A21】原則として,試験日程については,個別のご要望に応じて調整致しません。

【Q22】過去の問題を見たいのですが,公開していますか。また郵送で取り寄せることは可能ですか。

【A22】京都市情報公開コーナー(京都市役所。平日9:00〜17:00に開館。)において過去3年分の問題等を閲覧,コピー(有料)することができます。郵送での提供は行っておりませんのでご了承ください。

【Q23】自然災害や公共交通機関遅延等により,試験日時や場所が変更になることはありますか?

【A23】試験日時・会場等が変更になる場合,京都市教育委員会ホームページにてお知らせしますので,自然災害等により公共交通機関の遅延・運休が想定される場合等は,必ず京都市教育委員会ホームページを確認してください。

上記及び要項に記載している事項以外について不明な点があれば
教職員人事課 (TEL:075-222-3781) へお問い合わせください。

令和5年度京都市立学校教員採用選考試験　試験区分一覧

＜一般選考＞

校種等	第1次試験				第2次試験			
	個人面接	一般教職教養	専門筆記	実技試験	論文	集団討議	模擬授業	実技試験
小学校 (小学校英語教育養成 小学校理科教育推進コース含む)	○	○	○		○	○	○	
幼稚園併願			○(小・幼)					
中学校			○ (英語)					○(一部教科) ※
高等学校								
総合支援学校			○					
養護教諭								○
栄養教諭								

※第2次試験の実技試験は，中学校の音楽，美術，保健体育，中学校及び高等学校の英語，養護教諭で実施。

＜特別選考＞

区分		第1次試験				第2次試験			
		個人面接	一般教職教養	専門筆記	実技試験	論文	集団討議	模擬授業	実技試験
国際貢献活動経験者		○	論文試験	○	一般と同様		○		一般と同様
フロンティア	理数工コース		論文試験			○		○	
	保健体育コース		論文試験						免除
	英語ネイティブコース		論文試験		免除	○ (英語可)		○ (指導案は英語作成可)	一般と同様
現職教諭		免除		○	一般と同様	○		○	一般と同様
障害者		○		○	一般と同様	○		○	一般と同様

＜第1次試験免除等の特例＞

区分	第1次試験				第2次試験			
	個人面接	一般教職教養	専門筆記	実技試験	論文	集団討議	模擬授業	実技試験
P10 7(1)の「第1次試験の全部免除」の要件に該当する者	免除							一般と同様
大学等推薦	※	免除						一般と同様
常勤講師	○	免除		一般と同様	○	○	○	一般と同様
社会人経験者チャレンジ制度	○	論文試験	○	一般と同様				一般と同様
理数工志願者チャレンジ制度		論文試験						
英語資格所有者		○		免除				○(英語)

※…大学等推薦の個人面接は，第1次試験の日程のうち指定する日に実施。

第2章

京都市の
公立幼稚園教諭
実施問題

━━━━━━━━ ◯令和5年度 ━━━━━━━━

【1】 次の文は，幼稚園教育要領(平成29年3月)「第1章　総則　第2　幼稚園教育において育みたい資質・能力及び「幼児期の終わりまでに育ってほしい姿」」からの抜粋である。

　　(①)～(④)に当てはまる語句を記述しなさい。

---

(1) (①)

幼稚園生活の中で，充実感をもって自分のやりたいことに向かって心と体を十分に働かせ，見通しをもって行動し，自ら健康で安全な生活をつくり出すようになる。

(4) (②)

友達と様々な体験を重ねる中で，してよいことや悪いことが分かり，自分の行動を振り返ったり，友達の気持ちに共感したりし，相手の立場に立って行動するようになる。また，きまりを守る必要性が分かり，自分の気持ちを調整し，友達と折り合いを付けながら，きまりをつくったり，守ったりするようになる。

(7) (③)

自然に触れて感動する体験を通して，自然の変化などを感じ取り，好奇心や探究心をもって考え言葉などで表現しながら，身近な事象への関心が高まるとともに，自然への愛情や畏敬の念をもつようになる。また，身近な動植物に心を動かされる中で，生命の不思議さや尊さに気付き，身近な動植物への接し方を考え，命あるものとしていたわり，大切にする気持ちをもって関わるようになる。

(9) (④)

先生や友達と心を通わせる中で，絵本や物語などに親しみながら，豊かな言葉や表現を身に付け，経験したことや考えたことなどを言葉で伝えたり，相手の話を注意して聞いたりし，言葉による伝え合いを楽しむようになる。

【2】 次の文は，幼稚園教育要領(平成29年3月)「第1章　総則　第4　指導計画の作成と幼児理解に基づいた評価」からの抜粋である。

　　(①)～(⑫)に当てはまる語句を次のア～トから一つ選び記号で答えなさい。

2　指導計画の作成上の基本事項

（2）　指導計画の作成に当たっては，次に示すところにより，具体的なねらい及び内容を明確に設定し，適切な環境を構成することなどにより活動が選択・展開されるようにするものとする。

　ア　具体的なねらい及び内容は，（　①　）における幼児の（　②　）の過程を見通し，幼児の生活の（　③　）性，季節の変化などを考慮して，幼児の（　④　），発達の実情などに応じて設定すること。

　イ　（　⑤　）は具体的なねらいを達成するために（　⑥　）なものとなるように構成し，幼児が自らその（　⑤　）に関わることにより様々な活動を展開しつつ（　⑦　）な体験を得られようにすること。その際，幼児の生活する姿や（　⑧　）を大切にし，常にその（　⑤　）が（　⑥　）なものとなるようにすること。

　ウ　幼児の行う具体的な活動は，（　⑨　）の流れの中で様々に変化するものであることに留意し，幼児が（　⑩　）方向に向かって自ら活動を（　⑪　）していくことができるよう必要な（　⑫　）をすること。

ア	活動	イ	支援	ウ	生活	エ	発達
オ	連続	カ	望ましい	キ	遊び	ク	興味や関心
ケ	思い	コ	環境	サ	発想	シ	必然
ス	適切	セ	必要	ソ	豊か	タ	展開
チ	好ましい	ツ	適当	テ	幼稚園生活	ト	援助

【3】次の文は，幼稚園教育要領（平成29年3月）「第2章　ねらい及び内容」からの抜粋である。

　　（　①　）～（　⑩　）に当てはまる語句を記述しなさい。

健康

　1　ねらい

　（1）　明るく伸び伸びと行動し，（　①　）を味わう。

　2　内容

　（2）　いろいろな（　②　）の中で十分に体を動かす。

人間関係

  1　ねらい

  (3)　(③)における望ましい習慣や態度を身に付ける。

  2　内容

  (5)　友達と積極的に関わりながら喜びや悲しみを(④)し合う。

環境

  1　ねらい

  (1)　(⑤)に親しみ，自然と触れ合う中で様々な事象に興味や関
    心をもつ。

  (3)　身近な事象を見たり，考えたり，扱ったりする中で，物の性
    質や数量，文字などに対する(⑥)を豊かにする。

言葉

  1　ねらい

  (2)　人の言葉や話などをよく聞き，自分の経験したことや考えた
    ことを話し，(⑦)喜びを味わう。

  2　内容

  (10)　日常生活の中で，(⑧)などで伝える楽しさを味わう。

表現

  1　ねらい

  (3)　生活の中で(⑨)を豊かにし，様々な表現を楽しむ。

  2　内容

  (5)　いろいろな素材に親しみ，(⑩)して遊ぶ。

【4】次のア～オの文のうち，幼稚園教育要領(平成29年3月)「第3章　教育
課程に係る教育時間の終了後等に行う教育活動などの留意事項」の記述と
して，該当するものに○，該当しないものに×をつけなさい。

ア　教育課程に基づく活動を考慮し，幼児期にふさわしい無理のないもの
となるようにすること。その際，教育課程に基づく活動を担当する教師
と緊密な連携を図るようにすること。

イ　地域の実態や保護者の事情とともに幼児の生活リズムを踏まえつつ，
例えば実施日数や時間などについて，弾力的な運用に配慮すること。

ウ　教職員による協力体制の下，幼児の主体的な活動を大切にしつつ，園

庭や園舎などの環境の配慮や指導の工夫を行うこと。

エ　家庭との緊密な連携を図るようにすること。その際，情報交換の機会
　を設けたりするなど，保護者が，幼稚園と共に幼児を育てるという意識
　が高まるようにすること。

オ　地域の自然，高齢者や異年齢の子供などを含む人材，行事や公共施設
　などの地域の資源を積極的に活用し，幼児が豊かな生活体験を得られる
　ように工夫すること。

【5】次の文は，「指導と評価に生かす記録(令和3年10月文部科学省)第1章
　2. 保育の記録の意義と生かし方」からの抜粋である。
　　(①)～(⑤)に当てはまる語句を以下のア～スから一つ選び記号
　で答えなさい。

---

(1)　幼児理解を深めるために
　　教師は幼児の言葉や行為から幼児の心情や経験を理解する必要が
　あります。その理解の視点としては以下のような点が挙げられるで
　しょう。
　　○　(①)などの環境への関わりはどうか
　　○　何に興味や関心をもち，どのような遊びの課題をもっているか
　　○　生活への取り組み方はどうか　など
　このような視点をもって幼児の姿を丁寧に捉えることが求められま
　す。
(2)　幼児理解を基に次の(②)を構想するために
　　幼児の行動を振り返り，その延長上に幼児一人一人の次の活動を
　予測することによって，教師は環境をあらかじめ構成したり，幼児
　の活動の展開に伴って再構成したりすることが可能になります。
(3)　教師と幼児の関係を省察し，教師自身の(③)を振り返るため
　に
　　幼児を理解するとは，理解しようとしている側の見方と切り離す
　ことはできません。教師は幼児と関わりながら，幼児にとってその
　ことの意味を解釈しなければなりません。
(4)　他の教師と(④)を共有し，自分の保育を見直すために
　　記録を書くこと自体が省察です。その記録について話し合うこと

によって，何を話せば自分の保育に還元されるのかが明確になります。教師の協働する力を高め，風通しのよい話合いが行われる風土を園の中に醸成することは，何よりも幼児の成長や発達にとって重要です。

(5) 幼児の学びの軌跡を残し，保護者との（ ⑤ ）に生かすために保育や幼児の様子を伝え，幼児の成長を保護者と教師とで共有することによって幼児理解が広がり，不安が軽減されることもあります。その際，保育や幼児の様子を保護者に伝える手段として写真や動画などの様々な媒体を利用することが有効です。

ア	情報	イ	環境構成	ウ	保育
エ	連携	オ	資質・能力	カ	人・もの・こと
キ	記録	ク	幼児の見方	ケ	協働
コ	エピソード	サ	活動	シ	かかわり
ス	自然				

【6】 次の楽譜について以下の問いに答えなさい。

(1) この曲は何分の何拍子か，答えなさい。

(2) この曲の題名を答えなさい。

(3) この曲の作詞者名を答えなさい。

(4) この曲の調を答えなさい。

(5) *mp* の読み方と意味を答えなさい。

(6) 楽譜の□に当てはまる休符を答えなさい。

【7】 あなたが担任なら，次のエピソードに出てくる「幼児が体験していること」と，「教師の援助や環境構成」のポイントをどのように捉えますか。それぞれ2点あげ，簡潔に書きなさい。

3年保育　3歳児　6月
　5歳児が遠足に出掛けたことから，3歳児も学級皆で遠足と称してホールに遊びに行く。ホールには，事前に，マット・通り抜けできる

箱・ビニールトンネル・巧技台で組み合わせた板を用意しておく。

　その遊具を見た幼児は「すごーい」と声をあげる。教師は「ダンゴムシ遊園地だよ」と3歳児が最近親しんでいるダンゴムシのイメージをもてるように言葉を掛け，より興味をもたせた。まず，教師が，ダンゴムシになって一通り動いて見せる。見ていた幼児は「やりたーい」「私はカタツムリでやる」など期待を口にする。

　初めは教師をまねる動きが多かったが，次第に通り抜けできる箱はくぐるだけでなく上を渡ったり，坂やマットの山をはったり転がったりと，自分なりに考えたいろいろな動きが出てきた。教師はなりきっている幼児の動きに合わせ「カエルさん。ジャンプが上手だね」と認めたり，「本物のカタツムリみたいだね」と幼児の思いに添って言葉を掛けたりした。

＜「指導と評価に生かす記録（令和3年10月文部科学省）第3章」からの抜粋＞

解答・解説

【1】　①　健康な心と体　　②　道徳性・規範意識の芽生え　　③　自然とのかかわり・生命尊重　　④　言葉による伝え合い

〈解説〉平成29（2017）年の幼稚園教育要領改訂において，幼稚園教育において育みたい資質・能力と「幼児期の終わりまでに育ってほしい姿」が新たに示された。この「幼児期の終わりまでに育ってほしい姿」は，各幼稚園で，幼児期にふさわしい遊びや生活を積み重ねることにより，幼稚園教育において育みたい資質・能力が育まれている幼児の具体的な姿であり，特に5歳児後半に見られるようになる姿である。なお実際の指導では，「幼児期の終わりまでに育ってほしい姿」が到達すべき目標ではないことや，個別に取り出されて指導されるものではないことに十分留意することが必要である。

【2】　①　テ　②　エ　③　オ　④　ク　⑤　コ　⑥　ス　⑦　セ　⑧　サ　⑨　ウ　⑩　カ　⑪　タ　⑫　ト

〈解説〉「幼児理解」とは，幼児を理解するとは，一人一人の幼児と直接ふれあいながら，幼児の言動や表情から，思いや考えなどを理解しつつ受け止め，その幼児のよさや可能性を理解しようとすることである。指導計画の具体的なねらいや内容の設定に当たっては，教師は幼児と共に生活しながら，

その時期に幼児のどのような育ちを期待しているか，そのためにどのような経験をする必要があるかなどを幼児の生活する姿に即して具体的に理解することが大切である。

【3】① 充実感　② 遊び　③ 社会生活　④ 共感　⑤ 身近な環境　⑥ 感覚　⑦ 伝え合う　⑧ 文字　⑨ イメージ　⑩ 工夫

〈解説〉幼稚園の教育課程は，健康な心と体を育て，自ら健康で安全な生活をつくり出す力を養う心身の健康に関する領域「健康」，他の人々と親しみ，支え合って生活するために，自立心を育て，人と関わる力を養う人とのかかわりに関する領域「人間関係」，周囲の様々な環境に好奇心や探究心をもって関わり，それらを生活に取り入れていこうとする力を養う身近な環境とのかかわりに関する領域「環境」，経験したことや考えたことなどを自分なりの言葉で表現し，相手の話す言葉を聞こうとする意欲や態度を育て，言葉に対する感覚や言葉で表現する力を養う言葉の獲得に関する領域「言葉」，感じたことや考えたことを自分なりに表現することを通して，豊かな感性や表現する力を養い，創造性を豊かにする表現に関する領域「表現」の5領域から構成されている。

【4】ア ○　イ ○　ウ ×　エ ○　オ ×

〈解説〉ウは幼稚園教育要領（平成29年）「第1章　総則」「第1　幼稚園教育の基本」「第3　教育課程の役割と編成等」「4　教育課程の編成上の留意事項」における記述である。オは幼稚園教育要領（平成29年）「第1章　総則」「第6　幼稚園運営上の留意事項」における記述である。

【5】① カ　② ウ　③ ク　④ ア　⑤ エ

〈解説〉「指導と評価に生かす記録」は文部科学省が平成29（2017）年3月の幼稚園教育要領の改訂を踏まえ作成したもので，教師の専門性を高めるための記録の在り方や，その記録を実際の指導や評価にどのように生かしていくのかなどについて実践事例を取り上げて解説している。幼稚園教育の基本は幼児一人一人の発達の特性に応じることであり，この特性をもつ幼稚園教育においては，「記録」が幼児理解や指導の中で重要な役割を担い，記録を取り続けることによって初めて，日々の保育の質を高めることが可能になる。

【6】(1) 4分の2拍子　(2) うれしいひなまつり　(3) サトウハチロー　(4) ハ短調　(5) 読み方…メゾピアノ　意味…やや弱く
(6)

〈解説〉(1)　1小節に8分音符4つ，つまり4分音符2つ分の長さの音が入って
いるので4分の2拍子である。　　(2)　楽譜の部分は「あかりを　つけましょ
ぽんぼりに」という歌詞で親しまれている。歌詞やメロディといっしょに題
名も覚えておくこと。　　(3)　童謡「ちいさい秋みつけた」「かわいいかくれ
んぼ」「うれしいひなまつり」などが代表曲である。　　(4)　調号が♭3つな
ので，変ホ長調かハ短調であることが分かる。曲調が明るければ長調，暗
ければ短調と判断して良い。　　(5)　「**p**（ピアノ）」は「弱く」演奏することを
意味する。「**m**（メゾ）」は意味を弱める働きがあるので「**mp**」は「やや弱く」と
いう意味になる。　　(6)　すでに付点四分音符(1.5拍)が記譜されている。
2拍にするための休符は，0.5拍分の長さの八分休符が適当である。

【7】幼児が体験していること…・広々としたホールで開放感を味わいながら
遊ぶこと。　　・初めて触れるマットや巧技台などで遊ぶ楽しさを感じる
こと。　　・身近にいるいろいろな生き物になりきって体を動かすこ
と。　　・何度でも自分のペースでコースを回れること。　から2つ
教師の援助や環境構成…・幼児が期待をもってホールに行くように，5歳児
と同じ「遠足」という言葉で誘い，3歳児のみで安心して，また，安全に遊
ぶことができる時間や場所をあらかじめ設定した。　　・喜んで運動的な
遊具に関われるように親しみのある「ダンゴムシ」という言葉を掛け，動き
たくなる雰囲気づくりをした。　　・幼児がイメージをもちなりきって伸
び伸びと体を動かせるような声を掛けた。一人一人のなりきっている動き
を認めたり，楽しさに共感したりした。　　・遊具を周回できる設定にし
たが，幼児一人一人が自分の興味や関心をもった道具を繰り返して楽しむ
ことができるようにし，満足感を十分に味わえるようにした。　から2つ
〈解説〉自分の言葉で書くことが大切であるが，幼稚園教育要領や「指導と評
価に生かす記録」の内容を踏まえて記述することが重要。平成29(2017)年3
月に告示された幼稚園教育要領において，育みたい資質・能力と「幼児期の
終わりまでに育ってほしい姿」が新たに示されたことや，カリキュラム・マ
ネジメントの充実，幼児の発達に即した主体的・対話的で深い学びの実現，
幼稚園教育と小学校教育との円滑な接続等の観点から改訂が行われたこと
を踏まえ，同資料は記述内容が見直されているので，最新版を熟読してお
きたい。

令和4年度

【1】次の文は，幼稚園教育要領（平成29年3月）「第1章総則　第4　指導計画の作成と幼児理解に基づいた評価」の内容の抜粋である。

(1)　①～⑥に当てはまる語句を以下のア～チから一つ選んで記号で答え，文を完成させなさい。

> 1　指導計画の考え方
>
> 　　幼稚園教育は，幼児が自ら意欲をもって（　①　）と関わることによりつくり出される具体的な活動を通して，その（　②　）の達成を図るものである。
>
> 　　幼稚園においてはこのことを踏まえ，幼児期にふさわしい生活が展開され，適切な（　③　）が行われるよう，それぞれの幼稚園の（　④　）に基づき，調和のとれた（　⑤　），発展的な指導計画を作成し，幼児の活動に沿った（　⑥　）な指導を行わなければならない。

ア	計画的	イ	人	ウ	しなやか	エ	遊び
オ	目標	カ	ねらい	キ	指導	ク	教育課程
ケ	全体的な計画	コ	教育目標	サ	内容	シ	援助
ス	配慮	セ	柔軟	ソ	環境	タ	弾力的
チ	組織的						

(2)　①～⑤に当てはまる語句を以下のア～ソから一つ選んで記号で答え，文を完成させなさい。

> 3　指導計画の作成上の留意事項
>
> 　(2)　幼児が様々な人やものとの関わりを通して，多様な体験をし，心身の調和のとれた発達を促すようにしていくこと。その際，幼児の発達に即して主体的・対話的で（　①　）学びが実現するようにするとともに，（　②　）体験が次の活動を生み出すことを考慮し，一つ一つの体験が相互に結び付き，幼稚園生活が充実するようにすること。
>
> 　(4)　幼児が次の活動への（　③　）や意欲をもつことができるよう，幼児の（　④　）を踏まえながら，教師や他の幼児と共に遊びや生活の中で（　⑤　）をもったり，振り返ったりするよう工夫すること。

ア	めあて	イ	見通し	ウ	深い	エ	創造的な
オ	心を動かされる	カ	実態	キ	遊び	ク	関心
ケ	期待	コ	発達	サ	生活	シ	直接
ス	興味	セ	心情	ソ	豊かな		

【2】次の文は，幼稚園教育要領（平成29年3月）「第2章　ねらい及び内容」と各領域の「内容の取扱い」からの抜粋である。

(1)　①～⑥に当てはまる語句を以下のア～ソから一つ選んで記号で答え，文を完成させなさい。

　　　各領域に示すねらいは，幼稚園における（　①　）の全体を通じ，幼児が様々な体験を積み重ねる中で（　②　）に関連をもちながら次第に達成に向かうものであること，内容は，幼児が環境に関わって展開する具体的な（　③　）を通して（　④　）に指導されるものであることに留意しなければならない。

　　　また，「幼児期の終わりまでに育ってほしい姿」が，ねらい及び内容に基づく活動全体を通して（　⑤　）が育まれている幼児の幼稚園修了時の（　⑥　）であることを踏まえ，指導を行う際に考慮するものとする。

ア	活動	イ	遊び	ウ	一体的な姿
エ	体験	オ	経験	カ	安全
キ	総合的	ク	柔軟	ケ	見方・考え方
コ	資質・能力	サ	具体的な姿	シ	到達すべき姿
ス	相互	セ	各々	ソ	生活

(2)　①～④に当てはまる語句を記述し，文を完成させなさい。

人間関係
　(5)　集団の生活を通して，幼児が人との関わりを深め，（　①　）の芽生えが培われることを考慮し，幼児が教師との信頼関係に支えられて自己を発揮する中で，互いに思いを主張し，（　②　）を付ける体験をし，きまりの必要性などに気付き，自分の気持を調節する力が育つようにすること。

表現
　(2)　幼児の自己表現は素朴な形で行われることが多いので，教師はそのような表現を（　③　）し，幼児自身の表現しようとする

33

意欲を受け止めて，幼児が生活の中で（　④　）様々な表現を楽しむことができるようにすること。

【3】次の文は，「幼児の思いをつなぐ指導計画の作成と保育の展開（文部科学省　令和3年2月）第1章　3(2)環境の構成の意義　②計画的な環境の構成」の抜粋であり，教師が環境の構成の意味を明確に理解しておくための視点が挙げられている。

①～④に当てはまる語句を記述し，文を完成させなさい。

○　状況をつくること
　　幼児の主体的な活動を通しての発達は，教師が，様々な環境の（　①　）を考慮しながら，綿密に配慮し，構成された環境の下で促されるのであり，こうした状況をつくり出すことができるように配慮された場が教育環境としての幼稚園なのです。
○　教材を（　②　）こと
　　このように教材の理解を深め，ねらいに即して実際の幼児の姿から必要に応じた教材の活用をするために，各幼稚園において教材研究を積み重ねることが重要です。
○　（　③　）に沿うこと
　　幼児一人一人の活動にはそれぞれ固有の意味をもっていますし，その取り組み方，環境への関わり方なども異なっています。そのため，幼児の周りにある様々な環境が幼児一人一人によってどのように受け止められ，いかなる意味をもつのかを教師自身がよく理解する必要があります。
○　環境を（　④　）こと
　　教師は，幼児の活動によって起こる様々な変化を的確に把握しつつ，教材を工夫し物的環境などをつくり直し，必要な援助を重ねる中で幼児の発達にとって意味のある状況をつくり出していくことが求められています。

【4】幼児期運動指針（文部科学省　平成24年3月）「第1章　幼児期運動指針について」の内容について答えなさい。幼児期に経験する基本的な動きについて，「体のバランスをとる動き」「体を移動する動き」「用具などを操作する動き」のそれぞれについて，具体的な動きを3つずつ挙げなさい。

【5】 次の植物に関係の深いものをA群，B群から選び，番号で答えなさい。

(ア) キュウリ　　(イ) クロッカス　　(ウ) サツマイモ

(エ) イチゴ　　(オ) フウセンカズラ

A群

① ムクロジ科　　② バラ科　　③ ウリ科　　④ ヒルガオ科

⑤ アヤメ科

B群

① 育てやすい球根で，水はけのよい砂質の土に浅く植えるとよい。サフランの仲間で花が美しいことからハナサフランとも呼ばれる。

② 雄花と雌花が別々につき，温度や日照に影響されるため落花してしまったり，結実したりする。連作を嫌う。

③ 収穫を終えた株からは，6月ごろになると，ランナーを伸ばし，その先端に3〜4株の子苗をつくる。

④ 開花は夏で，白い小さな花が咲く。実は膨らんだ独特の形で，実が熟してできる黒い種はハート形の模様が入る。

⑤ 苗はいったん切り口を水につけて水揚してから，小高くした畝の頂部に30cm〜35cm間隔で植える。水はけのよい土を好む。

【6】 次のような，幼児の生活する姿の記録から，あなたは幼児の育ちをどのようにとらえますか。具体的かつ簡潔な文章で，3点書きなさい。

2年保育　4歳児　6月

　K児が小学校の裏庭に探検に行こうと言い出す。それを聞いて，T児「道がわからなくなったら困るから石を落として行こう」，水着で遊んでいたS児「夜になったら困るから，服をもって行こう」，K児「おなかがすいたら困るからお弁当を持って行こう」と，各自思い思いのものをそろえて出発したので，私もついていく。

　ポンプ室を発見して，S児が近寄ると，皆も続く。戸の隙間からのぞくH児。耳を当てるK児，A児やN児は下にもぐってみる。すっかり探検隊気取り。口々に「なんだろう」，「悪者を閉じ込めているのかな」，「音がするから何か作っているんだよ」と騒ぎ始めたので，私が「シーッ」と言うと，T児が「敵に気付かれるぞ」と言って歩き出す。そして，また出発。ぐるっと回って，小学校の校門の方に出ると，「なんだ小学校だ」とM児がつぶやいた。

【1】(1) ① ソ ② オ ③ キ ④ ク ⑤ チ ⑥ セ
(2) ① ウ ② オ ③ ケ ④ カ ⑤ イ

〈解説〉(1) 2017年の幼稚園教育要領改訂において出題の部分には，「それぞれの幼稚園の教育課程に基づき」の文言が加筆された。なお教育課程は，幼稚園における教育期間の全体を見通したものであり，幼稚園の教育目標に向かい入園から修了までの期間において，どのような筋道をたどっていくかを明らかにした計画であり，指導計画は，教育課程を具体化したものである。 (2) 振り返りの機会としては，遊びが展開する過程や，片付けや帰りの会などの1日の幼稚園生活の中で活動が一段落する場面などが考えられる。

【2】(1) ① ソ ② ス ③ ア ④ キ ⑤ コ ⑥ サ
(2) ① 規範意識 ② 折り合い ③ 受容 ④ 幼児らしい

〈解説〉(1) 「幼稚園教育要領(2017年3月)」は，幼稚園の教育課程について，心身の健康に関する領域「健康」，人との関わりに関する領域「人間関係」，身近な環境との関わりに関する領域「環境」，言葉の獲得に関する領域「言葉」，感性と表現に関する領域「表現」の5つの領域で編成し，それぞれについてねらいと内容を示している。なお引用部分の後半は，2017年の幼稚園教育要領改訂で加筆されたものである。 (2) 幼稚園教育要領は，領域「人間関係」については「内容の取扱い」で6つ，領域「表現」については3つの留意事項を示している。なお規範意識とは，集団生活や社会生活におけるきまりやルール，約束などの規範に基づいて，主体的に判断し行動しようとする意識である。

【3】① 教育的価値 ② 工夫する ③ 幼児の活動 ④ 再構成する

〈解説〉「幼児の思いをつなぐ指導計画の作成と保育の展開」(2021年2月文部科学省)は，指導計画作成にあたっての基本的な考え方や方法などを解説するもので，2017年3月に告示の幼稚園教育要領において，幼稚園教育において育みたい資質・能力と「幼児期の終わりまでに育ってほしい姿」が新たに示されたことや，カリキュラム・マネジメントの充実，幼児の発達に即した主体的・対話的で深い学びの実現，幼稚園教育と小学校教育との円滑な接続等の観点から改訂が行われたことを踏まえ，記述内容が見直されている。幼稚園教育の基本は環境を通して行うということであり，教師は一

人一人の幼児に幼稚園教育のねらいを着実に実現して発達を促すために，幼児が必要な体験を積み重ねていくことができるよう，発達の道筋を見通して，教育的に価値のある適切な環境を計画的に構成することが肝要である。

【4】（体のバランスをとる動き）立つ　座る　回る　寝ころぶ　起きる　転がる　渡る　ぶら下がる　の中から3つ　（体を移動する動き）歩く　走る　はねる　跳ぶ　登る　下りる　這う　よける　すべる　の中から3つ　（用具などを操作する動き）持つ　遊ぶ　投げる　捕る　転がす　蹴る　積む　こぐ　掘る　押す　引く　の中から3つ

〈解説〉「幼児期運動指針」（2012年文部科学省）は，文部科学省が2007年度から2009年度に「体力向上の基礎を培うための幼児期における実践活動の在り方に関する調査研究」において，幼児期に獲得しておくことが望ましい基本的な動き，生活習慣及び運動習慣を身に付けるための効果的な取組などについての実践研究を行い，その成果を踏まえ，「幼児期運動指針策定委員会」を設置し，幼児期における運動の在り方についての指針の策定作業を行い，取りまとめたものである。幼児期において，遊びを中心とする身体活動を十分に行うことは，多様な動きを身に付けるだけでなく，心肺機能や骨形成にも寄与するなど，生涯にわたって健康を維持したり，何事にも積極的に取り組む意欲を育んだりするなど，豊かな人生を送るための基盤づくりとなる。

【5】（ア）A群　③　　B群　②　（イ）A群　⑤　　B群　①
（ウ）A群　④　　B群　⑤　（エ）A群　②　　B群　③
（オ）A群　①　　B群　④

〈解説〉（ア）キュウリはウリ科のつる性一年草で，花は雄花と雌花に分かれている。連作による病気をおこしやすい。　（イ）クロッカスはアヤメ科サフラン属の植物である。耐寒性が強く育てやすい球根植物である。　（ウ）サツマイモはヒルガオ科のつる性多年草である。水はけのよい土で作った畝に苗を植えて育てる。　（エ）イチゴはバラ科の植物である。初夏にランナーと呼ばれるほふく茎をのばし，その先に予苗をつくる。　（オ）フウセンカズラは夏に小さな白い花を咲かせたあと，緑色の紙風船のような実をつくる。

【6】・「探検しよう」という一人の幼児の思いが，周りの幼児に受け入れられ，一緒に行動するまでに友達関係が育ってきている。　　・自分たちの保育室を中心にした活動だけでは満足できず，今までよりも活動の場を広げた

いという気持ちが強くなっている。　　・未知なるものを探検し,それに胸をときめかすような興味や関心のもち方を示している。何かを発見しようとして,積極的に探索しようとしている。　　・ごっこの姿の中には,幼児一人一人が自分の経験に基づいて,できるだけ本物に近づこうと努力したり,自分そのものになりきろうとしたりする姿が見られる。　　・自分の思いやイメージを言葉や動作で表現しようとし,友達の言葉を聞いて自分の中に取り込み,自分のイメージを膨らませていく姿が見える。　　・幼児には行動力があり,互いに自分自身の世界をもちながらも,それを広げていこうとしているエネルギーがある。　などの中から3点回答

〈解説〉「幼児の思いをつなぐ指導計画の作成と保育の展開」(2021年2月文部科学省)「第2章　指導計画の作成の具体的な手順とポイント」「2.　指導計画の作成のポイント」「(1)　幼児の生活する姿を捉える」からの引用出題である。幼児の生活する姿を捉える手掛かりは,日々の保育の記録から得ることが多く,記録することによって,もう一度自分の保育の状況を思い起こし,幼児の行動やその心の動きを探ってみるとともに,教師自身の関わり方や感じ方を振り返ってみることができる。記録には,教師自身の幼児の見方や保育の考え方などが反映されており,それをたどることは,自分の保育に気付き,幼児の生活を理解することにつながる。また表面的な行動だけではなく,教師の感じ取ったことを述べ,指導を振り返って継続的に記録することが大切で,遊びの捉え方や指導の方法の改善へとつながる。

【1】次の文は，幼稚園教育要領（平成29年3月）「第1章　総則」の内容の抜粋である。

(1)　①～⑫に当てはまる語句を以下のア～トからそれぞれ一つ選んで記号で答え，完成させなさい。

1　幼児は安定した（　①　）の下で自己を十分に発揮することにより（　②　）に必要な体験を得ていくものであることを考慮して，幼児の（　③　）を促し，幼児期に（　④　）が展開されるようにすること。

2　幼児の（　⑤　）としての遊びは，心身の調和のとれた発達の基礎を培う重要な（　⑥　）であることを考慮して，遊びを通しての（　⑦　）を中心として第2章に示すねらいが（　⑧　）に達成されるようにすること。

3　幼児の発達は，心身の諸側面が相互に関連し合い，（　⑨　）な経過をたどって成し遂げられていくものであること，また，幼児の（　⑩　）がそれぞれに異なることなどを考慮して，幼児一人一人の（　⑪　）に応じ，（　⑫　）に即した指導を行うようにすること。

【第1章　総則　第1】

ア　生活経験	イ　情緒	ウ　自発的な活動
エ　十分	オ　環境	カ　ふさわしい生活
キ　生活	ク　学習	ケ　特性
コ　発達	サ　人間関係	シ　経験
ス　総合的	セ　興味関心	ソ　個の発達
タ　指導	チ　多様	ツ　発達の課題
テ　継続的	ト　主体的な活動	

(2)　①～⑧に当てはまる語句を以下のア～タからそれぞれ一つ選んで記号で答えなさい。

障害のある幼児などへの指導に当たっては，（　①　）で生活することを通して，（　②　）的な発達を促していくことに配慮し，（　③　）などの助言又は援助を活用しつつ，個々の幼児の（　④　）の状態などに応じた指導内容や指導方法の工夫を（　⑤　）的かつ計画的に行うものとする。また，家庭，地域及び医療や福祉，保健等の業務を行う

関係機関との連携を図り，（　⑥　）的な視点で幼児への教育的支援を行うために，個別の教育支援計画を作成し活用することに努めるとともに，個々の幼児の実態を（　⑦　）に把握し，（　⑧　）を作成し活用することに努めるものとする。　　【第1章　総則　第5の1】

ア	幼稚園	イ	集団の中	ウ	個別の指導計画	エ	全体
オ	小学校	カ	特別支援学校	キ	総合	ク	障害
ケ	組織	コ	教育指導計画	サ	長期	シ	十分
ス	的確	セ	温かい関係	ソ	健康	タ	発達

【2】 次の文は，指導計画の作成と保育の展開（平成25年7月）「第1章　指導計画作成に当たっての基本的な考え方　1. 幼稚園教育における指導性　(2) 幼稚園における指導の意義」からの抜粋であり，遊びを通しての総合的な指導について取り上げている。①〜⑥に当てはまる語句を答えなさい。

> 幼稚園教育における指導については，（　①　）の全体を通して幼児の発達の実情を把握して一人一人の幼児の特性や発達の課題を捉え，幼児の（　②　）や発見，努力，工夫，感動などを温かく受け止めて認めたり（　③　）したり，励ましたりして（　④　），幼児の生活の流れや発達などに即した具体的な（　⑤　）にふさわしい環境をつくり出し，幼児の展開する活動に対して必要な助言・指示・承認・共感・励ましなど，教師が行う（　⑥　）の全てを総称して，指導と呼んでいます。

【3】 次の文は，幼稚園教育要領（平成29年3月）に新設された「第1章　総則　第2　幼稚園教育において育みたい資質・能力及び「幼児期の終わりまでに育ってほしい姿」」からの抜粋である。

　　①〜⑥に当てはまる語句は幼稚園教育において育みたい資質・能力である。当てはまる語句を答えなさい。

> 1　幼稚園においては，生きる力の基礎を育むため，この章の第1に示す幼稚園教育の基本を踏まえ，次に掲げる資質・能力を一体的に育むよう努めるものとする。
> (1)　豊かな体験を通じて，感じたり，気付いたり，分かったり，できるようになったりする「（　①　）及び（　②　）の基礎」

　　(2)　気付いたことや，できるようになったことなどを使い，考え
　　　　たり，試したり，工夫したり，表現したりする「（　③　）力，
　　　　（　④　）力，表現力等の基礎」
　　(3)　心情，意欲，態度が育つ中で，よりよい生活を営もうとする
　　　　「（　⑤　）に向かう力，（　⑥　）等」

【4】次のA〜Cの楽譜は幼児期によく歌われる歌の歌い出しの部分である。
　以下の(1)〜(3)の問いに答えなさい。

(1)　A，B，Cの曲で次の（ア）〜（ウ）に当てはまるものはどれか。記号で
　答えなさい。
　　（ア）　手遊びをしながら歌う
　　（イ）　季節に合わせて歌う
　　（ウ）　友達と体を動かして遊びながら歌う
(2)　Bの楽譜について答えなさい。
　　（ア）　**mf** の読み方と意味を書きなさい。
　　（イ）　FとCのピアノコードを全音符で書きなさい。
(3)　Aの曲名を答えなさい。

【5】次の(1)〜(5)は絵本の題名である。それぞれの絵本の一部分をA群から，
　作者名をB群から選び記号で答えなさい。
　　(1)　どうぞのいす　　　　　(2)　そらいろのたね
　　(3)　おしゃべりなたまごやき　(4)　ぐるんぱのようちえん
　　(5)　はじめてのおつかい

41

A群

ア 「しまった。かぎなんかもっていたら、とをあけたことが、わかっちゃうな。ええい、こんなもの、すててしまえ」

イ みいちゃんのめが、ぱちんと あいました。むねが、どっきん どっきん なって、めも、しぱしぱ おとがしました。

ウ くまさんは かごの なかの どんぐりを みんな たべてしまいました。「でも からっぽにしてしまっては あとの ひとに おきのどく。」

エ きつねも やってきて、「うわぁ すごい！ なんて おおきいうちだろう！」と、めを まるくしました。

オ 「あいてはつよいから、しっかり かたまってスクラムだ。」「それいけ、お母さんをたすけにいけ！」

カ ほんとに がっかりして びすけっとと おさらと くつと ぴあのを すぽーつかーに のせて でていきました。

B群

① 西内 みなみ さく　　　堀内 誠一 え

② なかがわ りえこ 文　　おおむら ゆりこ 絵

③ 寺村 輝夫 作　　　　　長 新太 画

④ 香山 美子 作　　　　　柿本 幸造 絵

⑤ 神沢 利子 文　　　　　長 新太 絵

⑥ 筒井 頼子 さく　　　　林 明子 え

【6】次のエピソードは、保育の様子を記録したある場面である。

　あなたが担任なら、エピソードに出てくる幼児が経験していることと、教師の援助や環境構成のポイントについてどのように捉えるか。それぞれ2点あげ、簡潔に書きなさい。

エピソード　3歳児　5月

　三人の幼児がヒーローになり園庭のジャングルジムに乗って遊んでいる。教師が近づくと、三人は笑いながら「バーン、バーン」と攻撃するような仕草をする。教師は、この三人に走る、登るなど、いろいろな動きを楽しんでほしいと思い、その攻撃から逃げるように走ると、三人はジャングルジムから降りて教師を追いかけてくる。

　しばらく走った後、教師は「疲れちゃった。休むおうちがほしいな」と言って、園庭に家を描き、「ここにいるときは捕まらないことね」と

声を掛ける。三人は，最初その意味が分からず，家に入ろうとしなかったので，「じゃあ，今度は先生が捕まえちゃおうかな」と家から出ると三人はうれしそうに逃げ出したり，家に入ったりするようになった。

それを見ていた他児も家の中に入って来る。教師に捕まえてほしくて挑発してくる幼児，教師を追いかけることに加わるが捕まりたくないのですぐに家に戻る幼児，家の中から一歩も出ないでニコニコ見ている幼児もいる。

解 答・解 説

【1】(1) ① イ ② コ ③ ト ④ カ ⑤ ウ ⑥ ク
⑦ タ ⑧ ス ⑨ チ ⑩ ア ⑪ ケ ⑫ ツ
(2) ① イ ② エ ③ カ ④ ク ⑤ ケ ⑥ サ
⑦ ス ⑧ ウ

〈解説〉(1) 幼稚園教育要領（平成29年改訂）第1章 総則 第1 幼稚園教育の基本からの出題である。幼児期の教育は，生涯にわたる人格形成の基礎を培う重要なものであり，幼稚園教育は，学校教育法に規定する目的及び目標を達成するため，幼児期の特性を踏まえ，環境を通して行うものであることを基本としている。この出題では，幼稚園教育の基本の中での重視されるべき事項の3点が示されている。 (2) 同要領（平成29年改訂）第1章 総則 第5 特別な配慮を必要とする幼児への指導からの出題である。今改訂では，障害のある幼児などの指導に当たっては，個別の教育支援計画及び個別の指導計画を作成し活用に努めることとされた。なお，「個別の教育支援計画」とは「関係機関との連携による乳幼児期から学校卒業後まで一貫した支援を行うための教育的支援の目標や内容等を盛り込んだもの」のことであり，「個別の指導計画」とは「児童生徒一人一人のニーズに応じた指導目標や内容，方法等を示したもの」のことである。

【2】① 幼稚園生活 ② 行動 ③ 共感 ④ 心を通わせ
⑤ ねらいや内容 ⑥ 援助

〈解説〉幼稚園教育指導資料 指導計画の作成と保育の展開（平成25年改訂 文部科学省）は，幼稚園が適切に教育課程を編成，実施できるようにするための文部科学省作成の参考資料である。その中では，出題の部分に続いて「幼稚園教育における指導は，幼児理解に基づく指導計画の作成，環境の構

成と活動の展開，幼児の活動に沿った必要な援助的なかかわり，反省や評価に基づいた新しい指導計画の作成といった循環の中で行われるものです。その意味では幼稚園教育の基本に基づいて行われる援助の全てが，幼稚園における指導といっていいでしょう。」としている。なお文部科学省は平成29 (2017) 年3月の幼稚園教育要領の改訂を踏まえ，「幼児の思いをつなぐ指導計画の作成と保育の展開」を令和3 (2021) 年2月に作成している。今後出題の可能性が非常に高いと思われるため，確認しておきたい。

【3】 ① 知識　　② 技能　　③ 思考　　④ 判断　　⑤ 学び
　　　⑥ 人間性

〈解説〉幼稚園教育要領（平成29年改訂）では，「幼児期の終わりまでに育ってほしい姿」として「健康な心と体，自立心，協同性，道徳性・規範意識の芽生え，社会生活との関わり，思考力の芽生え，自然との関わり・生命尊重，数量・図形，標識や文字などへの関心・感覚，言葉による伝え合い，豊かな感性と表現」が明確に記され，これを小学校の教師と共有するなど連携を図り，幼稚園教育と小学校教育との円滑な接続を図るよう努めるものとすることと示された。

【4】 (1)　(ア) C　　(イ) A　　(ウ) B　　(2)　(ア) 読み方…メゾフォルテ　　意味…やや強く　　(イ) F　〔楽譜〕　　C　〔楽譜〕
　　　(3)　こおろぎ

〈解説〉 (1) Bは「ロンドン橋」なのでウ，Cは「げんこつ山のたぬきさん」なのでアである。　(2)「ƒ」は「強い」を意味し，「m」は意味を弱める記号である。強弱に関する記号は，弱いほうから順に「pp」「p」「mp」「mf」「ƒ」「ff」である。C，F，Gのコードは，伴奏する際に用いられる機会が多い。素早く演奏できるよう，覚えておきたい。　(3) 楽譜は「こおろぎちろちろりん　こおろぎころころりん」という歌詞である。旋律と歌詞も覚えておくと良い。

【5】 ※A群，B群の順　(1)　ウ，④　　(2)　エ，②　　(3)　ア，③
　　　(4)　カ，①　　(5)　イ，⑥

〈解説〉それぞれの絵本の概要は以下の通り。おおまかな話のあらすじに関しては作者名と合わせて覚えておきたい。　(1)『どうぞのいす』（香山美子作，柿本幸造絵）…うさぎが小さないすをつくり，「どうぞのいす」と書いた立て札と一緒に野原の木の下に置く。そこにろばがやってきて…。「あとのひと

におきのどく』という動物たちのやさしさのリレーが続く。　(2)　『そらい
ろのたね』(なかがわりえこ文，おおむらゆりこ絵)…ゆうじは宝物の模型飛
行機を，きつねが持っていたそらいろのたねと交換する。ゆうじはそのた
ねをまき，水をやる。はえてきたのはそらいろの家！家はみんなの遊び場
になったが，最後にやって来たきつねがみんなを追い出すと…。　(3)　『お
しゃべりなたまごやき』(寺村輝夫作，長新太画)…ある日，たまごやきが大
好きな王様は，お城の裏にあるにわとり小屋でぎゅうぎゅう詰めになって
いるにわとりたちを発見。小屋の戸には，たまたま鍵がささったままになっ
ていた。にわとりたちを気の毒に思った王様は，戸を開けたが，一斉に飛
び出したにわとりたちは王様を追うように走り回る。やがてにわとりを放
した犯人探しが始まる…。　(4)　『ぐるんぱのようちえん』(西内ミナミさ
く，堀内誠一え)…ぐるんぱはひとりぼっちの大きなぞう。ぐるんぱはビス
ケット屋，お皿作り，靴屋，ピアノ作り，自動車工場で一生懸命に働くが，
つくるものが大きすぎてみんなに喜んでもらえない。そんなぐるんぱは，
それまでつくった大きなものを使って，ようちえんを開く。　(5)　『はじ
めてのおつかい』(筒井頼子さく，林明子え)…5才のみいちゃんは，初めて
ひとりで牛乳を買いに行く。　残りの選択肢については，A群のオは『おた
まじゃくしの101ちゃん』(かこさとし作・絵)の一節，B群の⑤は『いたず
らラッコとおなべのほし』『はねるのだいすき』等がある。

【6】幼児が経験していること…・教師や周りの幼児を追いかけること。
　　・教師や周りの幼児に追いかけられること。　　・「家」があることで安心
し，その中で周りの幼児の様子を見ているだけでも追いかけっこをしてい
るような楽しい気持ちになっていること。　から2つ。　　教師の援助や
環境構成…・幼児の遊びの流れに沿って教師が加わり，追われたり追いか
けたりする楽しさを感じられるようにした。　　・追ったり，逃げたりな
ど，幼児一人一人が楽しんでいることに共感して声を掛けた。　　・興味
はあるが入れないという幼児にも，「家」という安全地帯を作ることで，目
に見える安心感を与え，参加している気持ちになるようにした。　　・単
純な追いかけ合いは，見ているだけでも楽しく，教師と一対一の関係も楽
しむことができるなど，3歳児が気持ちの向くまま，思い思いに楽しさが味
わえる要素がある。　　・「家」は地面に書いた平面のものなので，幼児は
安心して自由に出入りを楽しむことができた。　から2つ。
〈解説〉記述問題に当たっては，幼稚園教育の基本的視点をおさえて記述した

い。おさえるべき基本的視点は，次の4点である。　①幼稚園教育は，学校教育法に規定する目的及び目標を達成するため，幼児期の特性を踏まえ，環境を通して行うものであることが基本であること。　②教師は，幼児との信頼関係を十分に築き，幼児が身近な環境に主体的にかかわり，環境とのかかわり方や意味に気付き，これらを取り込もうとして，試行錯誤したり，考えたりするようになる幼児期の教育における見方・考え方を生かし，幼児と共によりよい教育環境を創造するように努めなくてはならないこと。③環境を通して行う教育は，幼児の主体性と教師の意図がバランスよく絡み合って成り立つものであり，幼児が自ら周囲の環境に働き掛けて様々な活動を生み出し，それが幼児の意識や必要感，あるいは興味などによって連続性を保ちながら展開されることで育てられていくこと。　④活動の主体は幼児であり，教師は活動が生まれやすく，展開しやすいように意図をもって環境を構成していくよう援助すること。　である。

◆令和2年度

【1】次の文は，幼稚園教育要領(平成29年3月)「第1章　総則」の内容の抜粋である。

(1) （　①　）～（　⑥　）に当てはまる語句を下のア～タから一つ選んで記号で答えなさい。

> 　幼稚園生活の全体を通して第2章に示すねらいが（　①　）に達成されるよう，教育課程に係る教育期間や幼児の（　②　）や発達の過程などを考慮して具体的なねらいと内容を組織するものとする。この場合においては，特に，自我が芽生え，（　③　）を意識し，（　④　）しようとする気持ちが生まれる幼児期の発達の特性を踏まえ，入園から修了に至るまでの長期的な視野をもって充実した生活が展開できるように配慮するものとする。
>
> 　幼稚園の毎学年の教育課程に係る教育週数は，特別の事情のある場合を除き，（　⑤　）を下ってはならない。
>
> 　幼稚園の1日の教育課程に係る教育時間は，（　⑥　）を標準とする。ただし，幼児の心身の発達の程度や季節などに適切に配慮するものとする。
>
> 【第1章　総則　第3の3】

ア　生活経験	イ　信頼性	ウ　主体性	エ　十分
オ　主体的	カ　他者の存在	キ　興味関心	ク　4時間
ケ　自己を抑制	コ　5時間	サ　自己を発揮	シ　35週
ス　総合的	セ　39週	ソ　他者の思い	タ　190日

(2) （　①　）～（　⑦　）に当てはまる語句を記述しなさい。

> 　各幼稚園においては，（　①　）の下に，園務分掌に基づき教職員が適切に役割を分担しつつ，相互に連携しながら，（　②　）や指導の改善を図るものとする。また，各幼稚園が行う（　③　）については，教育課程の編成，実施，（　④　）が教育活動や幼稚園運営の中核となることを踏まえ，（　⑤　）と関連付けながら実施するよう留意するものとする。
>
> 　地域や幼稚園の実態等により，幼稚園間に加え，（　⑥　），幼保連携型認定こども園，小学校，中学校，高等学校及び特別支援学校などとの間の連携や交流を図るものとする。特に幼稚園教育と（　⑦　）

> の円滑な接続のため，幼稚園の幼児と小学校の児童との交流の機会
> を積極的に設けるようにするものとする。
>
> 【第1章　総則　第6の1・3】

【2】 次の文は，幼児理解に基づいた評価（平成31年3月）「第2章　幼児理解に基づいた評価の基本的な考え方　1. 保育における幼児理解と評価　(1)教師の姿勢」からの抜粋で，教師の姿勢として大切にしたい点を取り上げている。（　ア　）～（　エ　）に当てはまる語句を記述しなさい。

> ①　温かい関係を育てる
>
> 　　幼児との温かい関係を育てることそのものが，（　ア　）過程だということができます。教師との温かい信頼関係の中でこそ，幼児は伸び伸びと自己を発揮することができるからです。
>
> ②　（　イ　）に立つ
>
> 　　様々な出来事に対する考え方や受け止め方は，一人一人異なっています。相手としての幼児を理解するということは，幼児の考え方や受け止め方をその幼児の身になって理解しようとする姿勢をもつことだといえるでしょう。
>
> ③　内面を理解する
>
> 　　幼児は，自分の内面を言葉だけでなく，表情や動きといった身体全体で表現しています。その表情や動きは（　ウ　）なもので，捉えることは難しいかもしれません。
>
> ④　（　エ　）で見る
>
> 　　幼児を理解するには，一つの場面や行動を捉えるだけでは十分ではありません。一つの行動の意味が，そのときには分からなくてもその幼児の生活する姿を長い期間続けて見ていくと，後で理解できたということはよくあることです。

【3】 次の文は，幼稚園教育要領（平成29年3月）に新設された「第1章　総則　第2　幼稚園教育において育みたい資質・能力及び「幼児期の終わりまでに育ってほしい姿」の3」からの抜粋である。

(1)　（　①　）～（　③　）に当てはまる語句は「幼児期の終わりまでに育ってほしい姿」である。当てはまる語句を記述しなさい。

(1) （ ① ）

　　幼稚園生活の中で，充実感をもって自分のやりたいことに向かって心と体を十分に働かせ，見通しをもって行動し，自ら健康で安全な生活をつくり出すようになる。

(3) （ ② ）

　　友達と関わる中で，互いの思いや考えなどを共有し，共通の目的の実現に向けて，考えたり，工夫したり，協力したりし，充実感をもってやり遂げるようになる。

(9) （ ③ ）

　　先生や友達と心を通わせる中で，絵本や物語などに親しみながら，豊かな言葉や表現を身に付け，経験したことや考えたことなどを言葉で伝えたり，相手の話を注意して聞いたりし，言葉による伝え合いを楽しむようになる。

(2)　①～③の姿について，5歳児後半の時期の幼稚園で友達とかかわって遊ぶ姿から，具体的な例をあげてそれぞれ簡潔に記述しなさい。

【4】次のA～Cの楽譜は幼児期によく歌われる歌の歌い出しの部分である。下の(1)～(6)の問いに答えなさい。

(1)　それぞれ何拍子の曲か，ア～エから一つ選んで記号で答えなさい。

　ア　四分の二拍子　　イ　八分の六拍子　　ウ　四分の三拍子

　エ　四分の四拍子

(2)　それぞれ何調の曲か，ア～オから一つ選んで記号で答えなさい。

　ア　ヘ長調　　イ　ト長調　　ウ　イ短調　　エ　変ロ長調

　オ　ハ長調

(3) Aの楽譜の(　　)に当てはまる休符を書きなさい。

(4) この3曲の中でスキップの曲として最もふさわしい曲ほどの曲か，A，B，Cから一つ選んで答えなさい。

(5) この3曲の中で駆け足の曲として最もふさわしい曲はどの曲か，A，B，Cから一つ選んで答えなさい。

(6) Cの曲名を答えなさい。

【5】次の(1)〜(5)の植物の説明としてふさわしいものをA群，B群の選択肢からそれぞれ一つ選び，記号で答えなさい。

(1) タンポポ　　(2) ジュズダマ　　(3) ナズナ　　(4) オナモミ

(5) ドングリ

A群

　ア　実の部分が三味線のバチに似ているために，ペンペン草と呼ばれるとも言われている。小さな白い花が咲く前の葉は食べられる。春の七草のひとつ。

　イ　ブナ科の，特にカシ・ナラ・カシワなどコナラ属樹木の果実の総称。かぶっているおわんのようなものを殻斗という。

　ウ　花は朝開き，夕方閉じる。綿毛のついた種子を作る。

　エ　実は楕円形でたくさんのとげをもっている。

　オ　一年草で背丈は1mほどになる。雄花は熟すると表面が固くなり黒くなって表面はつやがあり，熟した実は根元から外れてそのまま落ちる。

B群

　①　ひっつき虫。衣服につけたり，的に投げたりして遊ぶ。

　②　きりで穴を開けて，穴につまようじをさしこむとコマができる。

　③　くきを適当な長さに切って吹く。長さによって音が変わる。

　④　茎とつながったまま，ぶら下がるように実を一つずつひっぱってひきさげる。全部できたら耳元でくるくる回す。

　⑤　実に糸を通すことが簡単で，ネックレスなどを作って遊ぶ。

【6】次のエピソードは，自分の思いが言葉になりにくいA児（4歳児7月）の記録である。

　あなたが担任なら，今後どのような援助をしますか。援助に必要なことを2点にまとめ，簡潔に書きなさい。

A児は，毎朝プール遊びを楽しみにしている。しかし，今日は風邪のため入れず，プールサイドのビニールプールでの水遊びとなる。初めのうちはじょうろで遊んでいたが，他児がプールで歓声をあげるのを見聞きし，次第に表情がなくなり，ベンチに登ったりビニールプールの水をわざとこぼしたりする。教師が声を掛けると，「嫌いだ。」と泣きそうな顔になる。教師が「N君は，プールに入りたかったんだよね。今日は風邪だけど今度またいっぱい遊ぼう。」と声を掛ける。N児は「嫌いだ。先生なんか，あっち行け。」と声が荒くなる。近くにいた幼児がその様子を気にするので，教師は「プールに入りたかったのに入れなかったの。悲しくて嫌な気持ちなんだと思うよ。」と言うと，他の幼児は「かわいそうにね。」「またプールあるよ。」などと言う。

解答・解説

【1】(1) ① ス ② ア ③ カ ④ ケ ⑤ セ ⑥ ク
(2) ① 園長の方針 ② 教育課程 ③ 学校評価 ④ 改善
⑤ カリキュラム・マネジメント ⑥ 保育所 ⑦ 小学校教育

〈解説〉(1) 幼稚園教育要領（平成29年3月）第1章 総則 第3 教育課程の役割と編成等 3 教育課程の編成上の基本的事項からの出題である。幼児期においては，自我が芽生え，自己を表出することが中心の生活から，次第に他者の存在を意識し，他者を思いやったり，自己を抑制したりする気持ちが生まれ，同年代での集団生活を円滑に営むことができるようになる時期へ移行していく。こうした幼児期の発達の特性を踏まえて，きめ細かな対応が図れるようにすることが重要である。毎学年の教育課程に係る教育週数は39週を下ってはならないが，このときの例外となる「特別の事情」とは，台風，地震，豪雪などの非常変災，その他急迫の事情があるときや伝染病の流行などの事情が生じた場合のことを指している。教育課程に係る1日の教育時間については，幼児の幼稚園における教育時間の妥当性及び家庭や地域における生活の重要性を考慮して，4時間が標準となっている。(2) 総則の第6 幼稚園運営上の留意事項からの出題である。カリキュラム・マネジメントは，新幼稚園教育要領・学習指導要領のキーワードの一つで，全教職員の協力体制の下，組織的・計画的に教育課程の編成，

実施，改善などの教育活動の質の向上を図ることである。また，学校評価は，学校教育法第42条において「教育活動その他の学校運営の状況について評価を行い，その結果に基づき学校運営の改善を図るため必要な措置を講ずる」と規定されており，カリキュラム・マネジメントと学校評価とを関連付けて実施することが重要であるとされる。なお，学校評価の実施方法については，文部科学省が「幼稚園における学校評価ガイドライン［平成23年改訂］（平成23年11月）」を作成している。

【2】ア　幼児を理解する　　イ　相手の立場　　ウ　瞬間的　　エ　長い目
〈解説〉「幼児理解に基づいた評価（平成31年3月　文部科学省）」は平成29年3月の幼稚園教育要領の改訂を踏まえて刊行されたもので，幼稚園の教師が一人一人の幼児を理解し，適切な評価に基づいて保育を改善していくための基本的な考え方や方法などについて解説している。その中では教師の姿勢は幼稚園教育における重要な要素の一つであり，「評価とは自分の保育を見直し続けることであり，そのような教師の姿勢がよりよい保育を生み出す」としている。また幼児理解については，教師が幼児を一方的に理解するだけでは成り立たず，「幼児も教師を理解するという相互理解によるものであると同時に，それは相互影響の過程で生まれたものであることを踏まえておくことが必要」としている。

【3】(1)　①　健康な心と体　　②　協同性　　③　言葉による伝え合い
(2)　①　数名の友達と一緒に，ルールを守りながら，ドッジボールを楽しむ。ボールの投げ方に強弱をつけたり，当たらないように体の動きを調整したり，自分なりのめあてをもったりして，体を動かす楽しさを味わう。
②　砂場で山や川をつくる共通の目的をもって，穴を掘る，水を運ぶ等の役割分担をして遊びを進める。　　③　絵本の世界を楽しみ，劇遊びに発展する。絵本のイメージを，自分の言葉で表して劇を進めていく。そのイメージを表すにはどのような言葉がふさわしいか，意見を出し合って決めたり，言葉の掛け合いを楽しんだりする。

〈解説〉(1)　「幼児期の終わりまでに育ってほしい姿」は，改訂された幼稚園教育要領で新たに示されたもので，各幼稚園で，幼児期にふさわしい遊びや生活を積み重ねることにより，幼稚園教育において育みたい資質・能力が育まれている幼児の具体的な姿であり，特に5歳児後半に見られるようになる姿である。幼稚園教育要領（平成29年3月）では10項目が示されている。示された10項目は，全て確認しておきたい。なお，幼稚園教育要領解説（平

成30年2月）では「幼稚園の教師は，遊びの中で幼児が発達していく姿を，『幼児期の終わりまでに育ってほしい姿』を念頭に置いて捉え，一人一人の発達に必要な体験が得られるような状況をつくったり必要な援助を行ったりするなど，指導を行う際に考慮することが求められる」としている。一方，実際の指導にあたっては，「『幼児期の終わりまでに育ってほしい姿』が到達すべき目標ではないことや，個別に取り出されて指導されるものではない」との留意点も示している。　（2）　幼稚園教育要領解説（平成30年2月）においては，次のような例が示されている。　①　段ボールを使って遊んでいるとき，「小さい組の子が通るので，危ないから場所を変えよう」など，遊びの目的に沿って時間をうまく使ったり場所を選んだりして，自分たちで遊びを進めていく，など。　②　修了式に伴って楽しい会をしたいという提案を受け，いつどこで何をするか，会のお知らせや進行など，必要なことを教師や友達と話し合う，など。　③　教師が読み聞かせをした絵本の中で出てきた新しい言葉を使い，気付いたことを伝え合いながら散策が続いていく，などである。

【4】（1）　A　エ　B　イ　C　ア　（2）　A　イ　B　オ　C　ア
（3）　𝄾　（4）　A　（5）　C　（6）　アルプス一万尺
〈解説〉（1）　Aは，1小節の中に四分音符4つ分の長さが入っているので四分の四拍子，Cは2つ分の長さが入っているので四分の二拍子である。Bは1小節の中に八分音符6つ分の長さが入っているので，八分の六拍子である。四分の三拍子と間違わないよう注意が必要である。　（2）　調号に着目し，調を判定すると良い。♯一つの長調はト長調，調号が付いていない長調はハ長調，♭一つの長調はヘ長調である。　（3）　すでに記譜されている音符に着目する。十六分音符と十六分休符を合わせると八分音符と同じ長さとなる。よって空欄の休符は，「十六分休符」が適切である。　（4）　弾むようなリズムがスキップに適している。　（5）　二拍子は駆け足の曲や行進曲などに適している。　（6）　曲名はその都度覚えておくと良い。

【5】※A群，B群の順　（1）　ウ，③　（2）　オ，⑤　（3）　ア，④
（4）　エ，①　（5）　イ，②
〈解説〉（1）　タンポポは綿毛のついた種をつくる。タンポポの茎は筒状になっているので，笛や風車などをつくることができる。　（2）　ジュズダマは背丈1〜2mほどのイネ科の植物で，硬く光沢のある実をつける。実に糸などを通してネックレスなどを作ることができる。　（3）　ナズナは春の七草の

ひとつで，ペンペン草とも呼ばれる。すべての実を一つずつひっぱってひきさげた後，くるくる回すとペンペンと音がする。　(4)　オナモミの実にはたくさんのとげがあり，実は布にくっつく。　(5)　ドングリは，カシ，ナラ，カシワなどコナラ属の樹木の果実の総称である。穴を開けてつまようじをさしこんで，こまを作ることができる。

【6】①　言葉で気持ちを言わせようと焦らずに，温かくA児を受け止め，言葉で表現できない気持ちに共感し，A児の気持ちを代弁するとともに，どういう言葉を使ったらよいのか具体的な場面で具体的に繰り返し伝えていく。　②　他児が「嫌な気持ちをすぐに言うA児」という印象を抱かないように，A児のよいところや楽しく遊んでいる様子を他児を意識して認めていく。

〈解説〉幼稚園教育要領解説（平成30年2月）の「第1章　総説　第4節　指導計画の作成と幼児理解に基づいた評価　3　指導計画の作成上の留意事項　(7)　教師の役割」において，教師の役割について「幼稚園は，幼児にとって保護者から離れ，集団生活を営む場である。幼稚園での生活が安定し，落ち着いた心をもつことが，主体的な活動の基盤である。この安定感をもたらす信頼のきずなは，教師が幼児と共に生活する中で，幼児の行動や心の動きを温かく受け止め，理解しようとすることによって生まれる。その時々の幼児の心情，喜びや楽しさ，悲しみ，怒りなどに共感し，こたえることにより，幼児は教師を信頼し，心を開くようになる」と解説している。さらに「第2章　ねらい及び内容　第2節　各領域に示す事項　領域『人間関係』」では，「一人一人のよさや特徴が生かされた集団を形成するためには，まず教師が，幼児の心に寄り添い，その幼児のよさを認めることが大切である」，「幼児は自分が認められることで友達のよさも認められるようになっていく」としている。

【1】次の文は，幼稚園教育要領（平成29年3月）「第1章　総則」の内容の抜粋である。

(1) （　①　）〜（　⑦　）に当てはまる語句を下のア〜トから一つ選んで記号で答え，完成させなさい。

> 　幼児期の教育は，生涯にわたる（　①　）の基礎を培う重要なものであり，幼稚園教育は，（　②　）に規定する目的及び目標を達成するため，（　③　）を踏まえ，（　④　）を通して行うものであることを基本とする。
>
> 　このため教師は，幼児との（　⑤　）を十分に築き，幼児が身近な環境に主体的に関わり，環境との関わり方や意味に気付き，これらを取り込もうとして，（　⑥　）したり，考えたりするようになる幼児期の教育における（　⑦　）を生かし，幼児と共によりよい教育環境を創造するように努めるものとする。
>
> 【第1章　総則　第1】

ア　心身の健康	イ　幼児期の特性	ウ　学びに向かう力
エ　環境	オ　信頼関係	カ　価値ある経験
キ　幼児期の発達	ク　忍耐力	ケ　技能
コ　見方・考え方	サ　試行錯誤	シ　教育基本法
ス　生きる力	セ　人格形成	ソ　資質・能力
タ　工夫	チ　社会性	ツ　愛着関係
テ　学校教育法	ト　創造性	

(2) （　①　）〜（　⑥　）に当てはまる語句をあとのア〜ソから一つ選んで記号で答え，完成させなさい。

> 　指導計画の作成に当たっては，次の事項に留意するものとする。
> (1)　長期的に発達を見通した年，学期，月などにわたる長期の指導計画やこれとの関連を保ちながらより具体的な幼児の生活に即した週，日などの短期の指導計画を作成し，適切な指導が行われるようにすること。特に，週，日などの短期の指導計画については，幼児の（　①　）に配慮し，幼児の意識や興味の（　②　）のある活動が相互に関連して幼稚園生活の自然な流れの中に組み込まれるようにすること。

(7) 幼児の（　③　）な活動を促すためには，教師が（　④　）な関わりをもつことが重要であることを踏まえ，教師は，（　⑤　），（　⑥　）など様々な役割を果たし，幼児の発達に必要な豊かな体験が得られるよう，活動の場面に応じて，適切な指導を行うようにすること。

【第1章　総則　第4の3】

ア	生活のリズム	イ	信頼性	ウ	多様
エ	あこがれの対象	オ	連続性	カ	理解者
キ	活発	ク	豊か	ケ	教師
コ	的確	サ	深まり	シ	共同作業者
ス	丁寧	セ	反省	ソ	主体的

【2】次の文は，幼稚園教育要領（平成29年3月）「第2章　ねらい及び内容」の各領域で示されている内容の抜粋である。（　①　）〜（　④　）に当てはまる語句を記述し，文を完成させなさい。

○　環境　1　ねらい
(2)　身近な環境に自分から関わり，（　①　）を楽しんだり，考えたりし，それを生活に取り入れようとする。
○　言葉　2　内容
(9)　絵本や物語などに親しみ，興味をもって聞き，（　②　）をする楽しさを味わう。
○　表現　1　ねらい
(1)　いろいろなものの美しさなどに対する豊かな（　③　）をもつ。
○　表現　2　内容
(8)　自分のイメージを（　④　）や言葉などで表現したり，演じて遊んだりするなどの楽しさを味わう。

【3】次の文は，幼稚園教育要領（平成29年3月）の「第1章　総則　第2　幼稚園教育において育みたい資質・能力及び「幼児期の終わりまでに育ってほしい姿」の3」で示されている内容の抜粋である。

(3) （ ① ）

　　友達と関わる中で，互いの思いや考えなどを共有し，共通の目的の実現に向けて，考えたり，工夫したり，協力したりし，充実感をもってやり遂げるようになる。

(6) （ ② ）

　　身近な事象に積極的に関わる中で，物の性質や仕組みなどを感じ取ったり，気付いたりし，考えたり，予想したり，工夫したりするなど，多様な関わりを楽しむようになる。また，友達の様々な考えに触れる中で，自分と異なる考えがあることに気付き，自ら判断したり，考え直したりするなど，新しい考えを生み出す喜びを味わいながら，自分の考えをよりよいものにするようになる。

(10) （ ③ ）

　　心を動かす出来事などに触れ感性を働かせる中で，様々な素材の特徴や表現の仕方などに気付き，感じたことや考えたことを自分で表現したり，友達同士で表現する過程を楽しんだりし，表現する喜びを味わい，意欲をもつようになる。

(1) （ ① ）～（ ③ ）に当てはまる語句は「幼児期の終わりまでに育ってほしい姿」である。当てはまる語句を記述し，完成させなさい。

(2) （ ① ）～（ ③ ）の姿について，5歳児の終わりごろに幼稚園でどのような姿が見られるか，具体的な例をあげて簡潔に記述しなさい。

【4】A～Cの楽譜は幼児期によく歌われる歌の歌い出しの部分である。あとの(1)～(5)の問いに答えなさい。

(1) A，Cは何拍子の曲か，ア〜エから一つ選んで記号で答えなさい。

　ア　四分の二拍子　　イ　八分の六拍子　　　ウ　四分の三拍子

　エ　四分の四拍子

(2) B，Cの曲名は何か，ア〜オから一つ選んで記号で答えなさい。

　ア　手をつなごう　　　　イ　うれしいひなまつり

　ウ　思い出のアルバム　　エ　こいのぼり

　オ　はしるの大すき

(3) A，Bの曲は何調か，ア〜オから一つ選んで記号で答えなさい。

　ア　ヘ長調　　イ　ニ長調　　ウ　ハ長調　　エ　変ロ長調

　オ　イ短調

(4) A，Bの楽譜の（　　）に当てはまる休符を書きなさい。

(5) A，Cの曲の作詞家をア〜オから一つ選んで記号で答えなさい。

　ア　中川　李枝子　　イ　中田　喜直　　ウ　まど　みちお

　エ　野口　雨情　　　オ　増子　とし

【5】次の(1)〜(5)は，幼児教育に関係する人物について述べたものである。関係の深い人物をA群から，また関係の深い国名をB群から選び，記号や番号で答えなさい。

(1) 性善説を教育の根本理念として説き，自然主義的立場より幼児の権利を主張した。当時のヨーロッパの伝統的教育観に批判の目を向けた。著書に「エミール」がある。

(2) フランス革命によって家庭を失った孤児の教育を通して，実践的な理論づけにより，母親が中心となった暖かい家庭教育の重要性を説いた。著書に「隠者の夕暮」がある。

(3) 幼児教育の理論を体系化し，実践に移した最初の人である。母親教育の重要性も併せて考え，実験学校を設置し，これまでの教育思想を検討した。母親が子どもを保育する際に使用することを期待して一連の教育用具の恩物を作った。

(4) 1907年，貧困層の子どもを対象にした保育施設「子どもの家」において，子どもの自己発達にふさわしいように整理された環境をつくり，自分の教育理論を実践し，体系づけた。

(5) 教育の対象である幼児を何よりも重視し，幼児が十分に自己充実をとげるために幼稚園では，幼児の生活をそのまま展開していくようなもの

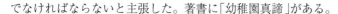

でなければならないと主張した。著書に「幼稚園真諦」がある。

A群

ア　ルソー　　イ　倉橋惣三　　ウ　ペスタロッチ　　エ　フレーベル

オ　モンテッソーリ

B群

①　日本　　②　イタリア　　③　フランス　　④　ドイツ

⑤　スイス

【6】次のエピソードは，保育の様子をありのままに記録したある場面である。

あなたがA教師なら，このような場面においてどのような援助をしますか。援助に必要なことを2点にまとめ，具体的に簡潔に書きなさい。

> エピソード　　赤い自動車がほしかった（3歳児　12月）
>
> 　T児はその日，登園するなり友達とけんかをしてしまった。その後は，何をしてもあまり気持ちがのらない様子が続いていた。自動車遊びもいつもなら，友達と一緒に車を走らせることだけで楽しかったのに，今日はなぜか自動車の色にこだわっている。赤い自動車でないと嫌だとぐずるT児の手を引いて，担任のA教師は，友達のところに取り替えて欲しいと頼みにいってみた。予想したことではあったが，誰も自分が使っている自動車と取り替えてはくれず，さっとどこかへ走り去ってしまった。

解答・解説

【1】(1)　①　セ　　②　テ　　③　イ　　④　エ　　⑤　オ　　⑥　サ

⑦　コ　　(2)　①　ア　　②　オ　　③　ソ　　④　ウ　　⑤　カ

⑥　シ

〈解説〉(1)　本資料の総則の「第1　幼稚園教育の基本」からの出題である。④を含む「環境を通して教育を行う」という考え方は幼稚園教育では重要である。幼稚園教育要領解説(平成30年2月)第1章　第1節　2においても「幼稚園教育においては，教育内容に基づいた計画的な環境をつくり出し，幼児期の教育における見方・考え方を十分に生かしながら，その環境に関わっ

て幼児が主体性を十分に発揮して展開する生活を通して，望ましい方向に向かって幼児の発達を促すようにすること，すなわち『環境を通して行う教育』が基本となる」と解説している。　（2）　総則の「第4節　指導計画の作成と幼児理解に基づいた評価　3　指導計画の作成上の留意事項」からの出題である。なお，幼稚園教育要領解説(平成30年2月)　第1章　第4節　3では「長期の指導計画は，各幼稚園の教育課程に沿って幼児の生活を長期的に見通しながら，具体的な指導の内容や方法を大筋で捉えたもの」で，「短期の指導計画は，長期の指導計画を基にして，具体的な幼児の生活する姿から一人一人の幼児の興味や関心，発達などを捉え，ねらいや内容，環境の構成，援助などについて実際の幼児の姿に直結して具体的に作成するもの」と記されている。

【2】① 発見　② 想像　③ 感性　④ 動き

〈解説〉本資料では，幼稚園の教育課程は，心身の健康に関する領域「健康」，人との関わりに関する領域「人間関係」，身近な環境との関わりに関する領域「環境」，言葉の獲得に関する領域「言葉」，感性と表現に関する領域「表現」の5領域から構成されている。本問の「ねらい」と「内容」だが，「ねらい」は幼稚園教育において育みたい資質・能力を幼児の生活する姿から捉えたもので，「内容」は「ねらい」を達成するために指導する事項である。「環境」の「ねらい」は，問題文以外に「(1)　身近な環境に親しみ，自然と触れ合う中で様々な事象に興味や関心をもつ。　(3)　身近な事象を見たり，考えたり，扱ったりする中で，物の性質や数量，文字などに対する感覚を豊かにする。」と示されている。「表現」の「ねらい」は，問題文以外に「(2)　感じたことや考えたことを自分なりに表現して楽しむ。　(3)　生活の中でイメージを豊かにし，様々な表現を楽しむ。」と示されている。

【3】(1)　① 協同性　② 思考力の芽生え　③ 豊かな感性と表現

(2)　①　・砂場で山や川などをつくる共通の目的をもって，砂を運ぶ・固める・水を運ぶ等の役割をそれぞれが果たしながら遊びを自分たちで進める。　　・運動会等の競技内容を自分たちで話し合って決め，そのために必要なものを作ったり，競技の進め方を決めて進行したりする。

②　・シャボン玉を作るためには水の量やせっけんの量をどうしたら良いか，どのような用具をつかったらよく膨らむか等を試行錯誤して遊びを進める。　　・冬に洗面器に残っていた水が氷になっていたことを発見し，明日も氷を作ろうと様々な容器に水を入れて試してみる。容器や水の量，

置いた場所によって氷のでき方に違いがあることに気付き，そのことから
どうしたら厚い氷ができるか等を考えて試しを続け，更に葉っぱ等を入れ
たり棒をさしたりして工夫して遊びを進める。　　③　・友達と一緒に例
えばお姫様ごっこや探検ごっこ等，イメージをもって遊ぶ中で，役になり
きって演じる楽しさを味わいながら遊ぶ。　　　・色づいた木々や花等，自
然物の美しさに触れて心動かしたり，それを表情や動きで表現する楽しさ
を味わう。

〈解説〉幼稚園教育要領の改訂は，3つの基本方針に基づいて行われた。そのう
ちの1つは，小学校教育との円滑な接続については，「幼児期の終わりまで
に育ってほしい姿」（「健康な心と体」「自立心」「協同性」「道徳性・規範意
識の芽生え」「社会生活との関わり」「思考力の芽生え」「自然との関わり・
生命尊重」「数量や図形，標識や文字などへの関心・感覚」「言葉による伝え
合い」「豊かな感性と表現」）を明確にし，これらを小学校の教師と共有する
など連携を図り，幼稚園教育と小学校教育との円滑な接続を図るよう努め
ることである。なお，幼稚園教育要領解説（平成30年2月）　第1章　第2節
では，「幼児期の終わりまでに育ってほしい姿」について，「（幼稚園教育要
領）第2章に示すねらい及び内容に基づいて，各幼稚園で，幼児期にふさわ
しい遊びや生活を積み重ねることにより，幼稚園教育において育みたい資
質・能力が育まれている幼児の具体的な姿であり，特に5歳児後半に見ら
れるようになる姿」と記されている。教師は，遊びの中で幼児が発達してい
く姿を，「幼児期の終わりまでに育ってほしい姿」を念頭に置いて捉え，一
人一人の発達に必要な体験が得られるような状況をつくったり必要な援助
を行ったりするなど，指導を行う際に考慮することが求められている。

【4】(1) A　ア　C　イ　(2) B　オ　C　ウ　(3) A　イ
B　エ　(4) A　♪　B　♪　(5) A　ア　C　オ

〈解説〉(1)　Aは，1小節の中に4分音符2つ分の長さが入っているので，4分
の2拍子である。Cは1小節の中に8分音符6つ分の長さが入っているので
8分の6拍子である。　(2)　Bの「はしるの大すき」は，まど　みちお作詞，
佐藤眞作曲である。Cの「思い出のアルバム」は増子とし作詞，本多鉄麿作
曲である。　(3)　調号が♯2つの長調はニ長調，♭2つの長調は変ロ長調
である。調を判定する際は，調号に着目すること。　(4)　Aは，同じ小節
に1.5拍分が記譜されているので八分休符(0.5拍)が，Bは，4分の4拍子で，
(　　)のある小節には3拍分が記譜されているので四分休符(1拍)が入る。

(5) それぞれの代表曲を確認しておくこと。

【5】(1) A群：ア　　B群：③　　(2) A群：ウ　　B群：⑤

(3) A群：エ　　B群：④　　(4) A群：オ　　B群：②　　(5) A群：イ
B群：①

〈解説〉(1)　ルソー（1712～1778年）はフランス啓蒙思想期の思想家で，独自の人民主権思想を説いてフランス革命の先駆となったが，その主著『エミール』では教育思想家としての主張を展開している。　(2)　ペスタロッチ（1746～1827年）はスイスの教育家・教育思想家で，ルソーの影響を受け，孤児の教育や民衆教育の向上に努め，人間性の陶冶の基礎を家庭および小学校教育に求め，児童の自発的活動を重視する直感的方法を説いた。

(3)　フレーベル（1782～1852年）はドイツの教育家で，世界最初の幼稚園とされる「一般ドイツ幼稚園」を創設し，主著として『人間の教育』を残している。　(4)　モンテッソーリ（1870～1952年）はイタリアの教育家・医師で，児童の自発性と自由の尊重，教育環境整備と感覚練習教具利用を重視する「モンテッソーリ法」教育を実践した。この教育法は幼児教育の分野で主に普及していった。　(5)　倉橋惣三（1882～1955年）は静岡県生まれの教育者・教育学者で，幼稚園教育の改善に努めた。

【6】①　友達とけんかをして気持ちがすっきりしないT児の心理状態が，車の色にこだわることであらわされているのではないか等，T児の内面を理解しようと努め，十分に思いに寄り添うことを大切にする。単純に遊びだすことがよいとする援助はしない。　②　T児の赤い車がほしい気持ちを受け止め，他児にも共に伝えるが，取り替えてくれない他児の思いも受け止め，一方的に説得しようとしたりしない。

〈解説〉幼稚園教育要領解説（平成30年2月）　第2章　第2節では，領域「人間関係」の〔内容〕の(1)「先生や友達と共に過ごすことの喜びを味わう。」について，「教師は，一人一人の幼児に思いを寄せ，幼児の生活の仕方や生活のリズムを共にすることによって，幼児の気持ちや欲求などの目に見えない心の声を聴き，その幼児の内面を理解しようとすることが必要である。」と記されている。このような論述問題で重要なのは，問題に正対して記述すること，「一人一人の幼児に思いを寄せ」「幼児の内面を理解しようとする」等のキーワードを使用すること，そして正しい日本語で書くことである。

平成31年度

【1】次の文は，幼稚園教育要領(平成29年3月)「第1章　総則」に新設された内容の抜粋である。

(1)　①~⑦に当てはまる語句を下のア~テから一つ選んで記号で答え，完成させなさい。

> 　幼稚園においては，（　①　）の基礎を育むため，この章の第1に示す幼稚園教育の基本を踏まえ，次に掲げる資質・能力を（　②　）育むよう努めるものとする。
>
> (1)　豊かな体験を通じて，（　③　），気付いたり，分かったり，できるようになったりする「知識及び（　④　）の基礎」
>
> (2)　気付いたことや，できるようになったことなどを使い，考えたり，（　⑤　），工夫したり，表現したりする「思考力，（　⑥　），表現力等の基礎」
>
> (3)　心情，意欲，態度が育つ中で，よりよい生活を営もうとする「（　⑦　），人間性等」
>
> 　　　　　　　　　　　　　　　　　　　　【第1章　総則　第2の1】

ア　総合的に		イ　判断力		ウ　学びの基礎力	
エ　学びに向かう力		オ　試したり		カ　価値ある経験	
キ　人格形成		ク　忍耐力		ケ　技能	
コ　見たり		サ　資質		シ　独自性	
ス　生きる力		セ　感じたり		ソ　非認知的能力	
タ　健やかな体		チ　社会性		ツ　聴いたり	
テ　一体的に					

(2)　①~⑥に当てはまる語句をあとのア~ソから一つ選んで記号で答え，完成させなさい。

> 　幼児一人一人の発達の理解に基づいた評価の実施に当たっては，次の事項に配慮するものとする。
>
> (1)　指導の過程を振り返りながら幼児の理解を進め，幼児一人一人のよさや（　①　）などを把握し，指導の（　②　）に生かすようにすること。その際，他の幼児との（　③　）や一定の基準に対する達成度についての評定によって捉えるものではないことに留意すること。
>
> (2)　評価の妥当性や（　④　）が高められるよう創意工夫を行い，組織的かつ（　⑤　）な取組を推進するとともに，次年度又は（　⑥　）等に

その内容が適切に引き継がれるようにすること。

【第1章　総則　第4の4】

ア	可能性	イ	信頼性	ウ	優劣	エ	課題
オ	小学校	カ	比較	キ	信憑性	ク	長期的
ケ	教師	コ	正確さ	サ	幼稚園	シ	計画的
ス	内容	セ	反省	ソ	改善		

【2】次の文は，幼稚園教育要領（平成29年3月）「第2章　ねらい及び内容」の各領域で変更された箇所の抜粋である。①～④に当てはまる語句を記述し，文を完成させなさい。

○　健康　ねらい
(3)　健康，安全な生活に必要な習慣や態度を身に付け，（　①　）をもって行動する。
○　健康　内容
(5)　先生や友達と食べることを楽しみ，（　②　）への興味や関心をもつ。
○　人間関係　ねらい
(2)　身近な人と親しみ，関わりを深め，工夫したり，協力したりして一緒に（　③　）する楽しさを味わい，愛情や信頼感をもつ。
○　環境　内容
(6)　日常生活の中で，我が国や地域社会における様々な文化や（　④　）に親しむ。

【3】下の文は，幼稚園教育要領（平成29年3月）に新設された「第1章　総則　第2　幼稚園教育において育みたい資質・能力及び「幼児期の終わりまでに育ってほしい姿」の3」からの抜粋である。

(1)　①～③に当てはまる語句は「幼児期の終わりまでに育ってほしい姿」である。当てはまる語句を記述し，完成させなさい。

(2)　（　①　）
身近な環境に主体的に関わり様々な活動を楽しむ中で，しなければならないことを自覚し，自分の力で行うために考えたり，工夫したりしながら，諦めずにやり遂げることで達成感を味わい，自信をもって行動するようになる。

(4) （　②　）の芽生え

　　友達と様々な体験を重ねる中で，してよいことや悪いことが分かり，自分の行動を振り返ったり，友達の気持ちに共感したり，相手の立場に立って行動するようになる。また，きまりを守る必要性が分かり，自分の気持ちを調整し，友達と折り合いを付けながら，きまりをつくったり，守ったりするようになる。

(7) （　③　）

　　自然に触れて感動する体験を通して，自然の変化などを感じ取り，好奇心や探究心をもって考え言葉などで表現しながら，身近な事象への関心が高まるとともに，自然への愛情や畏敬の念をもつようになる。また，身近な動植物に心を動かされる中で，生命の不思議さや尊さに気付き，身近な動植物への接し方を考え，命あるものとしていたわり，大切にする気持ちをもって関わるようになる。

(2)　①～③の姿について，5歳児の終わりごろに幼稚園でどのような具体的な姿が見られるか，それぞれ例をあげて簡潔に記述しなさい。

【4】次のA，Bの楽譜は幼稚園でよく歌われる歌の楽譜の一部である。下の(1)～(5)の問いに答えなさい。

A

B

(1)　A，Bの曲名は何か，ア～オから一つ選んで記号で答えなさい。
　　ア　おもちゃのチャチャチャ　　　イ　ふしぎなポケット
　　ウ　おんまはみんな　　　　　　　エ　てのひらをたいように
　　オ　いぬのおまわりさん

(2)　A，Bは何拍子の曲か，ア～エから一つ選んで記号で答えなさい。
　　ア　四分の二拍子　　　イ　八分の六拍子　　　ウ　四分の三拍子
　　エ　四分の四拍子

(3)　A，Bの曲は何調か，ア～オから一つ選んで記号で答えなさい。
　　ア　ヘ長調　　イ　ニ長調　　ウ　ハ長調　　エ　変ホ長調

オ　イ短調

(4)　A，Bの楽譜中の（　　）に当てはまる臨時記号をそれぞれ書きなさい。

(5)　A，Bの曲の作曲者をア～オから一つ選んで記号で答えなさい。

　　ア　中田　喜直　　イ　いずみ　たく　　ウ　湯山　昭

　　エ　團　伊玖磨　　オ　越部　信義

【5】次の(1)～(5)の昔話について，内容の一部分をA群から，関連の深い国名をB群から選び，記号や番号で答えなさい。

(1)　おおかみと七ひきのこやぎ

(2)　てぶくろ

(3)　スーホの白い馬

(4)　おだんごぱん

(5)　おやゆび姫

A群

　　ア　まどから　ころんと，いすの　うえ。
　　　　いすから　ころんと，ゆかの　うえ。
　　　　ゆかから　ころころ，とぐちの　ほうへ。
　　　　それから，ろうかをころがって，
　　　　だんだんを　ころころ　おりてって，
　　　　おもての　とおりへ　でていった。

　　イ　おじいさんが　もりを　あるいていきました。
　　　　こいぬが　あとから　ついていきました。おじいさんは
　　　　あるいているうちに，てぶくろを　かたほう　おとして，
　　　　そのまま　いってしまいました。

　　ウ　すると　まもなく，とんとんと　いりぐちのとを　たたいて，
　　　　こうよびかけるものが　ありました。
　　　　「あけておくれ，こどもたち。おかあさんだよ。たべものを
　　　　もってきたよ」

　　エ　すると　たちまち，めが　でて　はっぱが　のびて，きれいな
　　　　はなが　さきました。
　　　　はなの　なかに　すわって　いたのは，ちいさな　かわいい
　　　　おんなのこです。

　　オ　「そんなに，かなしまないでください。それより，わたしのほねや，

66

かわや, すじやけを使って, がっきを作ってください。そうすれば, わたしはいつまでも, あなたのそばにいられます。あなたを, なぐさめてあげられます」

B群　① ドイツ

　　　② ロシア

　　　③ モンゴル

　　　④ ウクライナ

　　　⑤ デンマーク

【6】次のエピソードは, 幼稚園の中の「生き物との生活」でよくみられる場面である。

　あなたが担任なら, 子どもたちにどのような援助をしますか。援助に必要なことを2点にまとめ, 具体的に簡潔に書きなさい。

エピソード　　カマキリかコオロギか(4歳児　10月)
「先生, Aちゃんがコオロギをカマキリのえさにするって言うんだよ, ぼくが捕まえたのに」とB児が大きな声で教師に助けを求めに来る。A児と一緒に遊んでいた友達も呼んで事情を聞くと, A児たちはカマキリのえさになる生き物を探していた。コオロギを捕まえて遊んでいたB児の虫かごを見て, 「そのコオロギをぼくたちのカマキリにちょうだい」と言ったらしい。 　A児は繰り返し, 「コオロギはカマキリのえさになるんだよ」, 「カマキリはコオロギが好きなんだ」と説明する。B児は「これはぼくのコオロギだよ」と訴える。B児の泣きそうな様子に周りの幼児たちも集まってきて心配そうに見ている。C児は, 「Aちゃんは自分で(コオロギを)捕まえればいいじゃん」とA児に言う。D児は「カマキリはクモだって食べるよ」とA児たちにアドバイスする。

解答・解説

【1】(1) ① ス ② テ ③ セ ④ ケ ⑤ オ ⑥ イ ⑦ エ (2) ① ア ② ソ ③ カ ④ イ ⑤ シ ⑥ オ

〈解説〉(1) 平成29年3月31日に幼稚園教育要領が公示され，平成30年4月1日から実施されている。この改訂において「第1章 総則」に新設された幼稚園教育において育みたい資質・能力及び「幼児期の終わりまでに育ってほしい姿」からの出題である。 (2) 同じく「第1章 総則」に新設された「幼児理解に基づいた評価の実施」からの出題である。幼稚園教育要領解説（平成30年2月）の「第1章 総説 第4節 指導計画の作成と幼児理解に基づいた評価 4 幼児理解に基づいた評価の実施 (2) 評価の妥当性や信頼性の確保」では，評価の信頼性を高めるための方策として「例えば，幼児一人一人のよさや可能性などを把握するために，日々の記録やエピソード，写真など幼児の評価の参考となる情報を生かしながら評価を行ったり，複数の教職員で，それぞれの判断の根拠となっている考え方を突き合わせながら同じ幼児のよさを捉えたりして，より多面的に幼児を捉える工夫をするとともに，評価に関する園内研修を通じて，幼稚園全体で組織的かつ計画的に取り組むことが大切である。」と指摘している。

【2】① 見通し ② 食べ物 ③ 活動 ④ 伝統

〈解説〉平成29年3月公示の新幼稚園教育要領においては，領域「健康」について，見通しをもって行動することが「ねらい」に新たに示され，食べ物への興味や関心をもつことを「内容」に示すとともに，「幼児期運動指針」（平成24年3月文部科学省）などを踏まえ，多様な動きを経験する中で，体の動きを調整するようにすることが「内容の取扱い」に加筆されている。領域「人間関係」については，工夫したり，協力したりして一緒に活動する楽しさを味わうことが「ねらい」に新たに示され，また諦めずにやり遂げることの達成感や，前向きな見通しをもつことなどが「内容の取扱い」に新たに示された。領域「環境」については，内容に「日常生活の中で，我が国や地域社会における様々な文化や伝統に親しむ。」が加筆され，豊かな感性を養う際に，風の音や雨の音，身近にある草や花の形や色など自然の中にある音，形，色などに気付くようにすることが「内容の取扱い」に新たに示された。

【3】(1) ① 自立心 ② 道徳性・規範意識 ③ 自然との関わり・生命尊重 (2) ① 自立心 ・(例) 生き物の世話などの当番の日

は，片づけを早めに済ませて当番活動をするなど，自分がしなければならないことを自覚して行動するようになる。　・（例）「自分もコマをうまく回したい」と思うと始めはうまく行かなくてもあきらめずに繰返し挑戦しようとし，達成感を味わうようになる。　　②　道徳性・規範意識の芽生え　　・（例）遊びの中で起こるいざこざなどの場面において，友達の気持ちに共感したり，より楽しく遊べるように提案したりなどして，自分たちで解決したり，遊びを継続したりするようになる。　・（例）友達と一緒に遊ぶ中で，話し合いの中で友達の納得できない気持ちを受け止めたり受け止めてもらって気持ちを切り替えたりしながら，より面白くなるように遊びのルールを替えたり，楽しく遊べるように工夫したりするようになる。③　自然との関わり・生命尊重　　・（例）冬に容器に入れた水が凍り，氷の厚さの違いから，どこに置けば厚い氷ができるか等予想を立てたり，確かめたりして身近な自然に関わり考えを深める。　・（例）動物の当番活動や園での栽培活動の中で，身近な動植物に愛着をもって関わることで，生命の不思議さや尊さに気付き，命あるものとして大切に扱おうとする姿が見られる。

〈解説〉平成30年2月に示された幼稚園教育要領解説では「幼児期の終わりまでに育って欲しい姿」についてそれぞれ以下のように解説している。①の自立心は，領域「人間関係」などで示されているように，幼稚園生活において，教師との信頼関係を基盤に自己を発揮し，身近な環境に主体的に関わり自分の力で様々な活動に取り組む中で育まれる。特に5歳児の後半には，遊びや生活の中で様々なことに挑戦し，失敗も繰り返す中で，自分でしなければならないことを自覚するようになる。教師や友達の力を借りたり励まされたりしながら，難しいことでも自分の力でやってみようとして，考えたり，工夫したりしながら，諦めずにやり遂げる体験を通して達成感を味わい，自信をもって行動するようになる。②の道徳性・規範意識の芽生えは，領域「人間関係」などで示されているように，幼稚園生活における他の幼児との関わりにおいて，自分の感情や意志を表現しながら，ときには自己主張のぶつかり合いによる葛藤などを通して互いに理解し合う体験を重ねる中で育まれていく。特に5歳児の後半には，いざこざなどうまくいかないことを乗り越える体験を重ねることを通して人間関係が深まり，友達や周囲の人の気持ちに触れて，相手の気持ちに共感したり，相手の視点から自分の行動を振り返ったりして，考えながら行動する姿が見られるよう

になる。③の幼児期の自然との関わり・生命尊重は，領域「環境」などで示されているように，幼稚園生活において，身近な自然と触れ合う体験を重ねながら，自然への気付きや動植物に対する親しみを深める中で育まれていく。特に5歳児の後半には，好奇心や探究心をもって考えたことをその幼児なりの言葉などで素直に表現しながら，身近な事象への関心を高めていく。幼児が身近な自然や偶然出会った自然の変化を遊びに取り入れたり，皆で集まったときに教師がそれらについて話題として取り上げ，継続して関心をもって見たりすることなどを通して，新たな気付きが生まれ，更に関心が高まり，次第に自然への愛情や畏敬の念をもつようになっていく。

【4】(1) A ア　　B エ　　(2) A エ　　B エ　　(3) A ウ
B エ　　(4) A ♯　　B ♮　　(5) A オ　　B イ

〈解説〉(1)　どちらの曲も幼稚園でよく歌われる童謡である。主旋律が提示されている上に選択式なので，どちらも正答をねらいたい。　(2)　4分の4拍子というのは1小節に4分音符が4つまで入る拍子ということである。Aの最後の小節を見ると判断がつきやすいだろう。　(3)　Aは調号がなく明るい曲なのでハ長調とすぐ分かるだろう。Bは♭×3の変ホ長調である。
(4)　♯はその音を半音上げるという意味があり，♮(ナチュラル)は元の高さに戻すという意味がある。　(5)　越部信義は「勇気一つを友にして」などの作曲で知られる作曲家である。いずみたくは「見上げてごらん夜の星を」などの作曲で知られる作曲家である。どちらも多くの童謡を書いているので，他の作品も調べてみよう。

【5】(1) A群…ウ　　B群…①　　(2) A群…イ　　B群…④
(3) A群…オ　　B群…③　　(4) A群…ア　　B群…②
(5) A群…エ　　B群…⑤

〈解説〉(1)　ドイツのグリム兄弟が著した「グリム童話」の中の一編である。
(2)　ウクライナの民話である。　(3)　モンゴルの民話である。　(4)　ロシアの昔話である。　(5)　デンマークのアンデルセン童話の中の一編である。

【6】○　A児もB児も自分の大切な虫に思いを寄せた意見であることを伝え，その気持ちに共感する。その上でA児がB児のコオロギをもらうことはできないということに気付けるようにする。
　　○　C児やD児の意見もA児に伝わるように橋渡しをして，A児とその仲間がどのような行動が可能かを自ら気付けるようにする。

○　A児もB児も生き物を大切にしようとする気持ちから生まれたいざこざであることを確認し，むやみに殺そうとしないことやそうではない事情（食べ物として命をいただくこともある）を話題にしながら，生き物の命を考える機会として捉える。

＊　Aちゃんが悪い…とか，生き物の命は大切にすべき…とか，教師が主導してその価値観を伝えようとするような援助ではないということ。

〈解説〉平成30年2月に示された幼稚園教育要領解説は，幼児の活動が展開する過程において，幼児の体験が主体的・対話的で深い学びが実現するような関連性をもつものになっていくために教師が身につけるべき姿勢として「一人一人の幼児の体験を理解しようと努めることである。」「幼児の体験を教師が共有するように努め，共感することである。」と指摘している。また領域「人間関係」の内容として「自分で考え，自分で行動する。」があり，そのことについて「自分で考え，自分の力でやってみようとする態度を育てる指導の上では，幼児が友達との葛藤の中で自分と異なったイメージや考え方をもった存在に気付き，やがては，そのよさに目を向けることができるように援助しながら，一人一人の幼児が存在感をもって生活する集団の育成に配慮することが大切である。」と解説している。また配慮事項として「身近な事象や動植物に対する感動を伝え合い，共感し合うことなどを通して自分から関わろうとする意欲を育てるとともに，様々な関わり方を通してそれらに対する親しみや畏敬の念，生命を大切にする気持ち，公共心，探究心などが養われるようにすること。」があり，それについて「共に遊んだり，世話をしたり，驚きをもって見つめたりするといった様々な身近な動植物などとの関わりを通して，命あるものに対して，親しみや畏敬の念を感じ，自分と違う生命をもった存在として意味をもってくる。そして，生命を大切にする気持ちをもち，生命のすばらしさに友達や教師と共に感動するようになる。」と解説している。

平成 30 年度

【1】 次の(1)・(2)の各文は，次期学習指導要領等に向けたこれまでの審議の
まとめ(平成28年8月26日)「第2部　各学校段階，各教科等における改訂
の具体的な方向性　1. 各学校段階の教育課程の基本的な枠組みと，学校段
階間の接続　(1)幼児教育　③幼児教育において育みたい資質・能力と幼児
期にふさわしい評価の在り方について」からの抜粋(一部省略)である。

(1)　①〜⑧に当てはまる語句をア〜ナから一つ選んで記号で答え，完成さ
　　せなさい。

○　幼児教育においては，幼児期の特性から，この時期に育みたい資
　質・能力は，小学校以降のような，いわゆる(　①　)で育むのではな
　く，幼児の(　②　)な活動である遊びや生活の中で，(　③　)を働か
　せてよさや美しさを感じ取ったり，(　④　)に気付いたり，できるよ
　うになったことなどを使いながら，試したり，いろいろな方法を工夫
　したりすることなどを通じて育むことが重要である。このため，資質・
　能力の三つの柱を幼児教育の特質を踏まえ，より具体化すると，以下
　のように整理される。
　ア　「知識・(　⑤　)の基礎」(遊びや生活の中で，豊かな体験を通じ
　　て，何を感じたり，何に気付いたり，何が分かったり，何ができる
　　ようになるのか)
　イ　「(　⑥　)・(　⑦　)・表現力等の基礎」(遊びや生活の中で，気
　　付いたこと，できるようになったことなども使いながら，どう考え
　　たり，試したり，工夫したり，表現したりするか)
　ウ　「学びに向かう力・(　⑧　)等」(心情，意欲，態度が育つ中で，
　　いかによりよい生活を営むか)

ア　学びの芽生え	イ　教科指導	ウ　各領域	エ　面白さ
オ　主体的	カ　人格形成	キ　忍耐力	ク　不思議さ
ケ　自立	コ　魅力	サ　自発的	シ　感性
ス　判断力	セ　義務教育	ソ　人間性	タ　技能
チ　調整力	ツ　思考力	テ　小学校	ト　各教科
ナ　感覚			

(2)　①〜⑥に当てはまる語句をア〜チから一つ選んで記号で答え，完成さ
　　せなさい。

○　また，5領域の内容等を踏まえ，5歳児修了時までに育ってほしい具体的な姿を平成22年に取りまとめられた「幼児期の教育と小学校教育の円滑な接続の在り方について（報告）」を手掛かりに，資質・能力の三つの柱を踏まえつつ，明らかにしたものが，以下の「幼児期の終わりまでに育ってほしい姿」である。

ア　（　①　）な心と体　　イ　自立心　　ウ　協同性

エ　道徳性・（　②　）の芽生え　　オ　社会生活との関わり

カ　思考力の芽生え　　キ　自然との関わり・（　③　）

ク　数量・図形，文字等への関心・（　④　）

ケ　（　⑤　）による伝え合い　　コ　豊かな感性と（　⑥　）

ア	健全	イ	感覚	ウ	教科指導	エ	表現
オ	主体的	カ	人格形成	キ	行動	ク	規範意識
ケ	興味	コ	家族	サ	自主性	シ	感性
ス	生命尊重	セ	健康	ソ	人間性	タ	技能
チ	言葉						

【2】次の文は，「はばたけ未来へ！京プラン」後期実施計画で「子どもを共に育む戦略」重点プロジェクトに示された内容の抜粋である。①～⑧に当てはまる語句をア～ソから一つ選んで記号で答え，完成させなさい。

(1)　子どもの（　①　）負担軽減の更なる拡充

(2)　幼児教育・（　②　）における（　③　）の軽減の継続

(3)　保育所等の（　④　）ゼロの継続

(4)　多様な保育サービスの提供～時間外保育（延長保育），（　⑤　），病児・（　⑥　）保育，休日保育などの取組～

(5)　（　⑦　）等における（　⑧　）の充実

ア	預かり保育	イ	子育て支援	ウ	医療費
エ	所得	オ	子ども・子育て関連三法	カ	保育料
キ	認定こども園	ク	質の向上	ケ	保育
コ	病後児	サ	利用者負担	シ	待機児童
ス	幼稚園	セ	量の拡充	ソ	一時預かり

【3】 次の①～⑧の文の中から,「幼稚園教育指導資料第3集 幼児理解と評価」(平成22年7月改訂文部科学省) に示された内容について,正しく記述されたものを四つ選び,番号で答えなさい。

① 教師が一人一人の幼児を肯定的に見てそのよさや可能性をとらえようとすることが,幼児の望ましい発達を促す保育をつくり出すために必要となる。

② 保育は教師が考えた指導計画に沿って,幼児を活動に導いていくものである。

③ 幼児を肯定的に見るためには,一人一人の幼児の特別な才能を見つけたり,他の幼児と比較して優れている面を認めたりしていくことが大切である。

④ 一人一人の幼児にとって,活動がどのような意味をもっているかを理解するためには,教師が幼児と生活を共にしながら,その幼児が今,何に興味をもっているのか,何を実現しようとしているのか,何を感じているのかなどをとらえ続けていくことが必要である。

⑤ 幼児の発達する姿は,具体的な生活の中で興味や関心が,どのように広げられたり深められたりしているか,遊びの傾向はどうか,生活への取り組み方はなど,生活する姿の変化を丁寧に見ていくことによってとらえることができる。

⑥ 幼児期の教育では,一人一人の幼児の行動を分析し,一つの解釈をもとにして,教師が課題を見つけ与えるという保育を粘り強く続けていくことが必要である。

⑦ 教師は,幼児がよりよい方向に伸びてほしいと願う気持ちをもち,その幼児の課題のみに着目して指導していくことが重要である。

⑧ 毎日の保育は一人一人の幼児の発達を促すための営みだが,それは,教師と大勢の同年代の幼児が共に生活することを通して行われるものである。すなわち,一人一人の幼児の発達は,集団のもつ様々な教育機能によって促されるということができる。

【4】 次の事例について,あなたは担任としてどのような配慮や対応をしますか。「(1) 保育中の園児への配慮事項」と「(2) 迎えに来られた保護者への対応」について,それぞれ簡潔に二つずつ記述しなさい。

A幼稚園では，毎日の送り迎えは，保護者が行っている。

　　あなたは，この幼稚園で3年保育3歳児の担任をしている。

　　6月頃には，教師の設定したえのぐの遊びに，汚れることを嫌がり，活動に入らなかったB児だったが，11月下旬，再び設定したえのぐの遊びに自ら参加し，「面白い，楽しい…」と夢中で遊んでいた。気が付くと洋服や靴もすっかり濡れ，顔や髪の毛にもえのぐがついていた。

【5】次の文は，幼稚園教育指導資料第3集　幼児理解と評価（平成22年7月改訂　文部科学省）「第2章　適切な幼児理解と評価のために　3. 日常の保育と幼稚園幼児指導要録　（4）　小学校との連携」からの抜粋である。(1)〜(3)の問いに答えなさい。

　〈事例：小学校へA児のよさを伝えるために〉

　　5歳児進級当初，A児は友達が遊んでいる様子を見ていることが多く，時々気の合う友達と一緒に行動することはあっても，自分から言葉を発する場面は少なかった。また，身支度や活動の準備などの行動もみんなから遅れがちだったため，見守りつつも，必要に応じて個々に声をかけるなどして少し積極的にかかわり，A児を支えつつ自ら行動できるようにすることを心がけてきた。

　　6月頃，A児のあこがれているリーダー的存在のB児に，造形作品を認められたことが自信をもつきっかけとなり，B児の傍にいたり行動をまねたりして，活発に行動する姿が少しずつ見られるようになった。2学期には，B児たちが行っている集団遊びや運動的な遊びにも自分から入って，一緒に遊ぶ姿が見られるようになり，少しずつ自分から話しかける姿が見られるようになった。

　　3学期に入っても，まだ言葉で自分の思いを表現したり，やり取りしたりすることには，緊張を伴ってしまうことが多いが，友達の姿や教師の話を注意深く見聞きし，行動する力は育ってきている。まわりの幼児が，A児の頑張りや表現力に，目を向けられるような機会を多くもつことを心がけてきた。

　　このようなA児の姿や指導の振り返りから，担任は，指導要録の作成を考えた。

(1) 事例から読み取れる進級当初のＡ児の課題を二つ，簡潔に答えなさい。

(2) Ａ児への指導やかかわりの留意点を小学校に伝える際の記述として，適切なものを①〜⑦から四つ選び，番号で答えなさい。

① 教師が，友達とかかわる場面を意図的につくることで，友達関係が広がり，集団での活動にも積極的に参加するようになった。

② 身支度や活動の準備にも時間がかかるため，何事にも遅れがちである。

③ 友達に認められる機会をもったことがきっかけとなり，少しずつ自信がもてるようになった。

④ 自信をもつことで相手に自分の思いを伝えるようになってきたので，Ａ児の良さが認められるような機会を持つ等の個別のかかわりは今後も必要である。

⑤ 言葉で自分の思いを表現したり，やり取りしたりすることが苦手であり，時間がかかる。

⑥ 好きな友達の傍にいて，行動をまねてばかりである。

⑦ 生活面でも大いに励まし認めることで，自信を持ち，友達と同じペースで行動できるようになってきた。

(3) このような1年を振り返り，Ａ児の個人の重点を考えて記述しなさい。

【6】次の文は，保育所保育指針（平成20年3月告示）「第2章 子どもの発達 1乳幼児期の発達の特性」に示された内容の抜粋（一部省略）である。①〜④に当てはまる語句をア〜コから一つ選んで答え，完成させなさい。

（七） おおむね四歳

想像力が豊かになり，（ ① ）を持って行動し，つくったり，かいたり，試したりするようになるが，自分の行動やその結果を予測して不安になるなどの（ ② ）も経験する。

（八） おおむね五歳

自分なりに考えて判断したり，（ ③ ）力が生まれ，けんかを自分たちで解決しようとするなど，お互いに相手を許したり，異なる思いや考えを認めたりといった（ ④ ）に必要な基本的な力を身に付けていく。

ア 集団	イ 目的	ウ 体験遊び	エ 批判する
オ 知的興味	カ 耐える	キ 社会生活	ク 自我
ケ 葛藤	コ 考える		

解答・解説

【1】(1) ① イ ② サ ③ シ ④ ク ⑤ タ ⑥ ツ
⑦ ス ⑧ ソ ※⑥⑦順不同 (2) ① セ ② ク ③ ス
④ イ ⑤ チ ⑥ エ

〈解説〉(1) 中央教育審議会は平成28年12月21日の第109回総会において,「幼
稚園,小学校,中学校,高等学校及び特別支援学校の学習指導要領等の改
善及び必要な方策等について(答申)」を取りまとめた。これに基づき平成29
年3月31日に新幼稚園教育要領が告示され,平成30年4月より全面実施さ
れている。新教育要領の基本方針が「幼稚園教育において育みたい資質・能
力の明確化」「小学校教育との円滑な接続」「現代的な諸課題を踏まえた教
育内容の見直し」の3点である。 (2) 文部科学省は,発達と学びの連続
性を踏まえた幼児期の教育と小学校教育の円滑な接続の在り方を検討する
ため,「幼児期の教育と小学校教育の円滑な接続の在り方に関する調査研究
協力者会議」を設置し,幼稚園・保育所・認定こども園と小学校における子
どもの発達と学びの連続性,子どもの発達と学びの連続性を確保するため
の教育方法等について調査研修を行った。その調査結果について,同協力
者会議は平成22年に報告を行っている。

【2】① ウ ② ケ ③ サ ④ シ ⑤ ソ ⑥ コ
⑦ ス ⑧ ア

〈解説〉京都市は,今後10年間にわたって京都市の都市政策を進めていくうえ
での基本となる考え方として,平成22年12月10日に,平成23年度から平
成32年度までの10年間を計画期間とする「はばたけ未来へ! 京プラン(京
都市基本計画)」を策定した。その中では京都の未来像を実現するための方
策として,未来像相互の関連性に着目しながら,単一分野だけでなく,複
数の行政分野を融合し,特に優先的に取り組むべき11の重点戦略が設定さ
れている。その一つが「子どもと親と地域の笑顔があふれる『子どもを共に
育む戦略』」である。京都市では市の政策・方針などが頻出である。子育て
に関係する市のホームページには必ず目を通しておくこと。

【3】① ④ ⑤ ⑧

〈解説〉文部科学省は平成21年1月の幼稚園幼児指導要録の改善を踏まえ,幼
稚園教育指導資料第3集「幼児理解と評価」の内容をリニューアルし,平成
22年に改訂版を刊行した。その中では,選択肢②については「保育は教師が
考えた指導計画のとおりに幼児を動かすものではありません」,選択肢③に

ついては「肯定的に見るといっても特別な才能を見つけたり，他の幼児との比較で優劣を付けて，優れている面だけを拾いあげたりするということではありません」，選択肢⑥については「幼児の行動を分析して，この行動にはこういう意味があると決め付けて解釈をすることではありません」，選択肢⑦については「これまでの保育では，幼児がよりよい方向に伸びて欲しいと願う気持ちからとは思いますが，教師の目がその幼児の問題点ばかりに向けられてはいなかったでしょうか」と述べている。

【4】(1)　・汚れた服を着替えさせ，顔や髪の毛のえのぐをふき取り，体調を崩していないか確認する。　　・楽しく思いきり遊んだ気持ちに共感する。　　(2)　・服が汚れたため着替えたことを伝え，十分に遊んで欲しいので，着替えの補充をお願いする。　　・この時期になって，心がほぐれ，汚れを気にせず十分に遊べるようになったB児の姿を認める。

〈解説〉(1)「幼稚園教育要領解説」(平成30年2月)では，「第1章 総説　第4節 指導計画の作成と幼児理解に基づいた評価　3 指導計画の作成上の留意事項 (2) 体験の多様性と関連性」において，「幼児の体験を教師が共有するように努め，共感することである。心を動かされる体験が重要であるが，それがより強く次の活動への動機付けとなるためには，それを誰かと共有することが大切である。体験を共有し共感し合うことにより，新たな意欲を抱くものであり，教師が幼児の体験に共感するよう努めることが大切なのである」と指摘している。　　(2)　「幼稚園教育要領解説」(平成30年2月)は，「第3章 教育課程に係る教育時間の終了後等に行う教育活動などの留意事項　1 教育課程に係る教育時間の終了後等に行う教育活動　1-(3)」において，「教育課程に係る教育時間の終了後等に行う教育活動を行うに当たっては，幼児の家庭での過ごし方や幼稚園での幼児の状態などについて，保護者と情報交換するなど家庭と緊密な連携を図ることが必要である」と述べている。

【5】(1)　・友達が遊んでいる様子を見ていることが多く，言葉を発する場面が少ない。　　・身支度や活動の準備などの行動もみんなから遅れがちになる。　　(2)　①，③，④，⑦　　(3)　友達に自分の思いを伝えながら遊びを進める。

〈解説〉(1)　学校教育法施行規則第24条第3項において，幼児が小学校へ進学する際には，進学先の校長へ指導要録の抄本又は写しを送付することになっている。指導要録の内容を送付することにより，その幼児の発達の特性がよく理解され，小学校生活を充実したものとする必要がある。文部科

学省は平成21年1月の幼稚園幼児指導要録の改善を踏まえ，幼稚園教育指導資料「幼児理解と評価」（平成22年7月改訂）の内容をリニューアルした。この第3集では幼稚園教員が一人一人の幼児を理解し，適切な評価に基づいて保育を改善していくための基本的な考え方や方法などについて，実践事例を取り上げながら解説している。その中では次のように指摘されている。「小学校では，送付された指導要録の内容から，一人一人の幼児がどのような幼稚園生活を過ごしてきたか，また，その幼児のよさや可能性などを受け止めて，第1学年を担任する教師のその幼児に対する適切な指導を行うための参考資料とする。そのため指導要録には，幼児が小学校においても適切な指導の下で学習に取り組めるようにするための橋渡しという大切な役割がある。その意味からも，特に5歳児の「指導上参考となる事項」の記入に当たっては，小学校の立場からその幼児の発達する姿が具体的に読み取れるように，また，自己実現に向かうために必要だと思われる事項などを簡潔に読みやすく表現することが必要である」。　(2)　指導要録にある「指導の重点等」の「学年の重点」欄は，A児の在園する幼稚園の教育課程や5歳児の年間指導計画などの中で，どの幼児に対しても指導の重点として目指すものを記述するもの。「個人の重点」欄は，1年を振り返り個々の幼児に対し重視して指導してきた内容を記述するもの。　(3)　A児は小学校入学当初友達と距離をおいていたので，周囲にA児のよさが伝わるよう配慮した。A児は自分に自信をもつことで，友達と積極的に関わるようになった。友達と意思疎通を図りながら集団生活を送れるようになってきていることから考える。

【6】①　イ　　②　ケ　　③　エ　　④　キ

〈解説〉保育所保育指針は，保育所における一定の保育水準を保持するために，各保育所が行うべき保育の内容等に関する全国共通の枠組みとして保育の基本的事項を定めたものである。昭和40年に制定され，その後平成2年，平成11年と2回の改定を経た後，平成20年度の改定に際して告示化された。この保育所保育指針が約10年ぶりに改定され，平成30年4月に施行されている。この改定の基本的方向性は，「乳児・1歳以上3歳未満児の保育に関する記載の充実」「保育所保育における幼児教育の積極的な位置づけ」「子どもの育ちをめぐる環境の変化を踏まえた健康及び安全の記載の見直し」「保護者・家庭及び地域と連携した子育て支援の必要性」「職員の資質・専門性の向上」の5点である。

平成29年度

【1】 次の文は，幼稚園教育要領（平成20年3月）「第2章　ねらい及び内容　環境　3　内容の取扱い」の抜粋である。①〜⑬に当てはまる語句を，下のア〜ネから一つ選んで記号で答え，完成させなさい。

(1)　幼児が，（　①　）の中で周囲の（　②　）とかかわり，次第に周囲の世界に好奇心を抱き，その意味や操作の仕方に関心をもち，物事の（　③　）に気付き，自分なりに考えることができるようになる（　④　）を大切にすること。特に他の幼児の考えなどに触れ，新しい考えを生み出す喜びや楽しさを味わい，自ら考えようとする気持ちが育つようにすること。

(2)　幼児期において自然のもつ意味は大きく，自然の大きさ，美しさ，（　⑤　）などに直接触れる体験を通して，幼児の心が安らぎ，豊かな（　⑥　），好奇心，（　⑦　），（　⑧　）の基礎が培われることを踏まえ，幼児が自然とのかかわりを深めることができるよう工夫すること。

(3)　身近な事象や（　⑨　）に対する感動を伝え合い，共感し合うことなどを通して自分からかかわろうとする（　⑩　）を育てるとともに，様々なかかわり方を通してそれらに対する親しみや畏敬の念，生命を大切にする気持ち，（　⑪　），（　⑫　）などが養われるようにすること。

(4)　数量や文字などに関しては，日常生活の中で幼児自身の必要感に基づく体験を大切にし，数量や文字などに関する興味や関心，（　⑬　）が養われるようにすること。

ア　感性	イ　思考力	ウ　関心	エ　法則性
オ　体力	カ　連続性	キ　感覚	ク　公共心
ケ　素直	コ　育ち	サ　遊び	シ　結果
ス　環境	セ　意欲	ソ　表現力	タ　探究心
チ　継続性	ツ　過程	テ　心情	ト　感情
ナ　調整力	ニ　不思議さ	ヌ　気持ち	ネ　動植物

【2】 次の文は，幼保連携型認定こども園教育・保育要領（平成26年4月）「第1章　総則　第1　幼保連携型認定こども園における教育及び保育の基本及び目標　1　教育及び保育の基本」の抜粋である。①〜⑬に当てはまる語句を，あとのア〜ネから一つ選んで記号で答え，完成させなさい。

(1)　乳幼児期は，周囲への（　①　）を基盤にしつつ（　②　）に向かうものであることを考慮して，周囲との（　③　）に支えられた生活の中で，園

児一人一人が（　④　）と信頼感を持っていろいろな活動に取り組む体験を十分に積み重ねられるようにすること。

(2) 乳幼児期においては（　⑤　）の保持が図られ（　⑥　）情緒の下で自己を十分に発揮することにより（　⑦　）に必要な体験を得ていくものであることを考慮して，園児の（　⑧　）な活動を促し，乳幼児期にふさわしい（　⑨　）が展開されるようにすること。

(3) 乳幼児期における（　⑩　）な活動としての遊びは，心身の（　⑪　）のとれた発達の基礎を培う重要な（　⑫　）であることを考慮して，遊びを通しての指導を中心として第2章の第1に示すねらいが（　⑬　）に達成されるようにすること。

ア	主体的	イ	学び	ウ	安定した	エ	依存
オ	能動的	カ	安心感	キ	身体	ク	総合的
ケ	自発的	コ	包括的	サ	甘え	シ	発達
ス	内在的	セ	自立	ソ	信頼関係	タ	共存関係
チ	安定感	ツ	学習	テ	成長	ト	調和
ナ	連続性	ニ	生命	ヌ	信頼した	ネ	生活

【3】次の①〜⑤は幼稚園でよく歌われる歌の楽譜の一部である。題名を下のア〜カから一つ選んで記号で答えなさい。

（参考資料：こどものうた200　小林美実編）

①

②

③

④

⑤

ア　しゃぼんだま　　　　　イ　あめふり　くまのこ

　　ウ　かわいい　かくれんぼ　　　エ　ふしぎなポケット

　　オ　てのひらを　たいように　　カ　やぎさんゆうびん

【4】　次の①～⑤は幼稚園でよく読まれる絵本の一部である。絵本の題名を下
　　のア～カから一つ選んで記号で答えなさい。

　　①　いつのまにやら，おかあさんに　ほうりこまれた　じぶんの　しんし
　　　つ。ちゃんと　ゆうごはんが　おいてあって，まだ　ほかほかと　あた
　　　たかかった。

　　②　その　おいしかったこと！　あとに　のこったのは，からっぽの　お
　　　おきい　おなべと，あの　とっても　おおきい　たまごの　からだけで
　　　した。

　　③　「あかちゃんの　ぎゅうにゅうが　ほしいんだけど，まま　ちょっと
　　　いそがしいの。ひとりで　かってこられる?」「うん！みいちゃん，もう
　　　いつつだもん」

　　④　あっ，かぶとむしたち　あさごはん　たべてる。はちも，かまきりも，
　　　てんとうむしも　いるよ。

　　⑤　「ぼくが，め　になろう。」あさの　つめたい　みずの　なかを，ひる
　　　のかがやく　ひかりの　なかを，みんなは　およぎ，おおきな　さかな
　　　をおいだした。

　　ア　スイミー　　　　イ　ぐりとぐら　　　ウ　かいじゅうたちのいるところ

　　エ　14ひきのあさごはん　　　　　オ　はじめてのおつかい

　　カ　ありときりぎりす

【5】　次の文は，幼稚園教育要領（平成20年3月）「第3章　第2　教育課程に係
　　る教育時間の終了後等に行う教育活動などの留意事項」の抜粋である。①～
　　⑩に当てはまる語句を，あとのア～トから一つ選んで記号で答え，完成さ
　　せなさい。

　　(1)　教育課程に基づく（　①　）を考慮し，（　②　）にふさわしい（　③　）
　　　のないものとなるようにすること。その際，教育課程に基づく（　①　）
　　　を担当する（　④　）と緊密な（　⑤　）を図るようにすること。

　　(2)　（　⑥　）や（　⑦　）での幼児の生活も考慮し，教育課程に係る教育時
　　　間の終了後等に行う（　⑧　）の計画を作成するようにすること。その際，
　　　（　⑦　）の様々な（　⑨　）を活用しつつ，（　⑩　）な体験ができるよう

にすること。

ア　各年齢　　イ　担当者　　ウ　活動　　エ　教師
オ　引継ぎ　　カ　無理　　　キ　幼稚園　ク　人材
ケ　連絡　　　コ　資源　　　サ　遊び　　シ　楽しい
ス　家庭　　　セ　教育活動　ソ　幼児期　タ　保育
チ　連携　　　ツ　保育者　　テ　多様　　ト　地域

【6】次の文は，ある幼稚園での事例である。(1)，(2)の事例についてそれぞれ簡潔に記述しなさい。

(1)　梅雨の時期，雨が降る毎日が続いている。天気予報によると，登園時にはまだ降っているが徐々に雨は上がり，久しぶりに園庭で遊べそうな予想である。

　　あなたは，担任として事前にどのような環境を整えておくか，また，子どもたちの登園後，どのようなことに気を付けながら保育を進めるか。それぞれ簡潔に答えなさい。

(2)　A幼稚園では，毎日の送り迎えは，保護者が行っており，あなたは3年保育，3歳児の担任をしている。

　　5月の初め，クラスのB児は，初めてのお弁当が嬉しくて，登園直後にこっそりと弁当を食べていたらしい。お弁当の時間になると，B児の弁当は，ほとんどなくなっており，泣き出してしまった。

　　あなたは，担任としてB児への対応と保護者への対応をどのようにするか。それぞれ簡潔に答えなさい。

解答・解説

【1】(1)　①　サ　　②　ス　　③　エ　　④　ツ　　⑤　ニ　　⑥　ト
　⑦　イ　　⑧　ソ　　⑨　ネ　　⑩　セ　　⑪　ク　　⑫　タ　　⑬　キ
（⑥⑦⑧順不同，⑪⑫順不同）

〈解説〉本設問は平成20年3月告示の要領からの出題であるが，次回平成30年の改訂実施に向けて，平成29年3月に新要領が公表されている。新要領では，第2章は現行通り5つの領域に分けられている。「環境」(6)で「日常生活の中で，我が国や地域社会における様々な文化や伝統に親しむ」が加えられ，その他，第1章総則第2については，「幼稚園教育において育みたい資質・能力及び『幼児期の終わりまでに育ってほしい姿』」としている。旧要

領との違いを確認しておこう。

【2】(1) ① エ ② セ ③ ソ ④ カ ⑤ ニ ⑥ ウ
　　　⑦ シ ⑧ ア ⑨ ネ ⑩ ケ ⑪ ト ⑫ ツ ⑬ ク

〈解説〉本資料では出題の3点以外にもう1点，乳幼児期の発達では，園児の生活経験がそれぞれ異なることを考慮し，一人一人の特性，発達の過程に応じ発達の課題に即した指導を行うようにすることを示している。なお，認定こども園制度は，就学前の子どもの教育，保育と保護者に対する子育て支援を総合的に提供する仕組みとして，平成18年度より始まった。この幼保連携型認定こども園の教育課程の内容に関しては，認定こども園法において「幼稚園教育要領及び保育所保育指針との整合性の確保や小学校及び義務教育学校における教育との円滑な接続に配慮しなければならない」とされているので，平成28年度末告示の新要領にあわせての変更が予想される。

【3】① イ ② オ ③ ア ④ エ ⑤ ウ

〈解説〉どの曲も，広く親しまれている童謡である。楽譜から音程がとれない場合でも，リズムから正解を導くことができる。日頃から楽譜を鍵盤で演奏しておくとよい。

【4】① ウ ② イ ③ オ ④ エ ⑤ ア

〈解説〉①は『かいじゅうたちのいるところ』（モーリス・センダック作，じんぐうてるお訳），②は『ぐりとぐら』（中川李枝子文，山脇百合子絵），③は『はじめてのおつかい』（筒井頼子作，林明子絵），④は『14ひきのあさごはん』（いわむらかずお作），⑤は『スイミー』（レオ＝レオニ作，谷川俊太郎訳）。『ありときりぎりす』はイソップ物語である。

【5】① ウ ② ソ ③ カ ④ エ ⑤ チ ⑥ ス
　　　⑦ ト ⑧ セ ⑨ コ ⑩ テ

〈解説〉幼稚園が教育時間の前後や長期休業期間中に行う教育時間外の活動について，本資料掲載の注意事項5点中2点を取り上げている。活動は，幼児期にふさわしい無理のないものであること，家庭や地域での生活を前提に，地域の資源を活用し幼児に多様な経験ができるようにすることが大切だと示している。これらについては，教育活動であることから，学校教育法第22条・第23条，また，同資料の第1章第1部分を踏まえたものとなるよう留意することが大切である。幼稚園教育要領解説で詳細を理解しておこう。

【6】(1) 事前の準備…登園時，雨が降っていれば，傘立てやレインコート

かけは準備しておく。雨が止んだら園庭に出ることが予想されるので，遊具をふく雑巾等は予め準備しておく。　　登園後保育への配慮…天候の状態を見て，遊びの環境を整え，雨が止んで園庭に出るときには，子どもとともに遊具を拭き安全指導をしながら保育を進める。　　（2）　子どもへの対応…B児のお弁当への嬉しい気持ちを受け止め，大丈夫だから残ったお弁当を食べるように促すとともに，明日からはお弁当の時間に食べようねと諭す。　　保護者への対応…保護者に幼稚園での状況を伝え，こっそり食べる姿が見とれていなかったことを謝罪し，ともにB児の気持ちを受け止めようと理解を求める。

〈解説〉（1）　幼稚園教育要領の第1章　総則　第1「幼稚園教育の基本」で示された教師の役割について，幼稚園教育要領解説第1章第1節5①では，幼児の主体的な遊びを生み出すために必要な教育環境を整えること，幼児との信頼関係を築き，幼児と共によりよい教育環境をつくり出していくこと，と述べている。「教育・保育施設等における事故防止及び事故発生時の対応のためのガイドライン」なども参考にしておこう。　　（2）　要領第2章「表現」の内容（3）「様々な出来事の中で，感動したことを伝え合う楽しさを味わう」について，解説第2章第2節5[内容]（3）で，3歳児は言葉以外の様々な方法で感動を表現しているので，教師はそれを共感し受け止めることが大切だと述べている。また要領第3章「指導計画の作成に当たっての留意事項」(3)で，幼児が幼稚園生活を展開し深めていく時期までの過程を考慮し，入園当初は，家庭との連携を緊密にし，生活のリズムや安全面に十分配慮することと示されている。それを受け，解説第3章第2節7では，家庭との連携で，保護者が幼児期の教育に理解が深まるよう，情報交換や保育参加での保護者と幼児の活動の機会を設けることが重要だと述べている。降園時の機会や連絡帳を活用し，日々の中で幼児の様子や幼児の成長の姿を伝え合うことも大切である。

平成 28 年度

【1】 次の文は，幼稚園教育要領（平成20年3月）　第2章　ねらい及び内容　表現　3内容の取扱いで示されている内容の抜粋である。①～⑫に当てはまる語句を下のア～ヌから一つ選び記号で答えなさい。

(1)　豊かな（　①　）は，（　②　）などの身近な環境と十分にかかわる中で（　③　），優れたもの，（　④　）出来事などに出会い，そこから得た（　⑤　）を他の幼児や教師と共有し，様々に（　⑥　）などを通して養われるようにすること。

(2)　幼児の自己表現は（　⑦　）な形で行われることが多いので，教師はそのような表現を受容し，幼児自身の表現しようとする（　⑧　）を受け止めて，幼児が生活の中で幼児らしい様々な表現を楽しむことができるようにすること。

(3)　（　⑨　）や発達に応じ，自ら様々な表現を楽しみ，表現する意欲を十分に発揮させることができるように，（　⑩　）や用具などを整えたり，他の幼児の表現に（　⑪　）よう配慮したりし，表現する（　⑫　）を大切にして自己表現を楽しめるように工夫すること。

ア　感性	イ　えのぐ	ウ　綺麗なもの
エ　美しいもの	オ　学習	カ　触れられる
キ　感動	ク　見守る	ケ　素直
コ　育む	サ　喜び	シ　気持ち
ス　素朴	セ　遊具	ソ　生活経験
タ　心を動かす	チ　感じられる	ツ　過程
テ　育ち	ト　自然	ナ　意欲
ニ　気持ちが揺れる	ヌ　表現すること	

【2】 次の文は，幼稚園教育指導資料　第1集　指導計画の作成と保育の展開（平成25年7月改訂）　第1章　3. 小学校の教育課程との接続と指導計画(1)幼児期の小学校教育の円滑な接続の意義　で述べられている内容である。①～⑫に当てはまる語句を，あとのア～ヌから一つ選び記号で答えなさい。

(1)　幼児期の学びは，学ぶということを意識しているわけではないものの，（　①　）や好きなことに（　②　）ことを通じて様々なことを学んでいく，「学びの（　③　）」の段階にあります。一方，小学校に進学すると，学ぶと

いうことについての意識をもち，（　②　）時間とそうでない時間の区別を
つけ，（　④　）課題を（　⑤　）の課題として受け止め，（　⑥　）に学習
を進めていく，「（　⑦　）な学び」へと移行していくことが求められます。

(2)　幼児期の教育が（　⑧　）の中での学び，小学校教育が各教科等の
（　⑨　）を通した学習という違いがあるものの，両者共に「（　⑩　）との
かかわり」と「（　⑪　）とのかかわり」という直接的・（　⑫　）な対象との
かかわりの中で行われるという共通点をもつことは，両者の円滑な接続
を考える上で重要な視点，手掛かりとなります。

ア　芽生え	イ　授業	ウ　集中する	エ　動物
オ　新たな	カ　抽象的	キ　楽しいこと	ク　取り組む
ケ　自覚的	コ　人	サ　自分	シ　計画的
ス　もの	セ　遊具	ソ　没頭する	タ　与えられた
チ　無自覚	ツ　過程	テ　遊び	ト　自然
ナ　相手	ニ　面白いこと	ヌ　具体的	

【3】次の各文は，「子ども・子育て支援新制度」に関連して新たに示された京
都市のプランの内容である。①〜⑩に当てはまる語句を，下のア〜ソから
一つ選び記号で答えなさい。

(1)　平成24年8月に成立した（　①　）に基づき，平成27年4月から「子ど
も・子育て支援新制度」が開始された。

(2)　新制度は，一部の幼稚園，保育園（所）や教育と保育を一体的に行う施
設である（　②　）を対象としている。

(3)　幼稚園をはじめとした地域資源を積極的に活用し，預かり保育や
（　③　）等をこれまで以上に積極的に充実するといった取組により，更
なる（　④　）を図る。

(4)　新制度下の幼稚園や保育園（所）等を利用するためには，保護者は
（　⑤　）を提出し，自治体から（　⑥　）の交付を受けることが必要になる。

(5)　新制度に移行する幼稚園，保育園（所）等の（　⑦　）は，保護者等の
（　⑧　）に応じた負担を基本とする。

(6)　幼稚園，保育園（所），認定こども園等の職員の専門性をいかした地域
の（　⑨　）の充実に取り組むなど，更なる（　⑩　）を図る。

ア　量の拡充	イ　子育て支援	ウ　延長
エ　所得	オ　子ども・子育て関連三法	カ　保育料

キ	認定こども園	ク	質の向上	ケ	認可施設
コ	支給認定申請書	サ	幼稚園教育要領	シ	待機児童
ス	保育園制度	セ	小規模保育事業	ソ	認定証

参考資料：京都市未来こどもはぐくみプラン（平成27年1月　京都市保健
　　　　　福祉局　児童家庭課）
　　　　　子ども・子育て支援新制度について（平成26年9月　京都市保
　　　　　健福祉局　保育課）

【4】次の文は，幼稚園教育要領解説（平成20年7月）　第1章　第2節　1教育
課程の編成の基本　（2）教育課程の編成の原則　で述べられている内容から
の一部抜粋である。①〜⑧に当てはまる語句を答えなさい。

　教育課程の編成に当たっては，国立，公立，私立を問わず，すべての幼稚
園に対して，公教育の立場から，（　①　）や（　②　）などの法令や（　③　）
により種々の定めがなされているので，これらに従って編成しなければな
らない。その際，幼稚園の長たる園長は，幼稚園全体の責任者として指導
性を発揮し，（　④　）の協力の下，以下の点を踏まえつつ編成しなければ
ならない。

（ア）（　⑤　）の心身の発達
（イ）（　⑥　）の実態
（ウ）（　⑦　）の実態
（エ）（　⑧　）を生かすこと

【5】次の文は，同じ幼稚園の採用1年目の教師と採用5年目の教師が記した
入園式直後（3歳児）の保育記録である。二つの記録を読んで，あとの各問い
に答えなさい。

記録1　採用1年目の教師の記録　入園式当日
　入園式の最中に泣いて親から離れられない幼児はいなかった。10時
40分頃に「お母さんはまだ」という幼児が2，3名出てきた。親が園内の
ほかの場所にいるということで安定を保てている様子。月曜日からは
親から離れるので泣く子が出てくることが予想される。

記録2　採用5年目の教師の記録　入園から4日目

　　ロッカーの位置が分かってきたために，安心して登園してすぐの生活行動がとれるようになってきた。①<u>自分のとるべき行動が分かるというのは，何と大切なことか。</u>

　　今日は大部分の幼児の気分がほぐれてきた様子で，男児の中には，②<u>後半ふざけて集合時にも教師の話を聞こうとしない幼児もいた。積み木をけとばしてケタケタ笑う遊びである。仲間がいるからこそ生まれた名もない遊び。</u>

（1）　下線①で，教師はなぜ大切だと考えたのか。簡潔に答えなさい。

（2）　記録の取り方として，記録1と比べて，記録2の優れた点はどこか，簡潔に答えなさい。

（3）　記録2の教師は，下線②の幼児の行為をどのようにとらえているか，簡潔に答えなさい。

（4）　保育記録をとる意味を簡潔に答えなさい。

　　　　　　　　参考資料：幼稚園教育指導資料第5集　指導と評価に生かす記録

　　　　　　　　　　　　　　　　　　　　　　（平成25年7月　文部科学省）

解答・解説

【1】①　ア　②　ト　③　エ　④　タ　⑤　キ　⑥　ヌ
　　⑦　ス　⑧　ナ　⑨　ソ　⑩　セ　⑪　カ　⑫　ツ

〈解説〉『幼稚園教育要領解説』（平成20年7月）は(1)について，「幼児は，あるものに出会い，心が揺さぶられて感動すると，感じていることをそのまま表そうとする。その表れを教師が受け止め，認めることによって，幼児は自分の感動の意味を明確にすることができる。また，自分と同じ思いをもっている幼児に出会うと自分の感性に自信をもち，違う思いをもっている幼児に出会うと違う感性を知ることになり，結果としていろいろな感性があることに気付く。このような友達との感動の共有が幼児一人一人の豊かな感性を養っていくことになるのである」と解説している。また(2)についての配慮事項として「幼児が自分の気持ちや考えを素朴に表現することを大切にするためには，特定の表現活動のための技能を身に付けさせるための偏った指導が行われることのないように配慮する必要がある」と指摘している。(3)についての留意事項として「幼児は，遊具や用具にかかわったり，他の幼児の表現などに触れて，心を動かされ，その感動を表現するように

なる。教師は，幼児が表現する過程を楽しみ，それを重ねていき，その幼児なりの自己表現が豊かになっていくように，幼児の心に寄り添いながら適切な援助をすることが大切である」としている。

【2】① キ　② ウ　③ ア　④ タ　⑤ サ　⑥ シ
　　　⑦ ケ　⑧ テ　⑨ イ　⑩ コ　⑪ ス　⑫ ヌ

〈解説〉『幼稚園教育指導資料第1集　指導計画の作成と保育の展開』は(1)の観点から，幼児期から児童期にかけては，学びの芽生えと自覚的な学びの両者の調和のとれた教育を展開することが必要としている。また(2)の観点から幼児時期の教育には，人やものとのかかわりという捉え方によって，小学校教育とのつながりを見通しつつ遊びの中で学びを展開することが求められるとしている。

【3】① オ　② キ　③ セ　④ ア　⑤ コ　⑥ ソ
　　　⑦ カ　⑧ エ　⑨ イ　⑩ ク

〈解説〉「子ども・子育て支援新制度」とは，平成24年8月に成立した「子ども・子育て支援法」，「認定こども園法の一部改正」，「子ども・子育て支援法及び認定こども園法の一部改正法の施行に伴う関係法律の整備等に関する法律」の子ども・子育て関連3法に基づく制度のことである。基礎自治体（市町村）が実施主体であり，市町村は地域のニーズに基づき計画を策定，給付・事業を実施する。京都市は子どもたちの今と未来をみんなではぐくむ子育て支援都市・京都を目指して，「京都市未来こどもはぐくみプラン」を平成27年1月に策定している。この計画の期間は，平成27年度から平成31年度までの5年間で，すべての子どもと子どもを育成し又は育成しようとする家庭，市民，企業，行政など，京都市におけるすべての個人，団体を対象としている。なおこの計画における「子ども」とは，0歳からおおむね18歳未満としている。

【4】① 教育基本法　② 学校教育法　③ 幼稚園教育要領
　　　④ 全教職員　⑤ 幼児　⑥ 幼稚園　⑦ 地域　⑧ 創意工夫

〈解説〉教育基本法第11条は幼児期の教育について「幼児期の教育は，生涯にわたる人格形成の基礎を培う重要なものであることにかんがみ，国及び地方公共団体は，幼児の健やかな成長に資する良好な環境の整備その他適当な方法によって，その振興に努めなければならない」としている。また学校教育法第22条は「幼稚園は，義務教育及びその後の教育の基礎を培うものとして，幼児を保育し，幼児の健やかな成長のために適当な環境を与えて，

その心身の発達を助長することを目的とする」としたうえで，第23条で5つの目標を具体的に示している。幼稚園長は，これら法律に従い，幼稚園全体の責任者として指導性を発揮し，全教職員の協力の下，幼児の心身の発達，幼稚園の実態，地域の実態を踏まえまた創意工夫を生かしつつ教育課程を編成しなければならない。

【5】(1)　安心して登園し，すぐに次の生活行動がとれるようになるから。等
(2)　幼児の姿から教師の学んでいることを率直に表している点。(・幼児の表面的な行動だけでなく，その内面理解まで踏み込んでいる点　・幼児の行動を肯定的に捉えようという視点をもっている点。)等　　(3)　友達への関心の高まりの表れだと幼児の行為を肯定的に受けとめている。　(4)　記録すること自体が目的となるのではなく，後から読み返し，自分自身の保育について評価し，次に生かすため。(・園児への適切な関わりや働きかけに生かすため。)等

〈解説〉幼稚園教育の基本は幼児一人一人の発達の特性に応じることであり，幼児の心の状態や教師が設定した具体的なねらいが幼児の姿にどのように表れているのか，個別に捉えなくてはならない。そのためにも，幼児一人一人について記録しておくことが必要である。出題の記録1は入園初日なのに幼児と出会って教師が感じたことは全く触れられておらず，個別の幼児のことについては書かれていない。一方の記録2は「なんと大切なことか」という記述に見られるように幼児の姿から教師が学んでいることを率直に表し，また積み木をけとばしてケタケタ笑う遊びを「名もない遊び」と肯定的に受け止めている。この違いは幼児の状態が異なるのではなく，教師の見方の違いである。幼児理解は理解しようとしている側の見方と切り離すことができない。教師は幼児とかかわりながら，幼児にとってそのことの意味を解釈しなければならない。なお『幼稚園教育指導資料第5集　指導と評価に生かす記録』は保育記録の意義として，①幼児理解を深める，②幼児理解を基に次の保育を構想する，③教師と幼児の関係を省察し，教師自身の幼児の見方を振り返る，④他の教師と情報を共有し，自分の保育を見直す，⑤幼児の学びの軌跡を残し，保護者との連携に生かす，の5点を示している。

平成 27 年度

【1】 次の文は，幼稚園教育指導資料（平成25年7月改訂）　第5集　指導と評価に生かす記録　第1章「1.　学校教育としての幼稚園教育」で示されている内容の抜粋である。①〜⑫に当てはまる語句を下のア〜ヌから選び記号で答えなさい。

　　学校としての幼稚園は，（　①　）の幼児を対象として，「（　②　）及びその後の教育の基礎を培うものとして，幼児を保育し，幼児の健やかな成長のために（　③　）な環境を与えて，その心身の発達を（　④　）こと」を目的としており，小学校以降の（　⑤　）や（　⑥　）の基礎を培う「学校教育のはじまり」としての役割を担っています。

　　ただし，幼稚園では，小学校以降の学校教育とは異なり，（　⑦　）等の教材を使わず遊具などの（　⑧　）を工夫して配置し，教師が幼児一人一人に応じた（　⑨　）な援助を行いつつ，（　⑩　）を中心とした幼児の（　⑪　）な活動を通して，（　⑫　）の基礎を育成する教育を行っています。

ア	遊び	イ	3歳以上	ウ	教育基本法	エ	助長する
オ	学習	カ	教科書	キ	適当	ク	見守る
ケ	適切	コ	育む	サ	家庭	シ	4歳以上
ス	環境	セ	義務教育	ソ	学校教育	タ	主体的
チ	計画的	ツ	絵本	テ	生きる力	ト	生活
ナ	最適	ニ	幼児教育	ヌ	自主的		

【2】 次の文は，幼稚園教育要領（平成20年3月）第2章　ねらい及び内容で示されている「健康」の内容の抜粋である。①〜⑫に当てはまる語句をあとのア〜ノから選び記号で答えなさい。

　（1）　先生や友達と触れ合い，（　①　）をもって行動する。

　（2）　いろいろな（　②　）の中で十分に体を動かす。

　（3）　進んで（　③　）で遊ぶ。

　（4）　様々な（　④　）に親しみ，楽しんで取り組む。

　（5）　先生や友達と（　⑤　）を楽しむ。

　（6）　健康な生活の（　⑥　）を身に付ける。

　（7）　身の回りを（　⑦　）にし，衣服の着脱，食事，（　⑧　）などの生活に必要な活動を自分でする。

　（8）　幼稚園における生活の仕方を知り，自分たちで生活の場を整えなが

ら（ ⑨ ）をもって行動する。

(9) 自分の健康に関心をもち，（ ⑩ ）の予防などに必要な活動を進ん
で行う。

(10) 危険な場所，危険な遊び方，（ ⑪ ）などの行動の仕方が分かり，
（ ⑫ ）に気を付けて行動する。

ア 遊び	イ 話すこと	ウ リズム	エ 災害時
オ 清潔	カ 排泄	キ 安定感	ク 運動
ケ 活動	コ 病気	サ 戸外	シ 習慣
ス 睡眠	セ 屋外	ソ 見通し	タ 風邪
チ 食べること	ツ 安心感	テ 計画性	ト 流れ
ナ 素材	ニ 地震のとき	ヌ 生活	ネ 綺麗
ノ 安全			

【3】 次に示された図は，幼稚園教育指導資料（平成25年7月改訂） 第1集
指導計画の作成と保育の展開　第2章「1. 指導計画の作成の具体的な手順」
に示された一般的な作成の手順である。①～⑧に当てはまる語句を答えな
さい。

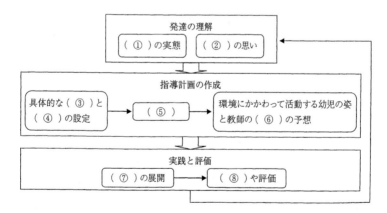

【4】 次に記された世界の名作童話を書いた作者の名前を答えなさい。

(1) 白雪姫，おおかみと七匹の子やぎ，金のがちょう 　　（ ① ）

(2) 人魚姫，マッチ売りの少女，みにくいアヒルの子 　　（ ② ）

(3) 北風と太陽，アリとキリギリス 　　（ ③ ）

93

(4) アルプスの少女ハイジ　　（　④　）

(5) 青い鳥　　（　⑤　）

【5】 次に記された歌詞は，幼稚園等でよく歌ったり，聞いたりする歌の歌い
だしである。歌の題名を答えなさい。

(1) 「♪でんでんむしむし～」　　（　①　）

(2) 「♪ささのはさらさら～」　　（　②　）

(3) 「♪あるこう　あるこう　わたしはげんき～」　　（　③　）

(4) 「♪あかりをつけましょ～」　　（　④　）

(5) 「♪あれまつむしがないている～」　　（　⑤　）

【6】 次の文は，5月頃のある幼稚園での，2年保育の4歳児Y児の記録である。
保育中のエピソードから幼児とかかわるヒントを得るという視点で，この
記録を読んで，下の問いに答えなさい。

（Y児のこれまでの背景）

　　入園から1カ月間ほど，毎朝保護者と別れる時によく泣いていた。A教師
にとっては，学級の中で一番気になる存在である。5月頃になって，ようや
く泣かなくなったが，保育室には入らず，ほとんどテラスで過ごす毎日であ
る。

　　ふと見ると，Y児がテラスに出してある水槽のところに一人でしゃ
がみこんでいた。カメを見ている。その様子に教師もついうれしく
なって，「Yちゃん，カメさん好きなの」と聞くと，「うん」とうなず
く。「えさ，一緒にやろうか」と言って，煮干しを持ってきたら，自
分でカメにやろうとした。Y児は「カメさん，たべて，たべて」と小
さな声で話しかけながらえさをやっている。初めてY児の声を聞く
ことができた。Y児がカメに関心があることが分かったのは大発見
であった。いつのまにかテラスはY児にとって大切な場所となって
いたようだ。

---

(1) A教師は，なぜうれしくなったのでしょうか。簡潔に答えなさい。

(2) A教師は，Y児に対してどのような援助をしましたか。簡潔に答えな
さい。

(3) この記録からY児とかかわるどのようなヒントが得られたと考えます

か。簡潔に答えなさい。

(4) 保育を記録することの意義はどのようなことだと考えますか。簡潔に
答えなさい。

参考資料　指導計画の作成と保育の展開(平成25年7月改訂)

解答・解説

【1】① イ　② セ　③ キ　④ エ　⑤ ト(オ)　⑥ オ(ト)
⑦ カ　⑧ ス　⑨ ケ　⑩ ア　⑪ タ　⑫ テ

〈解説〉文部科学省より刊行されている「幼稚園教育指導資料(平成25年7月改訂)第5集　指導と評価に生かす記録」は,幼稚園教育における幼児理解や教師の指導の改善において,指導の過程における記録の重要性に鑑み,記録を活用した教師間の共通理解と協力体制の構築,保育実践の質,幼稚園教育の質の向上に資するために作成され,教師の専門性を高めるための記録の在り方や,その記録を実際の指導や評価にどのように生かしていくのかなどについて実践事例を取り上げて解説している。「第1集　指導計画の作成と保育の展開(平成25年7月改訂)」や「第3集　幼児理解と評価(平成22年7月改訂)」なども合わせて確認し,幼稚園教育に対する理解を深めておきたい。

【2】① キ　② ア　③ サ　④ ケ　⑤ チ　⑥ ウ
⑦ オ　⑧ カ　⑨ ソ　⑩ コ　⑪ エ　⑫ ノ

〈解説〉幼稚園教育要領は昭和31年に作成されて以降4度にわたり改訂を重ね,現行のものは平成20年3月に告示されたものである。5つの領域「環境」「健康」「人間関係」「言葉」「表現」のねらいと活動内容は,それぞれ正確に覚えて必ず書けるようにしておくこと。なお,幼稚園教育要領(平成20年3月告示)についての理解を深めるため,幼稚園教育要領解説(平成20年10月)は必ず内容を把握しておくこと。

【3】① 幼児　② 教師(先生)　③ ねらい　④ 内容
⑤ 環境の構成　⑥ 援助　⑦ 保育　⑧ 反省

〈解説〉幼稚園教育指導資料(成25年7月改訂)第1集　指導計画の作成と保育の展開　第2章「1. 指導計画の作成の具体的な手順」からの出題である。一般的に考えられている作成の手順の参考として図が示されているが,「指導計画作成の手順や形式などの一定のものはありません」とことわりをいれていることに注意する。

【4】(1)　グリム兄弟　　(2)　アンデルセン　　(3)　イソップ

(4)　ヨハンナ・シュピリ（スピリ）　　(5)　メーテルリンク

〈解説〉(1)　兄ヤーコブ・グリム（1785-1863）と弟ヴィルヘルム・グリム（1786-1859）のグリム兄弟は，『グリム童話』（正式には『子供たちと家庭の童話』という）第1版，第2版，第7版の編纂を行った。代表的な昔話としてはほかに，「赤ずきん」「灰かぶり」などがある。　　(2)　ハンス・クリスチャン・アンデルセン（1805-1857）は，デンマークの童話（創作児童文学）作家。代表的な作品にはほかに，「親指姫」「雪の女王」などがある。　　(3)　『イソップ寓話』と言われて伝えられている作品は，紀元前6世紀の奴隷イソップ（アイソーポス）が作ったとされているが，検証できる手段はない。子ども向けの人生訓話，寓話集である。代表的な作品にはほかに，「きつねとぶどう」「おおかみ少年の話」「金の斧，銀の斧」などがある。　　(4)　ヨハンナ・シュピリ（スピリ）（1827-1901）は，スイスの児童文学者。『アルプスの少女ハイジ』（原題は『ハイジ』）は，1880〜81年に執筆されたシュピリの代表作である。　　(5)　モーリス・メーテルリンク（1862-1949）は，ベルギーの詩人，劇作家。『青い鳥』は，1908年に発表された児童劇である。

【5】①　かたつむり　　②　たなばたさま　　③　さんぽ

④　うれしいひな祭り　　⑤　虫のこえ

〈解説〉幼稚園でよく歌われる歌である。歌詞だけでなく，題名を正確に覚えておくこと。

①　『かたつむり』は文部省唱歌。作詞・作曲者は不明だが，1911年の「尋常小学唱歌」にも掲載されている。　　②　『たなばたさま』は権藤はなよ作詞，下総皖一作曲の文部省唱歌である。　　③　『さんぽ』は中川李枝子作詞，久石譲作曲・編曲。本来はアニメーション映画のオープニングテーマ曲だが，1988年の映画公開以降，童謡と同じ位置づけで幼稚園でよく歌われるようになった。　　④　『うれしいひな祭り』は山野三郎（サトウハチロー）作詞，河村直則（河村光陽）作曲の童謡である。　　⑤　『虫のこえ』は文部省唱歌。小学校学習指導要領（平成20年3月告示）第2章　各教科　第6節　音楽において第2学年の歌唱共通教材となっている。

【6】(1)　毎日泣いていたY児が自ら関心をもってカメを見ていたから。

(2)　「カメさん好きなの」と声をかけ，煮干しを持ってきて一緒にえさをあげた。　　(3)　・自然に言葉かけをしていくこと。　・Y児の行動を否定的にとらえず，テラスという空間を今後も大切にすること。　・小動物に関心

があることを知り環境を構成する。など　　　　(4)　・幼児の気持ち，興味関心などの内面とその背景が捉えられる。　　・保育の改善点や明日からの環境づくりが見えてくる。など

〈解説〉「幼稚園教育指導資料（成25年7月改訂）第1集　指導計画の作成と保育の展開」は幼稚園教育要領の主旨に沿った幼稚園指導計画の作り方と保育への展開方法についてまとめた資料である。2年保育4歳児の5月の様子であるが，幼稚園における保育とは，一人一人の幼児が教師や多くの幼児たちとの集団生活の中で，周囲の環境とかかわり，発達に必要な経験を自ら得ていけるように援助する営みである。そのために，教師は幼児と生活を共にしながら，その幼児が今，何に興味をもっているのか，何を実現しようとしているのか，何を感じているのかなどを捉え続けていかなければならない。ここでは，入園してから毎朝泣いていたY児がカメに興味を持ったことに気付いた教師がY児に声をかけ，一緒にえさをやることでY児の気持ちに初めて触れることのできた瞬間のエピソードで，そのことをうれしく思い，共有した時間と空間を記録している。Y児は教師から声をかけられたことで，自分を受け入れてもらえたと感じたはずである。Y児が園生活にとけ込むきっかけとして，小動物と，小動物がいるテラスという環境設定を今後も継続して生かしていくことが必要であろう。そこがY児にとって安定できる居場所であることも含め，エピソード記録の重要性は，幼児の興味関心だけでなく，その時の幼児の気持ちと背景を観察し記録しておくことで，今後の援助にどう生かしていくか，継続した指導，援助の考察の一助となるところにある。

平成26年度

【1】 次の文は，幼稚園教育要領（平成20年3月）第1章　第1　幼稚園教育の基本及び第2　教育課程の編成で示されている内容の抜粋である。①〜⑫に当てはまる語句を下のア〜ヌから選び記号で答えなさい。

(1)　教師は，幼児の（　①　）な活動が確保されるよう幼児一人一人の行動の理解と予想に基づき，（　②　）に（　③　）を構成しなければならない。この場合において，教師は，幼児と（　④　）や（　⑤　）とのかかわりが重要であることを踏まえ，（　⑥　）・空間的環境を構成しなければならない。また，教師は，幼児一人一人の活動の場面に応じて，様々な（　⑦　）を果たし，その（　⑧　）を豊かにしなければならない。

(2)　幼稚園は，（　⑨　）との連携を図りながら，この章の第1に示す幼稚園教育の基本に基づいて展開される幼稚園生活を通して，（　⑩　）の基礎を育成するよう（　⑪　）第23条に規定する幼稚園教育の目標の達成に努めなければならない。幼稚園は，このことにより，（　⑫　）及びその後の教育の基礎を培うものとする。

ア　遊び	イ　人	ウ　教育基本法	エ　人格形成
オ　人的	カ　自主的	キ　地域	ク　もの
ケ　活動	コ　自然	サ　家庭	シ　学校教育
ス　環境	セ　義務教育	ソ　教育課程	タ　主体的
チ　計画的	ツ　素材	テ　生きる力	ト　生活
ナ　物的	ニ　役割	ヌ　学校教育法	

【2】 次の文は，幼稚園教育要領解説（平成20年10月）第2章　第3節　環境の構成と保育の展開　3　留意事項　(1)　環境を構成する視点　で示されている内容の抜粋である。(1)，(2)の問いに答えなさい。

　環境の構成においては，幼児が自分を取り巻いている周囲の環境に（　①　）にかかわり，（　②　）に展開する（　③　）な活動を通して様々な（　④　）をし，望ましい（　⑤　）を遂げていくよう促すようにすることが重要である。

(1)　①〜⑤に当てはまる語句を下のア〜オから選び記号で答えなさい。
　　ア　発達　　イ　意欲的　　ウ　体験　　エ　主体的　　オ　具体的

(2)　この後，具体的な環境の構成を考える視点が3点示されている。⑥〜⑩に当てはまる語句を答えなさい。

・（　⑥　）の時期に即した環境
・（　⑦　）や（　⑧　）に応じた環境
・（　⑨　）の（　⑩　）に応じた環境

【3】次に記された人物は，日本の幼児教育に大きな影響を与えた人物である。
その人物の名前を答えなさい。
　(1)　スイスの教育実践家。有名な著書に「隠者の夕暮れ」がある。
　(2)　ドイツの教育学者。幼児教育の祖と呼ばれ，「恩物」の開発者。
　(3)　スイスの心理学者。発生的認識論を提唱。言語や数量の概念の研究を
　　　展開。
　(4)　我が国の「幼児教育の父」と呼ばれる。有名な著書に「幼稚園保育法真
　　　諦」がある。
　(5)　ハンガリーの作曲家，民族音楽学の重要人物の一人。組曲『子供の舞
　　　曲』等作品多数。

【4】次にあげる絵本は，幼稚園等でよく読まれる絵本である。作者の名前を
答えなさい。
　(1)　「ぐりとぐら」
　(2)　「とんぼのうんどうかい」
　(3)　「スイミー」
　(4)　「はらぺこあおむし」
　(5)　「いないいないばあ」
　(6)　「11ぴきのねこ」
　(7)　「14ひきのあさごはん」
　(8)　「ちいさなうさこちゃん」

【5】次の文は，幼児理解と評価（平成22年7月改訂）第1章　2　よりよい保
育をつくり出すためにの中に記載された基本的におさえておきたい5つの
視点である。(1)，(2)の問いに答えなさい。
　・幼児を（　①　）に見る
　・活動の（　②　）を理解する
　・（　③　）する姿をとらえる
　・（　④　）と個の関係をとらえる

・（　⑤　）を見直す

(1)　①～⑤に当てはまる語句を次のア～コから選び記号で答えなさい。

　　ア　成長　　　イ　肯定的　　ウ　意味　　　エ　集団
　　オ　多角的　　カ　自己　　　キ　発達　　　ク　楽しさ
　　ケ　もの　　　コ　保育

(2)　このような5つの視点を踏まえ，よりよい保育をつくり出すためには，どのような教師の姿勢が大切か。あなたの考えを簡潔に述べなさい。

【6】次の文は，4歳児の6月頃，ある幼稚園で見られた事例である。集団生活の中で様々な出来事に出会うこの時期に必要な「教師の役割」という視点で，この事例を読んで，あとの問いに答えなさい。

事例「プールが嫌いだもん」（4歳児　6月頃）

　　M児（4歳児）はプールがとても嫌いで，プールのしたくの時間になると何かと理由を見つけて職員室に訴えに来る。

　　この日も，M児はその時間になると，悲しそうな顔で「ここが痛いの」と掌を小さく丸めてやってきた。それを見ると薬指の爪の下がほんの少しささくれていた。

　　主任のH教師は，M児の手を自分の手で包み込みながら，「そう，ここが痛いんだね。どーれ」と抱き寄せ顔をのぞき込んで話しかけた。しばらくすると，M児は少し表情をなごませ，「今日ね，Mちゃんのおねえちゃん学校を休んだんだ」と家庭の様子を話し始めた。H教師は，「そう，今日はおねえちゃんが家にいるからMちゃんも一緒にいたかったのかな」とM児の気持ちを推測してみた。「うん，おうちで遊びたかったの。だってプール嫌いだもん。顔が濡れちゃうから」「顔が濡れるのが嫌なんだね」と，H教師がM児の気持ちを受け止めているうち，しばらくしてM児がパッと顔を明るくして「でもね，この前お風呂で潜れるようになったんだよ」と言った。M児の気持ちが自分の中でふっ切れて，嫌なことだけではなく自分のできることに目が向きはじめた。

　　H教師はこのやりとりをM児の担任のT教師に伝えた。T教師は，さりげなく機会をとらえて，「Mちゃん，お風呂で潜れるようになったんだって。すごいね」とほめた。1学期の末になると，M児は職員室に姿を見せなくなっていた。M児がいつの間にか自分から水着に着替えはじめていたのである。

(1)　M児に対するH教師の援助について簡潔に答えなさい。

(2)　事例の中で，"チーム保育の視点"から見たH教師の援助はどの箇所か。書き抜きなさい。

(3)　M児が変容したのは，どのような援助があったからか。簡潔に答えなさい。

(4)　この事例から，教師は日ごろからどのように援助することが大切だと考えるか。簡潔に答えなさい。

参考資料　幼児理解と評価(平成22年7月改訂)

解答・解説

【1】① タ　② チ　③ ス　④ イ　⑤ ク　⑥ ナ
⑦ ニ　⑧ ケ　⑨ サ　⑩ テ　⑪ ヌ　⑫ セ

〈解説〉幼稚園は学校教育の1つであることから，幼稚園教諭は教育基本法，学校教育法などの条文を理解し，幼稚園教育のあるべき姿を知っておくべきだろう。具体的方針などは幼稚園教育要領に記載されているので，重要箇所の暗記を含め，把握する必要がある。幼稚園の位置づけについて，幼稚園教育要領解説では「幼児の生活や遊びといった直接的・具体的な体験を通して，人とかかわる力や思考力，感性や表現する力などをはぐくみ，人間として，社会とかかわる人として生きていくための基礎を培う」としている。このことを踏まえ，問題文を読むとよい。

【2】(1)　① イ　② エ　③ オ　④ ウ　⑤ ア
(2)　⑥ 発達　⑦ 興味　⑧ 欲求　⑨ 生活　⑩ 流れ

〈解説〉幼稚園教育要領解説によると，環境構成で重要なことは「その環境を具体的なねらいや内容にふさわしいものとなるようにすること」としている。したがって，幼児の過ごし方，周囲の環境などを考慮した環境づくりを行うことが必要になる。また，教育充実の視点から考慮すれば，その日だけでなく，明日やそれ以降を見据えた環境づくりを考慮しなければならず，指導計画の作成など長期的視点も求められるだろう。問題文については，第3節をはじめから学習すると，より理解が深まると思われる。

【3】(1)　ペスタロッチ　(2)　フレーベル　(3)　ピアジェ
(4)　倉橋惣三　(5)　コダーイ

〈解説〉(1)　ヨハン・ハインリッヒ・ペスタロッチ(1746～1827)は，子どもの権利条約の基といわれる「子どもの権利」を提唱した教育実践家である。

直観教授，労作教育の考え方に基づいて，孤児や貧民の子の教育を行った。
(2)　フリードリッヒ・フレーベル(1782〜1852)はドイツの教育学者である。幼児教育の場として，1837年に一般ドイツ幼稚園を開設し，「幼児教育の祖」とされる。　(3)　ジャン・ピアジェ(1896〜1980)は，知能の発達を4つの段階(感覚運動期，前操作期，具体的操作期，形式的操作期)に分けたことで知られる。また，子どもの自己中心的思考の形態として，アミニズム，人工論，実在論を提唱した。　(4)　問題に「我が国の」とあることから，倉橋惣三(1882〜1955)である。倉橋は，東京女子高等師範学校附属幼稚園に勤務，幼児教育の発展に努めた。　(5)　コダーイ・ゾルターン(1882〜1967)はハンガリーの民族音楽学者，作曲家である。日本などでは，コダーイの流れを汲むわらべうたを研究している日本コダーイ協会がある。

【4】(1)　中川李枝子　　(2)　かこさとし　　(3)　レオ・レオニ
(4)　エリック・カール　　(5)　松谷みよ子　　(6)　馬場のぼる
(7)　いわむらかずお　　(8)　ディック・ブルーナ

〈解説〉(1)　中川李枝子(1935〜)は「ぐりとぐら」シリーズ，「いやいやえん」など多くの作品がある。「ぐりとぐら」は，1963年，雑誌『母の友』に「たまご」の題で掲載された作品が最初である。　(2)　かこさとし(1926〜2018)は「とんぼのうんどうかい」のほか，「だるまちゃんとてんぐちゃん」などがある。特に，「からすのパンやさん」は有名だが，続編として「やおやさん」「おかしやさん」「そばやさん」「てんぷらやさん」が2013年に出版された。
(3)　レオ・レオニ(1910〜99)はイタリア，アメリカの絵本作家で，「スイミー」は教科書(1年生)にも採用されている。その他の作品として，「フレデリック」などがある。　(4)　エリック・カール(1929〜)は，アメリカの絵本作家で「はらぺこあおむし」が最も有名である。彩色した薄い紙を使用したコラージュ技法を用いて，絵を描いている。代表作に「だんまりこおろぎ」「ねぼくのともだちになって」等がある。　(5)　松谷みよ子(1926〜2015)は児童文学作家で，他に日本の民話の研究なども手掛けている。　(6)　馬場のぼる(1927〜2001)は児童漫画家で，「11ぴきのねこ」はシリーズとして出版されている。　(7)　いわむらかずお(1939〜)は絵本作家で，「14ひきのあさごはん」は14匹のねずみ一家を題材にした絵本である。1998年には「いわむらかずお絵本の丘美術館」を開館した。　(8)　ディック・ブルーナ(1927〜2017)の「ちいさなうさこちゃん」は，ミッフィーという名でも親しまれている。

【5】(1) ① イ　②　ウ　③　キ　④　エ　⑤　コ

(2)　自分の保育を見直し続ける姿勢が大切である。

〈解説〉(2)　本資料では，幼児発達の理解と教員の指導改善のためには「反省と評価」が必要であるとしている。ここでいう「評価」について，本資料では「保育の中で幼児の姿がどのように変容しているかをとらえながら，そのような姿が生み出されてきた様々な状況について適切かどうかを検討して，保育をよりよいものに改善するための手掛かりを求めること」と定義している。評価後は事前に立てた計画の妥当性を検討し，必要であれば修正を行うわけだが，本資料では評価は日常の保育と常に一体のものであり，日々の素朴な反省も評価になりうるとしている。

【6】(1)　M児の心に寄り添い，気持ちを大切に受け止める援助。

(2)　H教師はこのやりとりをM児の担任のT教師に伝えた。　(3)　励ましたり，やり方を指示したりするだけでなく，M児を受け止め，2人の教師の連携の下で，M児が自信を持ち，自分の課題を乗り越えるまで長い目で見守っていたため。　(4)　幼児の言葉や行動の底にある幼児の気持ちを受け止め理解しようとすること。

〈解説〉ここでいう「援助」とは，一人の保育者によってなされるのではないこと，つまりチームで行われることや，「受け止める」「認める」「見守る」など子どもの気持ちへの対応をそれぞれの場面で丁寧に行うことと考えたい。したがって，(1)では「寄り添い，気持ちを受け止める」など共感することが解答にあたる。なお，問題文の指示についても丁寧に読み取りたい。(2)では書き抜くこと，つまり文章を引用することが求められていることに注意しよう。

平成 25 年度

【1】 次の文は，幼稚園教育要領(平成20年3月)「第1章　総則　第1　幼稚園教育の基本」で示されている内容の抜粋である。

(1)　①〜⑤に当てはまる語句を答えなさい。

　　　幼児期における教育は，生涯にわたる（　①　）の基礎を培う重要なものであり，幼稚園教育は，（　②　）第22条に規定する目的を達成するため，幼児期の特性を踏まえ，（　③　）を通して行うものであることを基本とする。

　　　このため，教師は幼児との（　④　）を十分に築き，幼児と共によりよい（　⑤　）を創造するように努めるものとする。これらを踏まえ，次に示す事項を重視して教育を行わなければならない。

(2)　(1)の文章記載後，幼稚園教育の基本として3点が挙げられている。その内容を簡潔に答えなさい。

【2】　次の文は，幼稚園教育要領(平成20年3月)「第2章　ねらい及び内容」で示されている「表現」の内容の抜粋である。①〜⑬に当てはまる語句を下のア〜ハから選び記号で答えなさい。

(1)　生活の中で様々な音，（　①　），形，（　②　），動きなどに気付いたり，感じたりするなどして楽しむ。

(2)　生活の中で美しいものや（　③　）出来事に触れ，（　④　）を豊かにする。

(3)　様々な出来事の中で，（　⑤　）ことを伝え合う楽しさを味わう。

(4)　感じたこと，（　⑥　）ことなどを音や動きなどで表現したり，自由にかいたり，つくったりなどする。

(5)　いろいろな（　⑦　）に親しみ，（　⑧　）遊ぶ。

(6)　（　⑨　）に親しみ，歌を歌ったり，簡単な（　⑩　）を使ったりなどする楽しさを味わう。

(7)　かいたり，つくったりすることを楽しみ，（　⑪　）に使ったり，飾ったりなどする。

(8)　自分のイメージを動きや（　⑫　）などで表現したり，（　⑬　）遊んだりするなどの楽しさを味わう。

　　　ア　遊び　　　　　イ　言葉　　　　ウ　考えた
　　　エ　的確に　　　オ　材料　　　　カ　楽しい

キ	打楽器	ク	色	ケ	文字
コ	音楽	サ	表情	シ	心を動かす
ス	工夫して	セ	感性	ソ	想像した
タ	感動した	チ	リズム楽器	ツ	珍しい
テ	演じて	ト	手触り	ナ	イメージ
ニ	創造して	ヌ	感触	ネ	素材
ノ	芸術	ハ	体験した		

【3】 次の文は，学校教育法　第23条に掲げられている幼稚園教育における目標である。①〜⑩に当てはまる語句を答えなさい。

一　健康，（　①　）で幸福な生活のために必要な基本的な習慣を養い，身体諸機能の（　②　）発達を図ること。

二　集団生活を通じて，喜んでこれに参加する態度を養うとともに家族や身近な人への（　③　）を深め，自主，自律及び協同の精神並びに（　④　）の芽生えを養うこと。

三　身近な社会生活，生命及び（　⑤　）に対する興味を養い，それらに対する正しい理解と態度及び（　⑥　）の芽生えを養うこと。

四　日常の会話や，絵本，童話等に親しむことを通じて，（　⑦　）の使い方を正しく導くとともに，相手の話を理解しようとする態度を養うこと。

五　音楽，（　⑧　）による表現，造形等に親しむことを通じて，豊かな（　⑨　）と（　⑩　）の芽生えを養うこと。

【4】 幼稚園教員の資質向上について－自ら学ぶ幼稚園教員のために－（平成14年6月24日　幼稚園教員の資質向上に関する調査研究協力者会議報告書）に記載された幼稚園教員に求められる専門性の項目である。①〜⑩に当てはまる語句をあとのア〜トから選び記号で答えなさい。

(1)　幼稚園教員としての（　①　）

(2)　（　②　）・総合的に指導する力

(3)　具体的に（　③　）を構想する力，実践力

(4)　（　④　）の育成，（　⑤　）の一員としての協働性

(5)　特別な（　⑥　）を要する幼児に対応する力

(6)　（　⑦　）や保育所との連携を推進する力

(7)　保護者及び（　⑧　）との関係を構築する力

(8) 園長など管理職が発揮する（　⑨　）

(9) （　⑩　）に対する理解

ア	専門知識	イ	遊び	ウ	幼児理解
エ	幼児	オ	資質	カ	保育
キ	教員集団	ク	支援	ケ	人権
コ	他機関	サ	危機管理	シ	教育的配慮
ス	判断力	セ	小学校	ソ	若手教員
タ	地域社会	チ	得意分野	ツ	リーダーシップ
テ	教育	ト	発達		

【5】 次の文は，3歳児の9月頃，ある幼稚園で見られた事例である。初めての集団生活の中で様々な環境と出会うこの時期に必要な「教師の役割」という視点で，この事例を読んで，下の問いに答えなさい。

事例「Aちゃんもピンク好きなんだ！」（3歳児　9月頃）

　A児はピンクが大好きで，ピンクのベビーカーを押しながら保育室にあるピンクの布，ピンクのクレヨン，ピンクの紙，ピンクのお皿などをベビーカーの中に入れてしまう。

　あるとき，B児が「Aちゃんはピンクばっかり集めちゃってずるい」と教師に訴えに来る。教師はA児の様子を見ながらB児に「Aちゃんはね，ピンクがだ～いすきなんだって」とにこにこしながら伝える。B児は複雑な表情をしてA児を見つめているが，その表情が次第に緩んでくる。そして，B児はA児が押して歩いているベビーカーの横を並走する。二人の表情はとてもうれしそうである。

(1) 教師の援助によるB児の変容を簡潔に答えなさい。

(2) B児の心に変化をもたらした教師の援助を簡潔に答えなさい。

(3) この事例から，教師は日ごろからどのように子どもを受け止め，援助することが大切だと考えるか。簡潔に答えなさい。

　（参考文献：平成22年3月発行　文部科学省委託事業「幼児教育の改善・充実調査研究　協同して遊ぶことに関する指導の在り方」）

解答・解説

【1】(1) ① 人格形成　② 学校教育法　③ 環境　④ 信頼関係
⑤ 教育環境　(2) ・幼児期にふさわしい生活の展開　・遊びを通しての総合的な指導　・一人一人の発達の特性に応じた指導

〈解説〉(1)　本問のような空欄補充形式では，改訂箇所が出題されることが多いので，特に注意しておきたい。幼稚園教育の基本の改訂について，幼稚園教育要領解説では教育基本法第11条の改正を踏まえ変更されたとあり，条文の内容が，幼稚園教育の基本の冒頭部分に取り入れられた構成となっている。教育基本法第11条は必ず確認しておくこと。　(2)　幼稚園教育の基本にある1〜3の文章では「…を考慮して」といった表現が使われている。前段はいわゆる配慮事項であるため，解答は後段にあるキーワードを使えばよい。幼稚園教育要領解説では，幼児期の心性や生活は特有であること，幼児期教育は後伸びする力を養うことを念頭において，将来の見通しをもって，生涯にわたる人格形成の基礎を培うものと位置づけており，そのため解答にある3点を重視するとしている。3点の詳細についても，幼稚園教育要領解説で確認しておきたい。

【2】① ク　② ト　③ シ　④ ナ　⑤ タ　⑥ ウ
⑦ ネ　⑧ ス　⑨ コ　⑩ チ　⑪ ア　⑫ イ　⑬ テ

〈解説〉幼稚園教育における「表現」について，幼稚園教育要領解説では「日常生活の中で出会う様々な事物や事象，文化から感じ取るものやそのときの気持ちを友達や教師と共有し，表現し合うことを通して，豊かな感性を養うようにする」とあり，「自分の気持ちを一番適切に表現する方法を選ぶことができるように，様々な表現の素材や方法を経験させることも大切」と説明している。

【3】① 安全　② 調和的　③ 信頼感　④ 規範意識
⑤ 自然　⑥ 思考力　⑦ 言葉　⑧ 身体　⑨ 感性
⑩ 表現力

〈解説〉学校教育法第22〜24条は，幼稚園の教育目的・教育目標などについて規定されており，まとめて覚えておくとよい。第23条における目標は，幼稚園教育要領のねらい及び内容にも反映されているので，全文暗記が理想である。

【4】 ① オ ② ウ ③ カ ④ チ ⑤ キ ⑥ シ
⑦ セ ⑧ タ ⑨ ツ ⑩ ケ

〈解説〉「幼稚園教員の資質向上について－自ら学ぶ幼稚園教員のために－」(平成14年6月)は，これまで「幼稚園教員の資質向上」という，焦点を絞った議論がされていなかった反省から，幼児教育振興プログラムで幼稚園教員の資質向上に関する調査研究を実施し，幼稚園教員が自ら資質向上に取り組んでいくための課題，今後の展望と方策をまとめたものである。報告では「幼稚園を取り巻く環境の変化と幼稚園教員に求められる専門性」「幼稚園教員の養成・採用・現職の各段階における課題と展望」「幼稚園教員の資質向上に向けた方策」について，具体的内容が述べられている。

【5】 (1) 援助前…「Aちゃんはずるい」と言葉で教師に訴える　援助後…A児を見つめる表情が次第に緩んでくる。　(2) 教師が「Aちゃんはピンクがだ～いすきなんだって」とにこにこしてB児に伝えたから。

(3) 幼児を肯定的に受け止め，幼児の思いや行為に心を傾け，友達にも伝わるような仲介が必要である。

〈解説〉問題の参考文献では，協同して遊ぶようになる過程について「初めての集団生活の中で様々な環境と出会う時期 (第Ⅰ期)」「遊びが充実し自己を発揮する時期 (第Ⅱ期)」「人間関係が深まり学びあいが可能となる時期 (第Ⅲ期)」に分けて考えており，本問では第Ⅰ期の「友達の存在を，好意を持って受け入れようとする」に関する，教師の援助について問うている。解答については，(1) 援助前はB児が言葉で教師に訴えたが，援助後はA児を見つめる表情が次第に緩んでくること，(2) 教師はA児の様子をにこにこして見ながら，B児に伝えていること，(3) 肯定的な受容，幼児の思いに傾聴する姿勢，相互の幼児に伝わる仲介，などに注意しながら文章をまとめればよい。このような具体的指導に関する問題は増加傾向にあるため，報告書の具体例などを参照しながら，自分の考えなどをまとめておくとよいだろう。

平成 24 年度

【1】 次の文は幼稚園教育要領(平成20年3月)の「第2章　ねらい及び内容」で示されている「人間関係」の内容の取扱いの抜粋である。①〜⑧に当てはまる語句を答えなさい。

(1)　幼児が互いに(　①　)を深め,(　②　)遊ぶようになるため,自ら行動する力を育てるようにするとともに,他の幼児と(　③　)しながら活動を展開する楽しさや共通の(　④　)が実現する喜びを味わうことができるようにすること。

(2)　集団の生活を通して,幼児が人とのかかわりを深め,(　⑤　)の芽生えが培われることを考慮し,幼児が教師との(　⑥　)に支えられて自己を発揮する中で,互いに思いを主張し,(　⑦　)を付ける体験をし,(　⑧　)の必要性などに気付き,自分の気持ちを調整する力が育つようにすること。

【2】 次の文は幼稚園教育要領(平成20年3月)の「第2章　ねらい及び内容」で示されている「言葉」の内容である。①〜⑩に当てはまる語句を下のア〜ノから選び記号で答えなさい。

(1)　(　①　)や友達の言葉や話に興味や関心をもち,親しみをもって聞いたり,話したりする。

(2)　したり,見たり,聞いたり,感じたり,考えたりなどしたことを(　②　)言葉で表現する。

(3)　したいこと,してほしいことを(　③　)で表現したり,分からないことを尋ねたりする。

(4)　人の話を(　④　)聞き,相手に分かるように話す。

(5)　生活の中で(　⑤　)言葉が分かり,使う。

(6)　親しみをもって日常の(　⑥　)をする。

(7)　生活の中で言葉の楽しさや(　⑦　)に気付く。

(8)　いろいろな体験を通じて(　⑧　)や言葉を豊かにする。

(9)　(　⑨　)や物語などに親しみ,興味をもって聞き,想像をする楽しさを味わう。

(10)　日常生活の中で,(　⑩　)などで伝える楽しさを味わう。

| ア　保護者 | イ　会話 | ウ　美しさ | エ　的確に |
| オ　大切な | カ　考える | キ　先生 | ク　相手 |

ケ	文字	コ	簡単に	サ	あいさつ	シ	興味深く
ス	自分なりに	セ	感性	ソ	言葉	タ	紙芝居
チ	注意して	ツ	図式	テ	面白さ	ト	生活
ナ	イメージ	ニ	絵	ヌ	絵本	ネ	必要な
ノ	わかる						

【3】 幼稚園教育指導資料集第3集「幼児理解と評価」(平成22年7月改訂文部科学省発行)の「第1章　幼児理解と評価の基本」 1「幼児理解と評価の考え方」 (3)「幼児を理解し，保育を評価するとは」に記述されている内容について次の問いに答えなさい。

(1) 「保育における評価とは」の項では，幼稚園の保育は一般に4つのプロセスで進められると述べられているが，①〜④に当てはまる文言を答えなさい。

1　幼児の姿から（　①　）。

2　ねらいと内容に基づいて（　②　）。

3　幼児が環境にかかわって（　③　）。

4　活動を通して幼児が発達に必要な経験を得ていくような（　④　）。

(2) このようなプロセスで進められる保育の反省・評価は，どのような観点で行われると考えられるか。3点を簡潔に答えなさい。

【4】 次の文は，4歳児の6月頃，ある幼稚園で見られた教師の事例である。「幼児理解」という視点で，この事例を読んで，あとの問いに答えなさい。

事例　走ってはだめ(4歳児　6月頃)

　6月初旬のある朝，4歳のK児が靴を脱ぐのももどかしそうに，遊戯室めがけて廊下を走りこんできた。O教師は思わず「危ない！走ってはだめ！」と強い口調で叱りつけた。

　同じ場面を見た担任のM教師の反応は違っていた。「Kちゃん，張り切ってるね」と声をかけながら抱き止めた。そして「お部屋から，飛び出してくる子がいると，ぶつかるよ，走らずにいこうね」と言ってきかせている。K児はしっかりとうなずいて，ニコニコしながら遊戯室に入っていった。

(1)　この事例から読み取ることができるO教師とM教師によるK児の行動の受け止め方の違いを簡潔に答えなさい。

(2)　K児がしっかりとうなずいたのは，なぜだと考えられるか。簡潔に答えなさい。

(3)　幼児の生活の中には，状況に応じて指導しなければならないことがある。教師は日ごろからどのように子どもを受け止め，援助することが大切だと考えるか。2点簡潔に答えなさい。

解答・解説

【1】① 　かかわり　　② 　協同して　　③ 　試行錯誤　　④ 　目的
⑤ 　規範意識　　⑥ 　信頼関係　　⑦ 　折り合い　　⑧ 　きまり

〈解説〉6項目のうちのその他は，(1)多様な感情の体験，試行錯誤しつつ充実感を味わう　(2)集団形成と人とかかわる力の育成　(4)道徳性の芽生え　(6)人とかかわること，などの留意事項があげられている。

【2】① 　キ　　② 　ス　　③ 　ソ　　④ 　チ　　⑤ 　ネ　　⑥ 　サ
⑦ 　ウ　　⑧ 　ナ　　⑨ 　ヌ　　⑩ 　ケ

〈解説〉言葉の領域は「経験したことや考えたことなどを自分なりの言葉で表現し，相手の話す言葉を聞こうとする意欲や態度を育て，言葉に対する感覚や言葉で表現する力を養う。」ために，(1)自分の気持ちを言葉で表現する楽しさを味わう。　(2)人の言葉や話などをよく聞き，自分の経験したことや考えたことを話し，伝え合う喜びを味わう。　(3)日常生活に必要な言葉が分かるようになるとともに，絵本や物語などに親しみ，先生や友達と心を通わせる，というねらいがある。上記の10項目は，その内容である。「健康」「人間関係」「環境」「言葉」「表現」の5領域全てについて，全文を覚えると共に，文中で使われている重要語句についての理解も深めておくこと。

【3】(1)　① 　ねらいと内容を設定する　　② 　環境を構成する
③ 　活動を展開する　　④ 　適切な援助を行う　　(2)・あらかじめ教師が設定した指導の具体的なねらいや内容は妥当なものだったか。　・環境の構成はふさわしいものであったか。　・教師のかかわり方は適切であったか。

〈解説〉「幼稚園教育指導資料第3集」は，「幼稚園幼児指導要録」（平成21年1月，文部科学省）の改善を踏まえたものである。適切な教育は適切な評価によってはじめて実現できるもので，教員が個々の幼児を理解し，適切な評

価に基づいて保育を改善していくための基本的な考え方や方法などについて，実践事例を取り上げながら解説したものである。

【4】(1)　O教師：走ってはいけない廊下を走っている幼児　　M教師：「今日は○○しよう」と張り切って登園してきた幼児　　(2)　K児を肯定的に受け止めたM教師の思いが伝わり，してはいけないことも納得できた。(3)・発達しつつあるものとして幼児の姿を受け止めること。　・幼児を肯定的に見て，温かいかかわり方をすること。

〈解説〉上記事例は，「幼稚園教育指導資料第3集　幼児理解と評価」（平成22年7月，文部科学省）に示されたものである。よりよい保育をつくり出すためには，まず幼児を肯定的に見ることが大切である。危ないこと，やってはいけないことなど，幼児の生活の中には状況に応じて指導しなければならないことがあるが，そのような指導が幼児の心に届き必要なこととして幼児が身に付けていくためにはまず，M教師のように教師が発達しつつあるものとして幼児の姿を受け止め，温かいかかわり方をすることが何よりも大切である。幼児を肯定的に見るためには「様々な幼児の姿を発達していく姿としてとらえる。」「その幼児の持ち味を見付けて大切にする。」「その幼児の視点に立つ。」ことが大切になる。これらのことはどれも，教師が一人一人の幼児に対する見方を変えようとする積み重ねの中で可能になることで，幼児期にふさわしい教育を行う際にまず必要なことは温かい関係を基盤に，一人一人の幼児に対する理解を深めることである。

第3章

京都市の
公立幼稚園教諭
論作文試験
実施問題

■■■■■■■■■■ **Q令和5年度** ■■■■■■■■■■

● テーマ1（2次試験，テーマ2とあわせて40分，600字程度）

> 幼稚園教育要領　第1章　第4　2には，「環境の構成」について述べられている。幼児が自ら環境に関わり，必要な体験を得られるようにするための「環境の構成」について，幼稚園教育の基本は環境を通して行うものであることを踏まえ，具体的な子どもの姿や教師の姿を示し，あなたの考えを述べなさい。

● **方針と分析**

◆ **方針**

　教育課程に基づいた指導計画を子どもの成長にとって効果的に実施するためには適切に環境を構成していくことが不可欠である。適切な環境について「計画性」「柔軟性」「主体性」「評価」等の観点から自分の考えを記述していく。

◆ **分析**

　問題文の前半【「環境の構成」について，幼稚園教育の基本は環境を通して行うものであること】については，幼稚園教育要領解説第4節「指導計画の幼児理解に基づいた評価」の「1　指導計画の考え方」に述べられているように，教育課程と指導計画そして環境の関係性から簡潔にまとめるようにする。

　問題文の後半については，(3)環境の構成「イ　環境は，具体的なねらいを達成するために適切なものとなるように構成し，幼児が自らその環境に関わることにより様々な活動を展開しつつ必要な体験を得られるようにすること。その際，幼児の生活する姿や発想を大切にし，常にその環境が適切なものとなるようにすること。指導計画を作成し，具体的なねらいや内容として取り上げられた事柄を幼児が実際の保育の中で経験することができるように，適切な環境をつくり出していくことが重要である。」と述べられている。「適切な環境」についてこれらの観点から具体的に自分の考えを記述していく。

● **作成のポイント**

　①はじめ（序論・200字程度），②なか（本論・300字程度），③おわり（結論・100字程度）の3部構成で記述すると分かりやすい。

①はじめ（序論）：幼稚園教育において，適切な環境を設定していくことの大切さを，教育課程や指導計画の関係性を踏まえて簡潔に記述する。

②なか（本論）：「例えば○○を行う場合に…」というように具体的な場面設定をして，適切な環境設定について，幼児の主体性，活動の多様性，柔軟性，必要性，連続性等の観点の中から数点を選び記述する。その際，自分の保育経験や学習の中から，教師や子どもの姿が具体的に記述できるものを選ぶとよい。また，評価を生かした指導計画の改善という点において書き加えることもよい。

③おわり（結論）：「これらのことを踏まえて，私が保育士になったら，子ども達の実態に基づいた計画を立てた上で，子ども達の様子をしっかり見取り，柔軟性をもってより効果的な環境設定に取り組んでいく。」など，力強く決意を述べて論文を締めくくる。

●テーマ2（2次試験，テーマ1とあわせて40分，字数制限なし）

> 　教諭Aは，自宅のパソコンで編集作業を行うため児童の氏名・住所・成績が入力されたデータを自身のUSBメモリーに保存し，職員室から持ち出した。その後，教諭Aは帰宅途中，スーパーマーケットの駐車場へ車を停めて買物をしていたところ，車上荒らしにあい，カバンから，USBメモリーを入れたケースが盗まれていた。
>
> 　教諭Aの行為が不適切である理由を明確にした上で，この件が及ぼす影響と，この事案を防ぐためにはどのようにすれば良かったか，あなたの考えを具体的に述べなさい。
>
> ※「京都市立学校幼稚園教職員の処分等に関する指針」では，『指導要録，児童等の学級指導，生徒指導，健康指導等の個人情報を記録した文書等を紛失した教職員は停職，減給又は戒告とする』としている。

●方針と分析

◆方針

　情報漏洩は，個人的にも社会的にも大きなマイナスの影響を与える。状況を冷静に分析し，絶対に情報漏洩をしてはいけないという立場で記述する。

◆分析

　現代社会において，個人情報の取扱いについては重要視されており，それは幼稚園においても同様である。まず，大原則として，個人情報を職場

外に持ち出さないということが大切である。しかし幼稚園の日常の職務の多忙さから，園内で処理できない仕事を持ち帰るという状況の中で，情報漏洩が起きている。そしてそれは犯罪誘発や幼稚園教育に対する不信感の増加につながっていくものであり，何としても防がなければならないものである。したがって大原則を崩さずに職務を行うということが大切である。そのためには事務処理の時間を確保することや効率的に行うことが必要である。

●作成のポイント

解答用紙を見ると200～250字程度の字数で記述する必要がある。

①はじめ（行為が不適切な理由）：（ⅰ）個人情報を個人所有のメディアに保存したこと，（ⅱ）それを園外に持ち出したこと，（ⅲ）それに加えてUSBを自分の身から離したことである。

②なか（この件が及ぼす影響）：（ⅰ）個人情報の悪用（犯罪など），（ⅱ）公務員としての信用失墜，当該教諭・当該幼稚園・市の教育行政対する保護者や市民の不信感の増加など。

③おわり（防止策）：（行為が不適切な理由）で述べたことをしないことである。（ⅰ），（ⅱ）については園内で処理をしなければならないが，そのためには事務処理について時間を確保することや効率的に行うことが大切である。効率的に行うためには，ICTの効果的な活用や事務処理能力の向上に努めることも必要になってくる。

令和4年度

●テーマ1(2次試験，テーマ2とあわせて40分，600字程度)

> 幼稚園教育要領　第1章　第4　3には，「教師の役割」について述べられている。幼児の主体的な活動を促すための「教師の役割」について，具体的な子どもの姿や教師の姿を示し，あなたの考えを述べなさい。

●方針と分析

◆方針

幼稚園教育要領が示す教師の役割を基に，具体的な幼児の姿や教師の姿を示しながら幼児の主体的な活動を促すための教師の役割について論じる。

◆分析

幼稚園教育要領では，「幼児の主体的な活動を促すためには，教師が多様な関わりをもつことが重要であることを踏まえ，…幼児の発達に必要な豊かな体験が得られるよう，活動の場面に応じて，適切な指導を行うようにすること」と示し，教師が果たす役割の重要性を述べている。この教師が果たすべき役割について幼稚園教育要領解説では，まず「幼児が行っている活動の理解者としての役割」が重要であるとし，「集団における幼児の活動がどのような意味をもっているのかを捉えるには，時間の流れと空間の広がりを理解することが大切である」としている。次に「幼児との共同作業者，幼児と共鳴する者としての役割」が重要であるとし，「幼児に合わせて同じように動いてみたり，同じ目線に立ってものを見つめたり，共に同じものに向かってみたりすること」の必要性を指摘している。さらに，「憧れを形成するモデルとしての役割や遊びの援助者としての役割」を挙げ，「教師がある活動を楽しみ，集中して取り組む姿は，幼児を引き付けるものとなる」と述べている。また，「幼児の遊びが深まっていかなかったり，課題を抱えたりしているときには，教師は適切な援助を行う必要がある」と，援助者の役割を述べている。ただし，「教師がすぐに援助することによって幼児が自ら工夫してやろうとしたり，友達と助け合ったりする機会がなくなることもある」という配慮事項に触れていることに留意したい。

その上で，解説では「このような役割を果たすためには，教師は幼児が精神的に安定するためのよりどころとなることが重要である。幼稚園は，幼児にとって保護者から離れ，集団生活を営む場である。幼稚園での生活が

安定し，落ち着いた心をもつことが，主体的な活動の基盤である」と述べていることに留意しなければならない。そのために，「教師が幼児と共に生活する中で，幼児の行動や心の動きを温かく受け止め，理解しようとすること」「その時々の幼児の心情，喜びや楽しさ，悲しみ，怒りなどに共感し，こたえること」などを通して，幼児から信頼され，心を開くようにすることが重要である。

こうした記述内容を踏まえ教師としてどういう点を考慮して指導していくか，指導の姿とともに幼児の具体的な態度や行動を示しながら論述する。

●作成のポイント

序論，本論，結論の3段構成で論じる。

序論では，幼稚園教育において教師が果たす役割の重要性について論じる。その際，教師は，主体的な活動を通して幼児一人一人の着実な発達を促すために，幼児の活動の場面に応じて様々な役割を果たさなければならないことを指摘し，その具体的な役割を示す。

本論では，教師が果たす「活動の理解者としての役割」「共同作業者，幼児と共鳴する者としての役割」「幼児のモデルとしての役割や遊びの援助者としての役割」「援助者の役割」などを意識し，教師として具体的に指導する姿を示す。その際，具体的な活動や遊びなどを示すとともに，指導の前提となる幼児の姿や役割を果たした後に幼児の変容した姿などを明らかにする必要がある。

結論では，教師として，幼児の実態に即した適切な役割を果たすことによって幼児の知的な活動を促し，生涯にわたる人格形成の基礎を培っていくことを述べて論文をまとめる。

●テーマ2（2次試験，テーマ1とあわせて40分，字数制限なし）

A教諭は，同僚のB教諭が昨晩，管理職から長時間，厳しく叱責されたという話を聞いて，これは不当なハラスメントではないかと疑いを持ち，周囲からも意見をもらおうと考え，SNS（ソーシャル・ネットワーキング・サービスの略）にその内容を掲載した。SNSには，B教諭や管理職の名前は伏せて記載していたものの，これまでのA教諭の記載内容から，京都市立学校の教員であることは読み取ることができ，インターネット上で誰にでも閲覧できる状態となっていた。

　A教論の行為が不適切である理由を明確にしたうえで，その行為が及ぼす影響と防止策についてあなたの考えを具体的に述べなさい。

※地方公務員法第34条(秘密を守る義務)

1　職員は，職務上知り得た秘密を漏らしてはならない。その職を退いた後も，また，同様とする。

※「京都市立学校幼稚園教職員の処分等に関する指針」では，『職務上知り得た秘密を漏らし，公務の運営に重大な支障を生じさせた教職員は，免職，停職，減給又は戒告とする。』としている。

●方針と分析

◆方針

　公務員，学校教職員の職務上知り得た秘密を守る義務の視点から問題で示されたSNSの事例を分析し，それが不適切である理由とそうした行為が及ぼす影響，防止策について示す。

◆分析

　守秘義務は，教員を含む公務員など一定の職業や職務に従事する者，従事していた者などに課せられる，職務上知った秘密を守るべきことや，個人情報を開示しないといった義務のことである。当然，自分の家族や友人であっても漏らすことは禁止されている。

　情報機器の発達により，SNSなどが大きな広がりを見せている。このSNSに仕事の愚痴などを書いたり，仕事で知り得た情報を書き込んだりする人が存在する。特に，親しい人とつながるFacebookでは気軽さがあり，匿名で利用するTwitterでは心が緩んでしまい，つい不必要なことまで書き込んでしまうことが多いと指摘されている。同僚や上司の陰口，クライアントの悪口を書き込んでいる例も少なくない。しかしSNSは「公の場」であり，一度書き込んだことは証拠として残り，拡散する可能性がある。勤務先の評判や信用を落とす発言，守秘義務違反や社内規定違反などがあれば，懲戒処分の対象となったり，懲戒免職になったりすることもありえる。他者に損害を与えれば，賠償請求される可能性まであることを認識する必要がある。

　こうした視点で示された事例を見ると，具体的な職場や氏名は伏せてあるものの京都市立の学校であることが明らかになってしまっている。これは，府民の幼稚園行政に対する不信感を与えることになり，信頼関係に基

づいて行われる教育活動を大きく阻害することにつながる。A教諭は教員になるに当たって服務の宣誓をしており，A教諭の行為は守秘義務に反し，服務事故に当たることは明白である。こうした服務事故をなくすために，SNSガイドラインの作成と服務研修を実施するといった対策をとることが考えられる。そのために，研修でガイドラインの再確認をするとともに，SNSの仕組みを理解させること，具体的事例に沿って研修をすること，本人が被る不利益を確認することなどが必要である。

●作成のポイント

　具体的な字数制限はないが，解答用紙を見ると7行という制限があるので，箇条書きの要領で簡潔に述べるとよい。

　まず，教員を含む公務員は，職務上知った秘密を守るべきことや，個人情報を開示しないといった守秘義務があることを述べる。そのうえで，事例のA教諭の行為がこの守秘義務違反になることを整理して述べる。さらに，A教諭の行為は京都市民の幼稚園行政に対する不信感を与え，信頼関係に基づいて行われるべき教育活動の推進を大きく阻害することにつながり，信用失墜行為にもつながることを指摘する。

　次に，こうした服務事故をなくすための防止策について，SNSガイドラインの作成と服務研修が必要であることを整理して述べる。服務研修に関しては，可能な限りその具体的な内容や方法についても触れるようにしたい。

令和3年度

●テーマ1（2次試験，テーマ2とあわせて40分，600字程度）

　幼稚園教育要領　第1章　第2　3には，「幼児期の終わりまでに育ってほしい姿」について述べられている。「幼児期の終わりまでに育ってほしい姿」は，どのようなことに留意し，教師が指導を行う際に考慮するものか，具体的な子どもの姿を示し，あなたの考えを述べなさい。

●方針と分析

◆方針

　幼稚園教育要領にある「幼児期の終わりまでに育ってほしい姿」の留意点，指導に当たってのポイント，具体的事例について，自分の考えを展開する。

◆分析

　幼稚園教育要領に示されている「幼児期の終わりまでに育ってほしい姿」とは，各園において乳幼児期にふさわしい生活や遊びを積み重ねることにより，乳幼児教育・保育において育みたい資質・能力が育まれている子どもの具体的な姿であり，特に5歳児後半に見られるようになる姿であると定義されている。

　具体的に文部科学省が参考例として示している「幼児期の終わりまでに育ってほしい姿」には，次のような事例がある。

(1) 健康な心と体：体を動かす様々な活動に目標をもって挑戦したり，困難なことにつまずいても気持ちを切り替えて乗り越えようと主体的に取り組む。衣服の着脱，食事，排泄などの生活に必要な活動の必要性に気付く。

(2) 自立心：自分のことは自分で行い，自分でできないことは教職員や友達の助けを借りて，いろいろな活動や遊びにおいて自分の力で最後までやり遂げ，満足感や達成感をもつ。(3) 協同性：いろいろな友達と積極的に関わる中で，互いの思いや考えなどを共有し，共通の目的の実現に向けて，考えたり，工夫したり，協力して物事を行う。(4) 道徳性・規範意識の芽生え：してよいことと悪いこととの区別などを考えて行動する。また相手の立場から自分の行動を振り返り，相手の気持ちを大切に考えながら行動する。きまりごとを守ることの必要性を認識する。(5) 社会生活との関わり：親や祖父母など家族を大切にしようとする気持ちをもつ。人々との触れ合いの中で，自分が役に立つ喜びを感じる。(6) 思考力の芽生え：身近な物や

用具などの特性や仕組みを生かし，工夫して使う。(7) 自然との関わり・生命尊重：自然に出会い，感動する体験を通じて，自然の大きさや不思議さを感じる。身近な動物の世話や植物の栽培を通じて，生きているものへの愛着を感じ，生命の営みの不思議さ，生命の尊さに気付き，いたわったり大切にしたりする。(8) 数量や図形，標識や文字などへの関心・感覚：生活や遊びを通じて，数量，長短，広さや速さ，図形の特徴などに関心をもち，数えたり，比べたり，組み合わせたりする。(9) 言葉による伝え合い：イメージや考えを言葉で表現しながら読み書きしたり，絵本や物語などに親しみ，興味をもって聞き，その言葉のもつ意味の面白さを楽しんだりする。(10) 豊かな感性と表現：生活の中で美しいものや心を動かす出来事に触れ，音や動きなどで表現したり，演じて遊んだりする。

　こうした事例に相当する範囲の内容のなかから，自身が教師として指導を行う際にどういう点を考慮すべきかを，子どもの具体的な態度や行動を引用しながら論述する。

●作成のポイント

　「幼児期の終わりまでに育ってほしい姿」の留意点とは，これらの姿が全ての子どもに同じように見られるものではなく，一律に決められるマニュアル的内容ではないこと，むしろ幼児の発達や学びの個人差に留意しつつ，とりわけ子どもの自発的な活動としての遊びを通して，一人一人の発達の特性に応じてこれらの姿が育っていくことである。

　これらの幼児に対する指導に当たってのポイントとは，けっして園児に対してこれらの姿の実現を課題として一方的に押し付けたり，強制しないことである。むしろ日頃の生活の中で，自分の能力や興味関心の高さに応じて，園児が自主的にそれらの達成事項に自ら取り組むような姿勢・態度を身に付けさせることが狙いであるといえるだろう。そのためには指導側が児童のチャレンジ的行動の失敗や頓挫を咎めたり叱咤してはならない。むしろ出来た内容を評価し，さらに高い目標に取り組ませるようにアドバイスし，モチベーションを高めることが指導者の立場として考慮すべき姿勢であるといえる。

　こうしたポイントに触れながら，具体的な遊びや活動を通じた実践事例を引用して論述するとよい。

●テーマ2(2次試験，テーマ1とあわせて40分，字数制限なし)

　ある教諭は一旦帰宅し，自宅から路線バスを使い外食に行く予定にしていたが，校務終了が遅くなり，職場からそのまま自転車で向かうことにした。距離はあるものの歩いて帰れる距離と判断し，食事と共に少し飲酒もした。食事が終わり，自転車を押して歩いて帰宅していたが，自宅近くまで帰ってきたときに急に雨が降り出し，急ぎ帰るために自転車に乗ることにした。夜道と雨のために視界が悪く，歩いている人と接触してけがをさせてしまった。

　この行為の何が非違行為に当たるか明確にした上で，この不祥事が及ぼす影響と，この事案を防ぐためにはどうすれば良かったか，あなたの考えを具体的に述べなさい。

※「京都市立学校幼稚園教職員の処分等に関する指針」では，『飲酒運転又は無免許運転をした教職員，飲酒を知りながら同乗した教職員や，運転者に飲酒を勧めた教職員は免職又は停職とする。』としている。

●方針と分析

◆方針

　公務員，学校教職員の飲酒運転に対する非違行為の適用，社会への影響と予防策について，具体例を挙げて自身の考えを述べる。

◆分析

　教員の不祥事，とりわけ酒気帯び運転(飲酒運転)に関するニュースが全国的に後を絶たない現状がある中で，不祥事の社会的影響と防止対策について自身の考えを具体的に展開することが本問の意図である。本問のような自転車乗車による「アルコールの影響により正常な運転ができない恐れがある状態」で運転する「酒酔い運転」をした場合は，道路交通法により「5年以下の懲役または100万円以下の罰金に処する」と規定されており，実際に自転車の酒酔い運転による検挙件数は年間100件以上発生している。さらに原則，自転車で飲酒運転をして事故を起こした場合の過失加算割合は酒酔い運転で20%，酒気帯び運転で10%となっている。さらに自転車同士の正面衝突事故であれば過失割合は「50%：50%」であるが，自転車と歩行者の事故で自転車の運転者が飲酒運転をしていたとなると，自転車側の過失割合はかなり大きくなる。

これに加え，設問にある「京都市立学校幼稚園教職員の処分等に関する指針」により，飲酒運転による事故を起こした教職員に対しては，自転車であっても懲戒処分の対象となるだけでなく，地域住民に対する学校教職員の信頼失墜という社会的影響をもたらす点を指摘したい。本問については，こうした前提を踏まえた記述が必要である。

●作成のポイント

設問の論点は3点と明確なので，①この行為の何が非違行為に当たるかを明確に記述する，②この不祥事が及ぼす影響について記述する，③この事案を防ぐためにはどうすれば良かったかを記述するという順で3部構成にする。

③の教員不祥事（飲酒運転）の防止策または予防策については，(1)事件に至った背景となるストレスの原因を除去する，(2)学校園組織のコンプライアンスの強化，(3)職場の管理監督体制の改善，といった観点を示すことができる。(1)については職場におけるメンタルヘルスの問題として，カウンセラーによるカウンセリングやストレスチェックの定期的実施といった予防策が存在する。(2)，(3)については教職員の非違行為についての説明の徹底から，教員の社会的・道義的責任を含めた研修や上司による指導体制の整備があてはまる。さらには今回の事案の間接的要因としての「校務終了の遅延」自体を問題とし，円滑で効率の良い校務の役割分掌やシフト体制の見直しといった業務改善について触れる視点で論述を進めるのも一手である。

令和2年度

●テーマ1(2次試験，テーマ2とあわせて40分，600字程度)

「幼稚園教育要領　第1章　第4節　4幼児理解に基づいた評価の実施(1)」には，評価の実施にあたっての配慮事項が述べられている。幼稚園で評価を実施するにあたっては，どのようなことに留意するのか，具体的な方法を挙げながら，あなたの考えを述べなさい。

●方針と分析

◆方針

幼稚園での評価を実施するに当たって配慮すべき留意点について，具体的な方法を例に挙げながら，自身の考えを説明する。

◆分析

設問にある幼稚園教育要領(第1章　第4節　4)にある「幼児理解に基づいた評価の実施」によれば，幼児一人一人の発達の理解に基づいた評価の実施に当たっては，以下の2点が記されている。(1)指導の過程を振り返りながら幼児の理解を進め，幼児一人一人のよさや可能性などを把握し，指導の改善に生かすようにすること。(2)評価の妥当性や信頼性が高められるよう創意工夫を行い，組織的かつ計画的な取組を推進するとともに，次年度又は小学校等にその内容が適切に引き継がれるようにすること。

ここでいう教師による幼児理解とは，「幼児と生活を共にしながら，その幼児が今，何に興味をもっているのか，何を実現しようとしているのか，何を感じているのかなどを捉え続ける」ことであり，「幼児一人一人がどのような体験を積み重ねているのか，その体験がそれぞれの幼児にとって充実しているか，発達を促すことにつながっているかを把握すること」とされている。

さらに幼児理解に基づく評価の実施にあたっては，①指導の過程を振り返りながら，幼児がどのような姿を見せていたか，どのように変容しているか，そのような姿が生み出されてきた状況はどのようなものであったかといった点から幼児の理解を進め，幼児一人一人のよさや可能性，特徴的な姿や伸びつつあるものなどを把握するとともに，②教師の指導が適切であったかどうかを把握し，指導の改善に生かすようにすることが重要であること，③他の幼児との比較や一定の基準に対する達成度についての評定

によって捉えるものではないことに留意する，④幼児一人一人のよさや可能性などを把握していく際には，教師自身の教育観や幼児の捉え方，教職経験等が影響することを考慮する必要がある，と述べられている。さらに⑤その評価の妥当性や信頼性が高められるよう，日々の記録やエピソード，写真など幼児の評価の参考となる情報を生かしながら評価を行ったり，⑥複数の教職員同士の間で，それぞれの判断の根拠となっている考え方を突き合わせながら同じ幼児のよさを捉えたりして，より多面的に幼児を捉える工夫をするとともに，⑦評価に関する園内研修を通じて，幼稚園全体で組織的かつ計画的に取り組むことが大切である，という旨が述べられている。

以上の幼稚園教育要領が示す留意点を踏まえたうえで，自身の方法論を具体的に提示することが必要である。

●作成のポイント

序論・本論・結論の三段構成で述べる。

序論では，幼児理解およびそれに基づいた評価の実施が意味することについて，幼稚園教育要領の内容を簡潔にまとめる。

本論では，序論でまとめた内容を踏まえ，自身が留意点として考えるところを，具体例を示しながら説明する。たとえば，文部科学省が平成31年に刊行した「幼児理解に基づいた評価」においては，家庭から幼児に関する必要な情報を得る，他の教師の記録や保育記録・資料などを活用する，映像で幼児の保育状況を記録しチェックする，といった方法論が示されている。

結論では，自身が本論で示した具体的方法の事例が，どういう点で幼稚園教育要領の趣旨に合致しているかをまとめて締めくくるとよい。

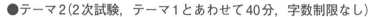

●テーマ2（2次試験，テーマ1とあわせて40分，字数制限なし）

> 教員の不祥事には，教員と児童生徒がSNSで直接やり取りを行ったことに起因するものがあります。こうしたことを踏まえ，このようなSNSのやり取りが及ぼす影響について，あなたの考えを具体的に述べなさい。

●方針と分析

◆方針

　昨今話題になっている教員の不祥事に関して，とくに教員と児童生徒とのSNSでのやり取りが原因とされるケースを踏まえ，想定される各方面への影響について，自身の見解を具体的に述べる。

◆分析

　SNSでの教員と児童生徒が直接的なやりとりが原因で最近顕著に起きている教員の不祥事の事例としては，児童生徒の体に触れたり写真撮影を強要するなどといったセクシャル・ハラスメント行為を繰り返し，わいせつ行為に発展し懲戒処分になったケースや，教員が児童生徒との直接的やりとりで入手した個人情報や写真，データをSNS上に公開することで，他の児童や保護者がそれを閲覧し，「いじめ」やパワー・ハラスメント行為につながる事例などが数多く報告されている。読売新聞の全国調査によれば，2019年度までの5年間に教え子へのわいせつ行為などで懲戒処分を受けた公立学校教員496人のうち，少なくとも241人が，被害生徒らとSNSなどで私的なやりとりをしていたことが判明した。事務連絡の手段として学校現場で広く使われているSNSが，児童生徒へのセクハラ，わいせつ行為に悪用されている実態が浮き彫りになった。こうした事例を受け，教育委員会からの指示通達にて，教員と児童生徒との直接的なやりとりを禁止する自治体も増えている。

　SNSでの直接的なやりとりは，単なる業務上の立場を超えて親密な私的関係に発展し公私混同を招く恐れがあること，または文字上の感情的なやりとりから暴力やトラブルに発展する恐れがあること，さらにSNSは個人情報のたまり場であり，画像や動画の投稿も含めて不特定多数の第三者に閲覧されるリスクが大きいこと，といった問題点が指摘できるだろう。

●作成のポイント

　論述は，序論・本論・結論の3段構成にする。序論では，教員と児童生徒とのSNSでの直接的なやり取りが及ぼす影響について，セクハラ・パワハラ・わいせつ行為や個人情報の漏洩につながる具体的事例を挙げる。本論では，それらの影響の背景として想定される，SNSによる連絡・交流自体にともなう本質的なリスクや問題点を指摘するとよい。実際に幼稚園では，最近とりわけビデオカメラやスマートフォンなどで園児の写っている動画や写真を撮影したものを無断でSNSに投稿し，保護者を巻き込んだトラブルに発展するケース等が多々報告されている。

　結論では，それを踏まえて自身としては教員と児童生徒との直接的なSNSのやりとりを禁止または制限すべきか，あるいは他のルールや運用を検討すべきか，自身の考えやアイデアを提示しても構わない。幼稚園によってはSNS禁止ルールを設けているところもあるので，こうしたトラブルの解決に向けての自身の立場を述べるのもよいだろう。

Q 令和元年度

●テーマ（2次試験，50分，1000字程度（上限1200字））

> 幼稚園教育要領　第1章　第4節　3指導計画の作成上の留意事項(5)には，行事の指導に当たっての留意事項が述べられている。幼稚園での行事の実施に当たっては，どのような配慮のもと，どのような内容が考えられるか，具体的な行事の取組を挙げながらあなたの考えを述べなさい。

●方針と分析

◆方針

幼稚園での行事の実施に当たって配慮すべきことについて，具体的な行事の取組を事例として示しながら説明する。ただし，具体的な内容，幼児の生活に配慮した手立てを記載すること。また，論文としての構成や表現，表記の適切さを踏まえて述べること。

◆分析

幼稚園教育要領の「行事の指導」について，受験者の理解を問うている。

本資料は，「行事の指導に当たっては，幼稚園生活の自然の流れの中で生活に変化や潤いを与え，幼児が主体的に楽しく活動できるようにすること。なお，それぞれの行事についてはその教育的価値を十分検討し，適切なものを精選し，幼児の負担にならないようにすること。」と記されている。

幼稚園における行事とは何か。幼児の自然な生活の流れに変化や潤いを与えるものである。幼児が行事に参加し，それを楽しみ，いつもの幼稚園生活とは異なる体験を可能にする機会である。幼児は，行事に至るまでに様々な体験をする。その体験が幼児の活動意欲を高めたり，幼児同士の交流を広げたり，深めたりするとともに，幼児が自分や友達が思わぬ力を発揮することに気付いたり，遊びや生活に新たな展開が生まれたりする。例えば，運動会では周囲との協調性を育み，リーダーシップ発揮の機会をつくることがある。四季の節句にでは，身近な自然や古くから存在する日本の伝統について，好奇心を持つことなどがある。

行事の指導に当たっては，幼児が主体的に楽しく活動できるようにすることが求められる。また，それぞれの行事についてはその教育的価値を十分検討し，適切なものを精選し，幼児の負担にならないようにすることも重要である。ただし，行事そのものを目的化して，過度に取り入れたり，

結果やできばえに過重な期待をしたりすることは，幼児の負担になるばかりでなく，幼稚園生活の楽しさが失われることにもなりかねない。幼児の発達の過程や生活の流れから見て適切なものを精選することが，幼稚園の現場では重要である。

●作成のポイント

序論・本論・結論の三段構成で述べる。

序論では，その行事が幼児にとってどのような意味を持つのかを考えること，遊びや生活が更に意欲的になるようにすること，幼児が行事に期待感をもち，主体的に取り組んで，喜びや感動，達成感を味わうことができるように配慮する必要があることなどを述べる。

本論では，具体例を示しながら説明する。節分，ひな祭り，端午の節句などは，京都のような地域では，伝統的に家庭や地域社会で行われる行事と重なることにも留意し，地域社会や家庭との連携の下で，幼児の生活を変化と潤いのあるものとすることに気をつけることなどを述べる。こうした指導により，幼児は身近な環境に好奇心をもって関わる中で，新たな発見をしたり，どうすればもっと面白くなるかを考えたりして，更に違う形や場面で活用しようとすること，遊びに用いて新たな使い方を見つけようとすることにつながることにも触れるとよい。

結論では，幼児が，暮らしや自然，様々な他者との身近な環境に自分から関わり，発見を楽しんだり，考えたりし，それを生活に取り入れようとしながら成長していくことを支援するような教育の場として，行事を位置づけるよう教師として尽力することを述べまとめる。

■ **平成 31 年度** ■

●テーマ（2次試験，50分，1000字程度（上限1200字））

> 幼稚園教育要領では，第3章に教育課程に係る教育時間の終了後等に行う教育活動などの留意事項について述べられている。幼稚園における教育課程に係る教育時間の終了後等に行う教育活動として，どのような内容が考えられるか，また，その実施に当たって留意すべき事について，具体的な取組を挙げながらあなたの考えを述べなさい。

●方針と分析

◆方針

まず，幼稚園教育要領第3章の，教育課程に係る教育時間の終了後等に行う教育活動などの留意事項を踏まえながら，その内容説明をする。次に，その実施にあたって具体的な取組を挙げながら，受験者の考えを説明する。

◆分析

本設問は，いわゆる「預かり保育」のことを問うたものである。「教育課程に係る教育時間外の教育活動」については，幼稚園教育要領解説（平成30年2月）第1章の第7節で「通常の教育時間の前後や長期休業期間中などに，地域の実態や保護者の要請に応じて，幼稚園が，当該幼稚園の園児のうち希望者を対象に行う教育活動」と定義されている。これは，昼寝，おやつ，おもちゃを使った遊び，絵本読み聞かせなど，家庭教育を代替する機能も持っており，現代の共働き世帯の増加や核家族化，地域コミュニティーの希薄化などを背景として，保護者のニーズに応える形で行っているものである。

幼稚園の標準的な教育時間である4時間と時間外の活動時間を合わせると，日中の大半を幼稚園で過ごしている幼児も存在する。そうした幼児は，利用しない幼児が同じ時間に体験しているだろう家庭や地域での体験をしていないことを念頭に，教育活動の内容を述べたい。また今回の改訂より，幼稚園教育要領第3章　1　(2)には，「地域の人々と連携するなど」という文言が付け足されている。地域の人的・物的資源を活用しつつ，多様な体験ができるような内容を提案できるとよいだろう。

上記内容を実施するに当たって留意すべきこととしては，同要領第3章1　(1)にあるように，「幼児期にふさわしい無理のないものとなるようにすること」及び「教育課程に基づく活動を担当する教師と緊密な連携を図るよ

うにすること」などが挙げられる。「預かり保育」を実施する当日の教育課程とのバランスや，幼児の健康状態などについて，担当教師とお互いに引き継ぎをすることなどが求められる。

●作成のポイント

　論文の形態であるので，序論・本論・結論の構成を意識したい。

　教育課程に係る教育時間の終了後等に行う教育活動の内容を提示する。家庭的な雰囲気の中での取組や，地域の人的・物的資源を生かす取組について挙げよう。具体的な内容については本論で述べるので，大枠の提示で構わない。字数は100字〜150字程度で端的に述べる。

　本論は，大きく2段に分けられる。

　前段では，序論で挙げた教育活動の内容を掘り下げる。序論で挙げた教育活動を実施することの理由や目的を述べ，その内容が適切であることに説得力を持たせよう。

　後段では，前段の教育活動の実施にあたって留意すべき事項を挙げ，それに対する具体的な取組を述べる。学習指導要領解説中の記述などを参考に留意すべき事項を課題として挙げ，その課題をクリアするためにどんなことに取り組めるか述べる。

　字数は前段後段合わせて800字から900字を目安にする。

　結論では，「預かり保育」は地域の実態や保護者の要請により行われる重要な活動であることに触れたい。そして，幼稚園が地域における幼児期の教育のセンターとしての役割を果たせるよう，自分が大切にしたいことを述べ，まとめとしよう。字数は100字〜150字程度を充てる。

平成30年度

●テーマ(2次試験，50分，1000字程度（上限1200字）)

> 幼稚園教育要領では，第3章　第1　2特に留意する事項で，安全に関する指導について述べられている。
>
> 幼稚園における安全に関する指導について，具体的な手立てを挙げながら，あなたの考えを述べなさい。

●方針と分析

◆方針

　まず，幼稚園教育要領第3章の記述を踏まえ，実施にあたっての具体的な取組を挙げながら，受験者の考えを説明する。

◆分析

　幼稚園教育要領中の記述より，幼稚園における安全に関する指導は，大きく「安全についての理解を深めるようにすること」と「緊急時に適切な行動が取れるように訓練すること」の2点に分けられると考えてよい。この2点を指導するにあたる具体的な手立てを，幼稚園教育要領解説（平成20年10月）第3章　第1　第3節　1　安全に関する指導の内容を踏まえて執筆する。

　幼稚園等においては，あらゆる場面を通じ，幼児が安全を確保できる環境を整備し，かつ，幼児が安全に行動できるようにするための指導が行われている。例えば，長年使用されてきた遊具の保守点検や更新，園舎内で走らない等の日常の安全指導を通じて，交通ルールを守ることに結び付け，安全な行動に対する意識を身に付ける訓練等が教育活動を通じて行われている。また，小学校への登校に備え，横断歩道の渡り方や信号機の意味などの交通ルールを理解し，安全に歩くことができるよう，警察等の関係機関の協力を得て，実際の道路や模擬信号機などを活用した指導が行われている例などを挙げてもよいだろう。具体的な手立てそのものについて述べるだけでなく，他の教職員や保護者・地域の人々との連携についても触れられるとなお望ましい。

●作成のポイント

　論文の形態であるので，序論・本論・結論の構成を意識したい。

　序論では，あらゆる場面を通じ，幼児が安全に行動できるようにするた

めの指導の重要性を指摘しよう。具体的な内容については本論で述べるので，大枠の提示で構わない。字数は100字〜150字程度で端的に述べる。

　本論では，幼児が安全に行動できるようにするための指導や安全を確保する手立てについて述べる。園舎内の遊具の保守点検と安全な使用法の指導，雨天時はテラスを走らないという指導，公共交通機関の使い方（電車・バスの昇降，待ち方，集団での歩き方など）などの具体例を挙げていこう。字数は800字から900字を目安にする。

　結論では，幼児自身が自分の身を守り，時には周りの人に助けを求めながら，安全に行動することができるような教育の重要性を述べるとよいだろう。その上で，自分がどのようなことを心がけ指導していきたいかを述べ，まとめとしよう。字数は100字〜150字程度を充てる。

第4章

専門試験
幼稚園教育要領

1 幼稚園教育要領(平成29年3月告示)についての記述として正しいものを, 次の①～⑤から1つ選びなさい。　　　　　　　(難易度■■□□□)

① 　幼稚園教育要領は, 平成29年3月に改訂され, このときはじめて文部科学省告示として公示され, 教育課程の基準としての性格が明確になった。

② 　幼稚園教育要領については, 学校教育法において「教育課程その他の保育内容の基準」として規定されている。

③ 　幼稚園教育要領は第1章「総則」, 第2章「ねらい及び内容」, 第3章「教育課程に係る教育時間の終了後等に行う教育活動などの留意事項」, の全3章からなる。

④ 　「指導計画の作成と幼児理解に基づいた評価」は, 第2章「ねらいおよび内容」に書かれている。

⑤ 　新幼稚園教育要領は, 旧幼稚園教育要領(平成20年3月告示)が重視した「生きる力」という理念を継承しているわけでない。

2 平成29年3月に告示された幼稚園教育要領の「前文」に示されている内容として誤っているものを, 次の①～⑤から1つ選びなさい。

　　　　　　　　　　　　　　　　　　　　　　(難易度■■■□□)

① 　これからの幼稚園には, 学校教育の始まりとして, こうした教育の目的及び目標の達成を目指しつつ, 一人一人の幼児が, 将来, 自分のよさや可能性を認識するとともに, あらゆる他者を価値のある存在として尊重し, 多様な人々と協働しながら様々な社会的変化を乗り越え, 豊かな人生を切り拓き, 持続可能な社会の創り手となることができるようにするための基礎を培うことが求められる。

② 　教育課程を通して, これからの時代に求められる教育を実現していくためには, よりよい学校教育を通してよりよい社会を創るという理念を学校と社会とが共有し, それぞれの幼稚園において, 幼児期にふさわしい生活をどのように展開し, どのような資質・能力を育むようにするのかを教育課程において明確にしながら, 社会との連携及び協働によりその実現を図っていくという, 社会に開かれた教育課程の実現が重要となる。

③ 幼稚園においては，学校教育法第24条に規定する目的を実現するための教育を行うほか，幼児期の教育に関する各般の問題につき，保護者及び地域住民その他の関係者からの相談に応じ，必要な情報の提供及び助言を行うなど，家庭及び地域における幼児期の教育の支援に努める。

④ 各幼稚園がその特色を生かして創意工夫を重ね，長年にわたり積み重ねられてきた教育実践や学術研究の蓄積を生かしながら，幼児や地域の現状や課題を捉え，家庭や地域社会と協力して，幼稚園教育要領を踏まえた教育活動の更なる充実を図っていくことも重要である。

⑤ 幼児の自発的な活動としての遊びを生み出すために必要な環境を整え，一人一人の資質・能力を育んでいくことは，教職員をはじめとする幼稚園関係者はもとより，家庭や地域の人々も含め，様々な立場から幼児や幼稚園に関わる全ての大人に期待される役割である。

3 次の文は幼稚園教育要領(平成29年3月告示)の第1章「総則」第1「幼稚園教育の基本」である。空欄(A)〜(E)に当てはまる語句を語群から選ぶとき，正しい組み合わせを，あとの①〜⑤から1つ選びなさい。　　　　　　　　　　　　　　　　　　(難易度■■■■□)

　幼児期の教育は，生涯にわたる(A)の基礎を培う重要なものであり，幼稚園教育は，(B)に規定する目的及び目標を達成するため，幼児期の特性を踏まえ，(C)を通して行うものであることを基本とする。

　このため教師は，幼児との信頼関係を十分に築き，幼児が身近な(C)に(D)に関わり，環境との関わり方や意味に気付き，これらを取り込もうとして，試行錯誤したり，考えたりするようになる幼児期の教育における見方・考え方を生かし，幼児と共によりよい教育(C)を(E)するように努めるものとする。これらを踏まえ，次に示す事項を重視して教育を行わなければならない。

〔語群〕

ア	労働意欲	イ	人間形成	ウ	人格形成
エ	日本国憲法	オ	学校教育法	カ	幼稚園教育要領
キ	状況	ク	環境	ケ	概念
コ	主体的	サ	積極的	シ	協同的
ス	形成	セ	構築	ソ	創造

① A-ア　　B-エ　　C-ク　　D-サ　　E-ス
② A-ア　　B-カ　　C-ケ　　D-コ　　E-セ
③ A-イ　　B-オ　　C-キ　　D-シ　　E-ス
④ A-ウ　　B-オ　　C-ク　　D-コ　　E-ソ
⑤ A-ウ　　B-エ　　C-ク　　D-サ　　E-ソ

4 次は幼稚園教育要領の第1章「総則」の第1「幼稚園教育の基本」にある重視すべき3つの事項についての記述である。A～Cに続く記述をア～ウから選ぶとき，正しい組み合わせを，あとの①～⑤から1つ選びなさい。

(難易度■■■■□)

A　幼児は安定した情緒の下で自己を十分発揮することにより発達に必要な体験を得ていくものであることを考慮して，

B　幼児の自発的な活動としての遊びは，心身の調和のとれた発達の基礎を培う重要な学習であることを考慮して，

C　幼児の発達は，心身の諸側面が相互に関連し合い，多様な経過をたどって成し遂げられていくものであること，また，幼児の生活経験がそれぞれ異なることなどを考慮して，

　　ア　幼児一人一人の特性に応じ，発達の課題に即した指導を行うようにすること。

　　イ　幼児の主体的な活動を促し，幼児期にふさわしい生活が展開されるようにすること。

　　ウ　遊びを通しての指導を中心として第2章に示すねらいが総合的に達成されるようにすること。

① A-ア　　B-イ　　C-ウ
② A-イ　　B-ウ　　C-ア
③ A-イ　　B-ア　　C-ウ
④ A-ウ　　B-ア　　C-イ
⑤ A-ウ　　B-イ　　C-ア

5 次は幼稚園教育要領(平成29年3月告示)の第1章「総則」の第3「教育課程の役割と編成等」にある事項である。空欄(A)～(E)に当てはまる語句を語群から選ぶとき，正しい組み合わせを，あとの①～⑤から1つ選びなさい。

(難易度■■□□□)

1 ……特に，(A)が芽生え，他者の存在を意識し，自己を(B)しようとする気持ちが生まれる幼児期の発達の特性を踏まえ，入園から修了に至るまでの長期的な視野をもって充実した生活が展開できるように配慮するものとする。

2 幼稚園の毎学年の教育課程に係る教育週数は，特別の事情のある場合を除き，(C)週を下ってはならない。

3 幼稚園の1日の教育課程に係る教育時間は，(D)時間を標準とする。ただし，幼児の心身の発達の程度や(E)などに適切に配慮するものとする。

〔語群〕

ア	自立	イ	依存	ウ	自我
エ	主張	オ	抑制	カ	調整
キ	38	ク	39	ケ	40
コ	4	サ	5	シ	6
ス	習慣	セ	家庭環境	ソ	季節

① A-ア　B-エ　C-ク　D-サ　E-ス
② A-ア　B-カ　C-ケ　D-コ　E-セ
③ A-イ　B-オ　C-キ　D-シ　E-ス
④ A-ウ　B-オ　C-ク　D-コ　E-ソ
⑤ A-ウ　B-エ　C-ク　D-サ　E-ソ

6 次の文は幼稚園教育要領(平成29年3月告示)の第1章「総則」の第2「幼稚園教育において育みたい資質・能力及び『幼児期の終わりまでに育ってほしい姿』」である。文中の下線部のうち誤っているものを，文中の①～⑤から1つ選びなさい。　(難易度■■□□□)

1 幼稚園においては，①生きる力の基礎を育むため，この章の第1に示す幼稚園教育の基本を踏まえ，次に掲げる資質・能力を一体的に育むよう努めるものとする。

(1) ②様々な経験を通じて，感じたり，気付いたり，分かったり，できるようになったりする「③知識及び技能の基礎」

(2) 気付いたことや，できるようになったことなどを使い，考えたり，試したり，工夫したり，表現したりする「④思考力，判断力，表現力等の基礎」

(3) ⑤<u>心情，意欲，態度</u>が育つ中で，よりよい生活を営もうとする「学び
に向かう力，人間性等」

7 幼稚園教育要領(平成 29 年 3 月告示)の第 1 章「総則」の第 2「幼稚園教
育において育みたい資質・能力及び『幼児期の終わりまでに育ってほし
い姿』」3 では，10 点の幼児期の終わりまでに育ってほしい姿があげら
れている。その内容として正しいものを，次の①〜⑤から 1 つ選びなさ
い。 (難易度■■■□□)

① (1) 豊かな心／ (2) 自立心

② (3) 協調性 ／ (4) 道徳性・規範意識の芽生え

③ (5) 社会生活との関わり ／ (6) 創造力の芽生え

④ (7) 自然との関わり・生命尊重

  (8) 数量や図形，標識や文字などへの関心・感覚

⑤ (9) 非言語による伝え合い ／ (10) 豊かな感性と表現

8 幼稚園教育要領(平成 29 年 3 月告示)の第 1 章「総則」の第 3「教育課程
の役割と編成等」の内容として正しいものを，次の①〜⑤から 1 つ選び
なさい。 (難易度■■□□□)

① 教育課程の編成に当たっては，幼稚園教育において育みたい資質・能力
を踏まえつつ，各幼稚園の教育目標を明確にするとともに，教育課程の
編成についての基本的な方針が家庭や地域とも共有しなければならない。

② 幼稚園生活の全体を通して第 2 章に示すねらいが総合的に達成される
よう，教育課程に係る教育期間や幼児の生活経験や発達の過程などを考
慮して具体的なねらいと内容を保護者に示さなければならない。

③ 自我が芽生え，他者の存在を意識し，自己を抑制しようとする気持ち
が生まれる幼児期の発達の特性を踏まえ，入園から修了に至るまでの長
期的な視野をもって充実した生活が展開できるように配慮する。

④ 幼稚園の毎学年の教育課程に係る教育週数は，特別の事情のある場合
を除き，35 週を下ってはならない。

⑤ 幼稚園の 1 日の教育課程に係る教育時間は，3 時間を標準とする。た
だし，幼児の心身の発達の程度や季節などに適切に配慮するものとする。

9 次の文は幼稚園教育要領(平成29年3月告示)の第1章「総則」の第5「特別な配慮を必要とする幼児への指導」の「1　障害のある幼児などへの指導」である。文中の下線部のうち誤っているものを，文中の①〜⑤から1つ選びなさい。　　　　　　　　　　(難易度■■■□□)

　障害のある幼児などへの指導に当たっては，集団の中で生活することを通して①全体的な発達を促していくことに配慮し，②医療機関などの助言又は援助を活用しつつ，個々の幼児の障害の状態などに応じた指導内容や指導方法の工夫を③組織的かつ計画的に行うものとする。また，家庭，地域及び医療や福祉，保健等の業務を行う関係機関との連携を図り，④長期的な視点で幼児への教育的支援を行うために，個別の教育支援計画を作成し活用することに努めるとともに，個々の幼児の実態を的確に把握し，個別の指導計画を作成し⑤活用することに努めるものとする。

10 幼稚園教育要領(平成29年3月告示)の第2章「ねらい及び内容」について正しいものを，次の①〜⑤から1つ選びなさい。　(難易度■■■□□)

①　ねらいは，幼稚園教育において育みたい資質・能力であり，内容は，ねらいを達成するために指導する事項を幼児の生活する姿から捉えたものである。

②　領域は「健康」「人間関係」「環境」「言葉」「表現」の5つからなり，「人間関係」では「他の人々と協調し，支え合って生活するために，情操を育て，人と関わる力を育てる」とされている。

③　各領域に示すねらいは，小学校における教科の展開と同様にそれぞれに独立し，幼児が様々な体験を積み重ねる中で個別的に次第に達成に向かうものである。

④　各領域に示す内容は，幼児が環境に関わって展開する具体的な活動を通して総合的に指導されるものである。

⑤　幼稚園教育要領は「教育課程その他の保育内容の基準」という性格から，幼稚園教育要領に示した内容に加えて教育課程を編成，実施することはできない。

11 次は幼稚園教育要領(平成29年3月告示)の領域「環境」の「内容の取扱い」にある文章である。空欄(A)〜(E)に当てはまる語句を語群

141

から選ぶとき，正しい組み合わせを，あとの①～⑤から1つ選びなさい。

(難易度■■■■□)

○幼児が，(**A**)の中で周囲の環境と関わり，次第に周囲の世界に好奇心を抱き，その意味や操作の仕方に関心をもち，物事の(**B**)に気付き，自分なりに考えることができるようになる過程を大切にすること。また，他の幼児の考えなどに触れて新しい考えを生み出す喜びや楽しさを味わい，自分の(**C**)をよりよいものにしようとする気持ちが育つようにすること。

○身近な事象や動植物に対する(**D**)を伝え合い，共感し合うことなどを通して自分から関わろうとする意欲を育てるとともに，様々な関わり方を通してそれらに対する親しみや畏敬の念，(**E**)を大切にする気持ち，公共心，探究心などが養われるようにすること。

〔語群〕

ア	活動	イ	生活	ウ	遊び	エ	真理
オ	法則性	カ	不思議	キ	考え	ク	発想
ケ	意見	コ	愛情	サ	感動	シ	慈しみ
ス	生命	セ	自然	ソ	環境		

① A－ウ　　B－オ　　C－キ　　D－サ　　E－ス
② A－ウ　　B－エ　　C－キ　　D－コ　　E－ソ
③ A－ア　　B－エ　　C－ケ　　D－コ　　E－ス
④ A－イ　　B－オ　　C－ク　　D－コ　　E－セ
⑤ A－イ　　B－カ　　C－ケ　　D－シ　　E－ソ

12 幼稚園教育要領(平成29年3月告示)の第1章「総則」の第4「指導計画の作成と幼児理解に基づいた評価」の内容として正しいものを，次の①～⑤から1つ選びなさい。

(難易度■■■■□)

① 指導計画は，幼児が集団による生活を展開することにより，幼児期として必要な発達を得られるよう，具体的に作成する必要がある。

② 指導計画の作成に当たっては，幼児の具体的な活動は，生活の流れの中で一定の方向性をもっていることに留意し，それを望ましい方向に向かって自ら活動を展開していくことができるように必要な援助を行うことに留意する。

③ 長期的に発達を見通した年，学期，月などにわたる長期の指導計画に

ついては，幼児の生活のリズムに配慮し，幼児の意識や興味の連続性のある活動が相互に関連して幼稚園生活の自然な流れの中に組み込まれるようにする。

④ 行事の指導に当たっては，それぞれの行事においてはその教育的価値を十分検討し，適切なものを精選し，幼児の負担にならないようにすることにも留意する。

⑤ 幼児一人一人の発達の理解に基づいた評価の実施に当たっては，評価の客観性や連続性が高められるよう，組織的かつ計画的な取組を推進する。

13 幼稚園教育要領(平成29年3月告示)についての記述として適切なものを，次の①～⑤から1つ選びなさい。　　　　　　(難易度■■■□□)

① 幼稚園教育要領については，学校教育法に，「教育課程その他の保育内容の基準として文部科学大臣が別に公示する幼稚園教育要領によるものとする」と規定されている。

② 学校教育法施行規則には，「幼稚園の教育課程その他の保育内容に関する事項は，文部科学大臣が定める」と規定されている。

③ 幼稚園教育要領は教育課程，保育内容の基準を示したものであり，国公立幼稚園だけでなく私立幼稚園においてもこれに準拠する必要がある。

④ 保育所保育指針，幼稚園教育要領はともに平成29年3月に改定(訂)されたが，保育所保育指針は厚生労働省雇用均等・児童家庭局長の通知であるのに対し，幼稚園教育要領は文部科学大臣の告示である。

⑤ 幼稚園教育要領は平成29年3月に改訂され，移行措置を経て平成31年度から全面実施された。

14 幼稚園教育要領(平成29年3月告示)に関する記述として正しいものを，次の①～⑤から1つ選びなさい。　　　　　　(難易度■■□□□)

① 幼稚園教育要領の前身は昭和23年に刊行された「保育要領」であり，これは保育所における保育の手引き書であった。

② 幼稚園教育要領がはじめて作成されたのは昭和31年であり，このときの領域は健康，社会，自然，言語，表現の5つであった。

③ 幼稚園教育要領は昭和31年3月の作成後，平成29年3月の改訂まで，4回改訂されている。

④　幼稚園教育要領は幼稚園における教育課程の基準を示すものであり，文部科学省告示として公示されている。

⑤　平成29年3月に改訂された幼稚園教育要領では，健康，人間関係，環境，言葉，表現に新たに音楽リズムの領域が加わった。

15 幼稚園教育要領(平成29年3月告示)第1章「総則」に関する記述として正しいものを，次の①〜⑤から1つ選びなさい。　　(難易度■■■□□)

①　従来，幼稚園教育の基本としてあげられていた「幼児期における教育は，生涯にわたる人格形成の基礎を培う重要なもの」とする記述は，改正教育基本法に明記されたことから，幼稚園教育要領からは削除されている。

②　幼稚園教育の基本について，教師は，幼児の主体的な活動が確保されるよう幼児の集団としての行動の理解と予想に基づき，計画的に環境を構成しなければならないことがあげられている。

③　幼稚園教育の目標の1つとして，健康，安全で幸福な生活のための基本的な生活習慣・態度を育て，健全な心身の基礎を培うようにすることがあげられている。

④　教育課程について，各幼稚園においては，教育課程に基づき組織的かつ計画的に各幼稚園の教育活動の質の向上を図っていくことに努めるものとされている。

⑤　毎学年の教育週数は，特別の事情のある場合を除き，39週を下ってはならないこと，また1日の教育時間は，4時間を標準とすることが明記されている。

16 幼稚園教育要領(平成29年3月告示)第1章「総則」の第1「幼稚園教育の基本」においてあげている重視すべき事項として，適切ではないものを，次の①〜⑤から1つ選びなさい。　　(難易度■■■□□)

①　幼児期にふさわしい生活が展開されるようにすること。

②　施設設備を工夫し，物的・空間的環境を構成すること。

③　幼児の自発的な活動としての遊びは，遊びを通しての指導を中心とすること。

④　一人一人の特性に応じた指導が行われるようにすること。

⑤　幼児一人一人の行動の理解と予想に基づき，計画的に環境を構成すること。

17 幼稚園教育要領(平成29年3月告示)の第2章「ねらい及び内容」について，適切なものを，次の①〜⑤から1つ選びなさい。

(難易度■■■□□)

① 「ねらい」は，幼稚園教育において育みたい資質・能力を幼児の遊ぶ姿から捉えたものである。

② 「内容」は，「ねらい」を達成するために指導する事項であり，幼児が環境に関わって展開する具体的な活動を通して個別的に指導される。

③ 「ねらい」は，幼稚園における生活の全体を通じ，幼児が様々な体験を積み重ねる中で相互に関連をもちながら次第に達成に向かうものである。

④ 幼稚園の教育における領域は，小学校の教科にあたるものであり，領域別に教育課程を編成する。

⑤ 特に必要な場合は，各領域のねらいが達成できるようであれば，具体的な内容についてこれを指導しないことも差し支えない。

18 幼稚園教育要領(平成29年3月告示)の第2章「ねらい及び内容」について，領域「健康」の中の「2　内容」のうち，平成29年3月告示の幼稚園教育要領において改訂された項目を，次の①〜⑤から1つ選びなさい。

(難易度■■■■■)

① 先生や友達と触れ合い，安定感をもって行動する。

② いろいろな遊びの中で十分に体を動かす。

③ 進んで戸外で遊ぶ。

④ 様々な活動に親しみ，楽しんで取り組む。

⑤ 先生や友達と食べることを楽しみ，食べ物への興味や関心をもつ。

19 幼稚園教育要領(平成29年3月告示)の第1章「総則」の第4「指導計画の作成と幼児理解に基づいた評価」における「指導計画の作成上の基本的事項」として，適切ではないものを，次の①〜⑤から1つ選びなさい。

(難易度■■■□□)

① 指導計画は，幼児の発達に即して一人一人の幼児が幼児期にふさわしい生活を展開し，必要な体験を得られるようにするために，具体的に作成するものとする。

② 具体的なねらい及び内容は，幼稚園生活における幼児の発達の過程を見通し，幼児の生活の連続性，季節の変化などを考慮して，幼児の興味

や関心，発達の実情などに応じて設定する。

③　環境は，具体的なねらいを達成するために適切なものとなるように構成し，幼児が自らその環境にかかわることにより様々な活動を展開しつつ必要な体験を得られるようにする。

④　幼児は環境をつくり出す立場にはないことから，教師は幼児の生活する姿や発想を大切にし，常にその環境が適切なものとなるようにする。

⑤　幼児の行う具体的な活動は，生活の流れの中で様々に変化するものであり，幼児が望ましい方向に向かって自ら活動を展開していくことができるよう必要な援助を行う。

20 幼稚園教育要領(平成 29 年 3 月告示)の第 1 章「総則」の第 4「指導計画の作成と幼児理解に基づいた評価」について，「指導計画の作成上の留意事項」として適切なものを，次の①〜⑤から 1 つ選びなさい。

(難易度■■■□□)

①　長期的に発達を見通した長期の指導計画を作成する際は，幼児の生活のリズムに配慮し，幼児の意識や興味の連続性のある活動が相互に関連して幼稚園生活の自然な流れの中に組み込まれるようにする必要がある。

②　幼児の行う活動は，個人，グループ，学級全体などで多様に展開されるが，一人一人の幼児が興味や欲求を満足させるため，特に個人の活動については幼稚園全体の教師による協力体制をつくり，援助していかなければならない。

③　幼児の主体的な活動を促すためには，教師は多様な関わりをもつが，基本は共同作業者ではなく，理解者としての役割を果たすことを通して，幼児の発達に必要な豊かな体験が得られるよう適切な指導を行うようにする。

④　言語に関する能力の発達と思考力の発達が関連していることを踏まえ，幼稚園生活全体を通して，幼児の発達を踏まえた言語環境を整え，言語活動の充実を図る。

⑤　視聴覚教材やコンピュータなど情報機器を活用する際には，幼稚園生活で体験したことの復習に用いるなど，幼児の体験との関連を考慮する。

21 幼稚園教育要領(平成 29 年 3 月告示)の第 3 章「教育課程に係る教育時間の終了後等に行う教育活動などの留意事項」について，適切でないも

のを，次の①〜⑤から1つ選びなさい。　　　（難易度■■■□□）

①　教育課程に基づく活動との連続を考慮し，幼児期にふさわしい無理のないものとなるようにする。

②　家庭や地域での幼児の生活も考慮し，教育課程に係る教育時間の終了後等に行う教育活動の計画を作成するようにする。

③　家庭との緊密な連携を図るようにする。

④　地域の実態や保護者の事情とともに幼児の生活のリズムを踏まえつつ，例えば実施日数や時間などについて，弾力的な運用に配慮する。

⑤　適切な責任体制と指導体制を整備した上で行うようにする。

22 次は幼稚園教育要領（平成29年3月告示）の第3章「教育課程に係る教育時間の終了後等に行う教育活動などの留意事項」について，幼稚園の運営に当たっての留意事項に関する文章である。空欄（　A　）〜（　C　）に当てはまる語句を語群から選ぶとき，語句の組み合わせとして正しいものを，あとの①〜⑤から1つ選びなさい。　　　（難易度■■■□□）

　幼稚園の運営に当たっては，（　A　）のために保護者や地域の人々に機能や施設を開放して，園内体制の整備や関係機関との連携及び協力に配慮しつつ，幼児期の教育に関する相談に応じたり，情報を提供したり，幼児と保護者との登園を受け入れたり，保護者同士の交流の機会を提供したりするなど，幼稚園と家庭が一体となって幼児と関わる取組を進め，地域における幼児期の教育の（　B　）としての役割を果たすよう努めるものとする。その際，心理や（　C　）の専門家，地域の子育て経験者等と連携・協働しながら取り組むよう配慮するものとする。

〔語群〕

ア　情報提供	イ　保護者の交流	ウ　子育ての支援
エ　保健	オ　医療	カ　福祉
キ　情報発信の場	ク　センター	ケ　相談・援助機関

①　A−イ　　B−ケ　　C−カ

②　A−ウ　　B−ク　　C−エ

③　A−ア　　B−キ　　C−オ

④　A−ア　　B−ク　　C−エ

⑤　A−ウ　　B−ケ　　C−オ

23 以下の幼稚園教育要領(平成 29 年 3 月告示)における指導計画の作成上の留意事項について，空欄(A)～(C)にあてはまる語句として適切なものの組み合わせを，あとの①～⑤から 1 つ選びなさい。

(難易度■■■■□)

○行事の指導に当たっては，幼稚園生活の自然の流れの中で生活に変化や潤いを与え，幼児が(**A**)に楽しく活動できるようにすること。なお，それぞれの行事についてはその(**B**)価値を十分検討し，適切なものを精選し，幼児の負担にならないようにすること。

○幼児期は(**C**)な体験が重要であることを踏まえ，視聴覚教材やコンピュータなど情報機器を活用する際には，幼稚園生活では得難い体験を補完するなど，幼児の体験との関連を考慮すること。

ア 主体的　　イ 保育的　　ウ 具体的　　エ 文化的
オ 積極的　　カ 直接的　　キ 能動的　　ク 教育的
ケ 双方的

① A－ア　　B－イ　　C－ウ
② A－オ　　B－イ　　C－カ
③ A－キ　　B－ク　　C－ケ
④ A－ア　　B－ク　　C－カ
⑤ A－オ　　B－エ　　C－ウ

24 幼稚園教育要領解説(平成 30 年 2 月，文部科学省)の第 1 章「総説」第 3 節「教育課程の役割と編成等」に関する記述として適切でないものの組み合わせを，あとの①～⑤から 1 つ選びなさい。　　(難易度■■■■□)

ア 幼稚園は，法令と幼稚園教育要領の示すところに従い，創意工夫を生かし，幼児の心身の発達と幼稚園及び地域の実態に即応した適切な教育課程を編成するものとする。

イ 幼稚園生活の全体を通して幼稚園教育要領第 2 章に示すねらいが総合的に達成されるよう，教育期間や幼児の生活経験や発達の過程などを考慮して具体的なねらいと内容を組織しなければならない。

ウ 幼稚園では，自我が芽生え，他者の存在を意識し，他者を抑制しようとする気持ちが生まれる幼児期の発達の特性を矯正する教育が達成できるよう配慮しなければならない。

エ 幼稚園の毎学年の教育週数は，特別の事情のある場合を除き，40 週を

下ってはならない。

オ　幼稚園の1日の教育課程に係る教育時間は，幼児の心身の発達の程度や季節などに適切に配慮しながら，4時間を標準とする。

① ア, ウ, オ　　② イ, ウ　　③ ウ, エ　　④ イ, エ, オ
⑤ ウ, オ

25 幼稚園教育要領解説（平成30年2月，文部科学省）の第1章「総説」の第1節「幼稚園教育の基本」にある「環境を通して行う教育」に関する記述として，適切なものの組み合わせを，あとの①〜⑤から1つ選びなさい。

(難易度■■■■□)

ア　幼児が自ら周囲に働き掛けてその幼児なりに試行錯誤を繰り返し，自ら発達に必要なものを獲得しようとするようになる姿は，いろいろな活動を教師が計画したとおりに，全てを行わせることによって育てられる。

イ　活動の主体は幼児であり，教師は活動が生まれやすく，展開しやすいように意図をもって環境を構成していく。

ウ　幼児が何を体験するかは幼児の活動にゆだねるほかはないのであり，「幼児をただ遊ばせている」だけでも，幼児の主体的活動を促すことになる。

エ　環境を通して行う教育は，教師の支えを得ながら文化を獲得し，自己の可能性を開いていくことを大切にした教育である。

オ　幼児の周りに遊具や用具，素材を配置し，幼児の動くままに任せることによって，その対象の潜在的な学びの価値を引き出すことができる。

① ア, イ　　② ア, ウ, オ　　③ イ, エ　　④ ウ, エ, オ
⑤ エ, オ

26 幼稚園教育要領解説（平成30年2月，文部科学省）で重視されている「計画的な環境の構成」に関する記述として適切なものを，次の①〜⑤から1つ選びなさい。

(難易度■■□□□)

①　幼児は常に積極的に環境に関わって遊び，望ましい方向に向かって発達していくので，教師は児童が遊ぶのを放っておいてよい。

②　幼児が望ましい方向に発達していくために，環境の構成については十分見通しをもって計画を立てる必要があり，構成したあともなるべく見

直しがないようにする。

③　幼児の周りにある様々な事物や生き物，他者，事象が幼児にとってどのような意味をもつのか教師自身がよく理解する必要がある。

④　教師は適切な環境を構成する必要があるが，教師自身は環境の一部にはなり得ないことに留意する必要がある。

⑤　幼児が積極的に環境に関わり，活動を展開できるように，1つの活動に没頭して取り組むよりは，なるべく様々な形態の活動が行われるように環境を構成する。

27 幼稚園教育要領解説(平成 30 年 2 月，文部科学省)が「幼稚園教育の基本」で述べている「教師の役割」として適切なものを，次の①～⑤から 1 つ選びなさい。　　　　　　　　　　　　　　　(難易度■■□□□)

①　教師は幼児の自発的な活動としての遊びを生み出すために必要な教育環境を整える役割があるが，それは幼児と共につくり出されるものではない。

②　重要なことは，幼児一人一人が主体的に取り組んでいるかどうかを見極めることであり，そのため状況を判断して，適切な関わりをその時々にしていく必要がある。

③　入園当初や学年の始めは不安を抱き緊張しているため，主体的な活動ができないことが多いが，時機をみて援助していけばよい。

④　友達との葛藤が起こることは幼児の発達にとって妨げとなるので，それが起きないように常に援助を行っていく必要がある。

⑤　年齢の異なる幼児間の関わりは，互いの緊張感を生み出しやすいので，環境の構成にあたっては，異年齢の幼児の交流の機会はなるべくもたないように配慮する。

28 幼稚園教育要領解説(平成 30 年 2 月，文部科学省)で幼稚園の適切な教育課程の編成としてあげられている内容として，適切でないものはどれか，次の①～⑤から 1 つ選びなさい。　　　　　　　(難易度■■■□□)

①　幼児の調和のとれた発達を図るという観点から，幼児の発達の見通しなどをもつ。

②　特に，教職員の構成，遊具や用具の整備状況などについて分析し，教育課程の編成に生かす。

③　近隣の幼稚園・認定こども園・保育所・小学校，図書館などの社会教育施設，幼稚園の教育活動に協力することのできる人などの実態を考慮し，教育課程を編成する。

④　保護者や地域住民に対して幼稚園の教育方針，特色ある教育活動や幼児の基本的な情報を積極的に提供する。

⑤　地域や幼稚園の実態及び保護者の養護の基本方針を十分に踏まえ，創意工夫を生かし特色あるものとする。

29 幼稚園教育要領解説(平成30年2月，文部科学省)で示されている幼稚園の教育課程の編成として，適切なものはどれか，次の①〜⑤から1つ選びなさい。　　　　　　　　　　　　　(難易度■■■□□)

①　ねらいと内容を組織する際は，幼稚園教育要領に示されている「ねらい」や「内容」をそのまま教育課程における具体的な指導のねらいや内容とする。

②　教育目標の達成を図るには，入園から修了までをどのように指導しなければならないかを，各領域に示す事項を参考に明らかにしていく。

③　幼児期は自己を表出することが中心の生活から，次第に他者の存在を理解し，同年代での集団生活を円滑に営むことができるようになる時期へ移行するので，これらの幼児の発達の特性を踏まえる必要がある。

④　発達の各時期にふさわしい具体的なねらいや内容は，各領域に示された「ねらい」や「内容」の関係部分を視野に入れるとともに，幼児の生活の中で，それらがどう相互に関連しているかを十分に考慮して設定していく。

⑤　教育課程はそれぞれの幼稚園において，全教職員の協力の下に各教員がそれぞれの責任において編成する。

30 次のア〜オは幼稚園教育要領解説(平成30年2月，文部科学省)で幼稚園の教育課程の編成の実際としてあげられている編成手順の参考例の内容である。それぞれを編成の手順として順を追って並べたとき，適切なものを，あとの①〜⑤から1つ選びなさい。ただし，アは最初，オは最後にくる。　　　　　　　　　　　　　(難易度■■■□□)

ア　編成に必要な基礎的事項についての理解を図る。

イ　幼児の発達の過程を見通す。

　ウ　具体的なねらいと内容を組織する。

　エ　各幼稚園の教育目標に関する共通理解を図る。

　オ　教育課程を実施した結果を評価し，次の編成に生かす。

　　①　ア→イ→ウ→エ→オ

　　②　ア→イ→エ→ウ→オ

　　③　ア→ウ→イ→エ→オ

　　④　ア→ウ→エ→イ→オ

　　⑤　ア→エ→イ→ウ→オ

31 幼稚園教育要領解説(平成 30 年 2 月，文部科学省)で説明されている教育週数，教育時間について，正しいものを，次の①〜⑤から 1 つ選びなさい。　　　　　　　　　　　　　　　　　　　　　　　(難易度■■■□□)

①　毎学年の教育課程に係る教育週数は，特別の事情のある場合を除き，39 週を上回ってはならない。

②　教育週数から除く特別の事情がある場合とは，主として幼児の疾病の場合のことである。

③　教育課程に係る時間は幼児の幼稚園における教育時間の妥当性，家庭や地域における生活の重要性を考慮して，最長 4 時間とされている。

④　幼稚園における教育時間は，保育所の整備が進んでいるかどうかはかかわりなく定める必要がある。

⑤　幼稚園において教育が行われる時間は登園時刻から降園時刻までである。

32 幼稚園教育要領解説(平成 30 年 2 月，文部科学省)で述べられている「教育課程の編成」について，適切なものはどれか。次の①〜⑤から 1 つ選びなさい。　　　　　　　　　　　　　　　　　　　　　　　(難易度■■□□□)

①　幼稚園教育要領に示されている「ねらい」や「内容」をそのまま教育課程における具体的な指導のねらいや内容とする。

②　幼稚園生活の全体を通して，幼児がどのような発達をするのか，どの時期にどのような生活が展開されるのかなどの発達の節目を探り，短期的に発達を見通す。

③　教育課程の改善の手順として，一般的には改善案を作成することと，評価の資料を収集し，検討することは同時に行われる。

④　教育課程の改善については，指導計画で設定した具体的なねらい

や内容などは比較的直ちに修正できるものである。

⑤　教育課程は，全て幼稚園内の教職員や設置者の努力によって改善すべきである。

33 次は幼稚園教育要領解説(平成30年2月，文部科学省)で，幼稚園教育要領(平成29年3月告示)の第2章「ねらい及び内容」の領域「表現」について述べている文章である。空欄(**A**)〜(**D**)に当てはまる語句を語群から選ぶとき，語句の組み合わせとして正しいものを，あとの①〜⑤から1つ選びなさい。　　　　　　(難易度■■■■□)

豊かな感性や自己を表現する(**A**)は，幼児期に自然や人々など身近な(**B**)と関わる中で，自分の感情や体験を自分なりに(**C**)する充実感を味わうことによって育てられる。したがって，幼稚園においては，日常生活の中で出会う様々な事物や事象，文化から感じ取るものやそのときの気持ちを友達や教師と共有し，表現し合うことを通して，豊かな(**D**)を養うようにすることが大切である。

〔語群〕

ア	態度	イ	意欲	ウ	習慣	エ	事象
オ	生き物	カ	環境	キ	表現	ク	表出
ケ	開放	コ	感性	サ	感覚	シ	心

①　A－ア　　B－エ　　C－キ　　D－シ
②　A－イ　　B－カ　　C－ク　　D－シ
③　A－イ　　B－カ　　C－キ　　D－コ
④　A－ウ　　B－オ　　C－ケ　　D－サ
⑤　A－ウ　　B－エ　　C－ク　　D－コ

34 次は幼稚園教育要領解説(平成30年2月，文部科学省)の中で，人格形成の基礎を培うことの重要性を示したものである。(**A**)〜(**C**)に当てはまるものをア〜クから選ぶとき，正しい組み合わせを，あとの①〜⑤から1つ選びなさい。　　　　　　(難易度■■■■□)

幼児一人一人の(**A**)な可能性は，日々の生活の中で出会う環境によって開かれ，環境との(**B**)を通して具現化されていく。幼児は，環境との(**B**)の中で，体験を深め，そのことが幼児の心を揺り動かし，次の活動を引き起こす。そうした体験の連なりが幾筋も生まれ，幼児の将来へとつ

ながっていく。

　そのため，幼稚園では，幼児期にふさわしい生活を展開する中で，幼児の遊びや生活といった直接的・具体的な体験を通して，人と関わる力や思考力，感性や表現する力などを育み，人間として，（　C　）と関わる人として生きていくための基礎を培うことが大切である。

　　ア　相互作用　　イ　本質的　　ウ　共生　　エ　社会　　オ　家庭
　　カ　出会い　　キ　幼稚園　　ク　潜在的

① A－イ　　B－ウ　　C－エ
② A－イ　　B－カ　　C－オ
③ A－ク　　B－カ　　C－キ
④ A－ク　　B－ア　　C－エ
⑤ A－イ　　B－ウ　　C－オ

35 次は幼稚園教育要領解説(平成30年2月，文部科学省)の中の「人間関係」についての記述である。文中の（　A　）～（　E　）に当てはまる語句をア～シの中から選ぶとき，正しい組み合わせを，あとの①～⑤から1つ選びなさい。　　　　　　　　　　　　　　　　　　（難易度■■■□□）

　幼児期においては，幼児が友達と関わる中で，自分を主張し，自分が受け入れられたり，あるいは（　A　）されたりしながら，自分や相手に気付いていくという体験が大切である。このような過程が（　B　）の形成にとって重要であり，自分で考え，自分の力でやってみようとする態度を育てる指導の上では，幼児が友達との（　C　）の中で自分と異なったイメージや（　D　）をもった存在に気付き，やがては，そのよさに目を向けることができるように援助しながら，一人一人の幼児が（　E　）をもって生活する集団の育成に配慮することが大切である。

　　ア　存在感　　イ　考え方　　ウ　道徳心　　エ　承諾
　　オ　達成感　　カ　共感　　キ　自立心　　ク　自我
　　ケ　自己主張　　コ　葛藤　　サ　拒否　　シ　動機

① A－サ　　B－ク　　C－コ　　D－イ　　E－ア
② A－エ　　B－イ　　C－カ　　D－シ　　E－ウ
③ A－ケ　　B－ク　　C－サ　　D－イ　　E－コ
④ A－カ　　B－キ　　C－オ　　D－ア　　E－ク
⑤ A－サ　　B－オ　　C－ケ　　D－ク　　E－カ

36 次は文部科学省が示した幼稚園教育要領解説(平成30年2月，文部科学省)の中の「一人一人の発達の特性に応じた指導」の記述に挙げられた例である。これを読んで，教師の注意すべき事柄として望ましいものをア〜オの中から選ぶとき，適切なものはどれか，正しい組み合わせを，あとの①〜⑤から1つ選びなさい。　　　　　(難易度■■■■□)

　幼児数人と教師とで鬼遊びをしているとする。ほとんどの幼児が逃げたり追いかけたり，つかまえたりつかまえられたりすることを楽しんでいる中で，ある幼児は教師の仲立ちなしには他の幼児と遊ぶことができないことがある。その幼児はやっと泣かずに登園できるようになり，教師を親のように慕っている。教師と一緒に行動することで，その幼児にとって教師を仲立ちに他の幼児と遊ぶ楽しさを味わうという体験にしたいと教師は考える。

　　ア　子どもたちの中に入っていけるように，幼児に鬼遊びのルールを教えてやる。
　　イ　子どもたちに，この幼児を仲間に入れるよう指導する。
　　ウ　幼児の内面を理解し，幼児の求めに即して必要な経験を得られるよう援助する。
　　エ　幼児の発達の特性に応じた集団を作り出すことを考える。
　　オ　幼児が子どもたちと遊ぶことができるまで，そっと見守る。
① 　ア，オ　　　② 　イ，エ　　　③ 　ウ，オ　　　④ 　ア，エ
⑤ 　ウ，エ

37 次は幼稚園教育要領解説(平成30年2月，文部科学省)の「障害のある幼児などへの指導」の記述の一部である。(**A**)〜(**E**)にあてはまる語句をア〜コから選ぶとき，正しい組み合わせを，あとの①〜⑤から1つ選びなさい。　　　　　(難易度■■■□□)

　幼稚園は，適切な(**A**)の下で幼児が教師や多くの幼児と集団で生活することを通して，幼児一人一人に応じた(**B**)を行うことにより，将来にわたる(**C**)の基礎を培う経験を積み重ねていく場である。友達をはじめ様々な人々との出会いを通して，家庭では味わうことのできない多様な体験をする場でもある。

　これらを踏まえ，幼稚園において障害のある幼児などを指導する場合には，幼稚園教育の機能を十分生かして，幼稚園生活の場の特性と(**D**)を

大切にし，その幼児の障害の状態や特性および発達の程度等に応じて，発達を(E)に促していくことが大切である。

ア　信頼関係　　イ　生きる力　　ウ　指導　　エ　総合的

オ　人格形成　　カ　環境　　　　キ　配慮　　ク　全体的

ケ　人間関係　　コ　支援

① A－ウ　B－コ　C－オ　D－ケ　E－ク

② A－カ　B－コ　C－イ　D－ア　E－ク

③ A－カ　B－ウ　C－イ　D－ケ　E－ク

④ A－キ　B－ウ　C－オ　D－ケ　E－エ

⑤ A－キ　B－コ　C－オ　D－ア　E－エ

38 幼稚園教育要領解説(平成30年2月，文部科学省)から，幼稚園の教育課程と指導計画について適切でないものを，次の①～⑤から1つ選びなさい。　　　　　　　　　　　　　　　　　　　　(難易度■■□□□)

① 教育課程は，幼稚園における教育期間の全体を見通したものであり，幼稚園の教育目標に向かってどのような筋道をたどっていくかを明らかにした全体的計画である。

② 幼稚園において実際に指導を行うため，それぞれの幼稚園の教育課程に基づいて幼児の発達の実情に照らし合わせながら，具体的な指導計画が立てられる。

③ 指導計画では，教育課程に基づき具体的なねらいや内容，環境の構成，教師の援助などの内容や方法が明らかにされる。

④ 指導計画は，教育課程という全体計画を具体化したものであり，教育課程が変更されない限りは，忠実にそれに従って展開していく必要がある。

⑤ 計画的な指導を行うためには，発達の見通しや活動の予想に基づいて環境を構成するとともに，幼児一人一人の発達を見通して援助することが重要である。

39 次は幼稚園教育要領解説(平成30年2月，文部科学省)の第3章「教育課程に係る教育時間の終了後等に行う教育活動などの留意事項の2」である。(A)～(E)にあてはまる語句をア～コから選ぶとき，正しい組み合わせを，あとの①～⑤から1つ選びなさい。　　　　　　　(難易度■■■■□)

幼稚園の運営に当たっては，子育ての支援のために保護者や地域の人々に(A)や施設を開放して，園内体制の整備や関係機関との連携及び協力に配慮しつつ，幼児期の(B)に関する相談に応じたり，(C)を提供したり，幼児と保護者との登園を受け入れたり，保護者同士の交流の機会を提供したりするなど，幼稚園と家庭が一体となって幼児と関わる取組を進め，地域における幼児期の教育の(D)としての役割を果たすよう努めるものとする。その際，(E)や保健の専門家，地域の子育て経験者等と連携・協働しながら取り組むよう配慮するものとする。

ア	リーダー	イ	情報	ウ	教育	エ	医療
オ	支援	カ	機能	キ	用具	ク	心理
ケ	センター	コ	子育て				

① A－ウ　B－コ　C－オ　D－ケ　E－ク
② A－カ　B－コ　C－イ　D－ア　E－ク
③ A－カ　B－ウ　C－イ　D－ケ　E－ク
④ A－キ　B－ウ　C－オ　D－ケ　E－エ
⑤ A－キ　B－コ　C－オ　D－ア　E－エ

40 幼稚園教育要領(平成29年3月告示)における領域の組み合わせとして正しいものを，次の①～⑤から1つ選びなさい。　(難易度■■□□□)
① 健康・人間関係・自然
② 人間関係・環境・言葉
③ 社会・環境・言語
④ 健康・言語・表現
⑤ 人間関係・環境・遊び

41 次は幼稚園教育要領解説(平成30年2月，文部科学省)における領域の捉え方についての記述である。正しいものの組み合わせを，あとの①～⑤から1つ選びなさい。　(難易度■■■■□)
ア 幼稚園教育を，小学校の「教科科目」に準じて区切ったものである。
イ 幼稚園教育が何を意図して行われるかを明確にしたものである。
ウ 幼稚園教育の目標を達成するために教師が指導し，幼児が身に付けていくことが望まれるものを「内容」としたものである。
エ 幼稚園教育に適した環境づくりを具体的に示したものである。

オ　幼稚園教育の目標を達成するため，教師の指導方法を示したものである。

①　ア，ウ　　②　ア，エ　　③　ウ，オ　　④　イ，オ

⑤　イ，ウ

42 次は幼稚園教育要領（平成29年3月告示）の第2章「ねらい及び内容」にある文章である。空欄（　A　）～（　E　）に当てはまる語句を語群から選ぶとき，正しい組み合わせを，あとの①～⑤から1つ選びなさい。

(難易度■■■■□)

　この章に示すねらいは，幼稚園教育において育みたい（　A　）を幼児の生活する姿から捉えたものであり，内容は，ねらいを達成するために指導する事項である。各領域は，これらを幼児の発達の側面から，心身の健康に関する領域「健康」，人との関わりに関する領域「（　B　）」，身近な環境との関わりに関する領域「環境」，言葉の獲得に関する領域「言葉」及び（　C　）と表現に関する領域「表現」としてまとめ，示したものである。内容の取扱いは，幼児の発達を踏まえた指導を行うに当たって留意すべき事項である。

　各領域に示すねらいは，幼稚園における生活の全体を通じ，幼児が様々な体験を積み重ねる中で相互に関連をもちながら次第に達成に向かうものであること，内容は，幼児が環境に関わって展開する（　D　）な活動を通して（　E　）に指導されるものであることに留意しなければならない。

〔語群〕

ア	道徳性・規範意識	イ	自然	ウ	感性	エ	具体的
オ	総合的	カ	資質・能力	キ	交流	ク	個別的
ケ	人間関係	コ	技能				

① A－ア　　B－ケ　　C－コ　　D－オ　　E－イ

② A－ア　　B－キ　　C－コ　　D－エ　　E－オ

③ A－カ　　B－ケ　　C－ウ　　D－オ　　E－ク

④ A－カ　　B－キ　　C－ウ　　D－オ　　E－ク

⑤ A－カ　　B－ケ　　C－ウ　　D－エ　　E－オ

43 次は幼稚園教育要領（平成29年3月告示）の第2章「ねらい及び内容」に示されている5つの領域について，領域とその冒頭にある領域の意義付けを組み合わせたものである。空欄（　A　）～（　E　）に当てはまる語句を語群から選ぶとき，組み合わせとして正しいものを，あとの①～⑤か

ら１つ選びなさい。 (難易度■■■□□)

・健康―健康な心と体を育て，自ら健康で(A)な生活をつくり出す力を養う。

・人間関係―他の人々と親しみ，支え合って生活するために，(B)を育て，人と関わる力を養う。

・環境―周囲の様々な環境に(C)や探究心をもって関わり，それらを生活に取り入れていこうとする力を養う。

・言葉―経験したことや考えたことなどを自分なりの言葉で表現し，相手の話す言葉を聞こうとする意欲や態度を育て，言葉に対する(D)や言葉で表現する力を養う。

・表現―感じたことや考えたことを自分なりに表現することを通して，豊かな感性や表現する力を養い，(E)を豊かにする。

〔語群〕

ア 豊か	イ 安定した	ウ 安全	エ 協調性
オ 自立心	カ 豊かな感性	キ 好奇心	ク 積極性
ケ 見通し	コ 感性	サ 感覚	シ 感受性
ス 創造性	セ 想像性	ソ 表現力	

① A－ウ　B－オ　C－キ　D－サ　E－ス

② A－ア　B－エ　C－ケ　D－コ　E－セ

③ A－ウ　B－カ　C－ク　D－シ　E－ソ

④ A－イ　B－エ　C－ケ　D－シ　E－セ

⑤ A－ア　B－オ　C－キ　D－サ　E－ソ

44 次の(1)～(3)は幼稚園教育要領(平成 29 年 3 月告示)の第 2 章「ねらい及び内容」に示されている領域「人間関係」の「ねらい」である。空欄(A)～(C)に当てはまる語句を語群から選ぶとき，語句の組み合わせとして正しいものを，あとの①～⑤から 1 つ選びなさい。

(難易度■■■■□)

(1) 幼稚園生活を楽しみ，(A)力で行動することの充実感を味わう。

(2) 身近な人と親しみ，関わりを深め，工夫したり，協力したりして一緒に活動する楽しさを味わい，愛情や(B)をもつ。

(3) (C)における望ましい習慣や態度を身に付ける。

〔語群〕

ア みんなの　　イ 教師等の　　ウ 自分の

エ 信頼感　　　オ 協調心　　　カ 一体感

キ 集団生活　　ク 社会生活　　ケ 人間関係

① A-ア　　B-オ　　C-ケ

② A-ア　　B-カ　　C-キ

③ A-イ　　B-エ　　C-ケ

④ A-ウ　　B-エ　　C-ク

⑤ A-ウ　　B-オ　　C-キ

45 次の文章は幼稚園教育要領(平成29年3月告示)の第2章「ねらい及び内容」の中の，ある領域の「ねらい」の1つである。これはどの領域の「ねらい」か，正しい領域を，あとの①〜⑤から1つ選びなさい。

(難易度■■□□□)

「身近な事象を見たり，考えたり，扱ったりする中で，物の性質や数量，文字などに対する感覚を豊かにする。」

① 健康　　② 人間関係　　③ 環境　　④ 言葉　　⑤ 表現

46 幼稚園教育要領の第2章「ねらい及び内容」について，領域「言葉」の「3 内容の取扱い」で平成29年3月告示の幼稚園教育要領から新たに加わった項目を，次の①〜⑤から1つ選びなさい。　　(難易度■■■□□)

① 言葉を交わす喜びを味わえるようにすること。

② 言葉による伝え合いができるようにすること。

③ 言葉が豊かになるようにすること。

④ 文字に対する興味や関心をもつようにすること。

⑤ 言葉に対する感覚が養われるようにすること。

47 次の1〜5は学校教育法第23条にある「幼稚園の教育目標」である。この目標のうち幼稚園教育要領(平成29年3月告示)の5つの領域において，領域の冒頭の意義付けの部分にそのまま表されているものはいくつあるか。正しいものを，あとの①〜⑤から1つ選びなさい。

(難易度■■■■□)

1　健康，安全で幸福な生活のために必要な基本的な習慣を養い，身体諸

機能の調和的発達を図ること。

2　集団生活を通じて，喜んでこれに参加する態度を養うとともに家族や身近な人への信頼感を深め，自主，自律及び協同の精神並びに規範意識の芽生えを養うこと。

3　身近な社会生活，生命及び自然に対する興味を養い，それらに対する正しい理解と態度及び思考力の芽生えを養うこと。

4　日常の会話や，絵本，童話等に親しむことを通じて，言葉の使い方を正しく導くとともに，相手の話を理解しようとする態度を養うこと。

5　音楽，身体による表現，造形等に親しむことを通じて，豊かな感性と表現力の芽生えを養うこと。

　　①　1つ　　②　2つ　　③　3つ　　④　4つ　　⑤　1つもない

48 次の文は幼稚園教育要領(平成29年3月告示)の領域「環境」のねらいである。空欄(A)～(E)に入る語句の組み合わせとして適切なものを，あとの①～⑤から1つ選びなさい。　　　　　　(難易度■■■■□)

・身近な環境に親しみ，(A)と触れ合う中で様々な(B)に興味や関心をもつ。

・身近な環境に自分から関わり，(C)を楽しんだり，考えたりし，それを生活に取り入れようとする。

・身近な(B)を見たり，考えたり，扱ったりする中で，物の(D)や数量，文字などに対する(E)を豊かにする。

　　ア　自然　　イ　動物　　ウ　事象　　エ　発見　　オ　性質
　　カ　感覚　　キ　表現　　ク　意欲

①　A－ア　　B－ウ　　C－キ　　D－ク　　E－カ

②　A－ア　　B－ウ　　C－エ　　D－オ　　E－カ

③　A－ア　　B－エ　　C－ウ　　D－キ　　E－ク

④　A－イ　　B－エ　　C－カ　　D－オ　　E－キ

⑤　A－イ　　B－カ　　C－ウ　　D－キ　　E－ク

解答・解説

1 ③

解説

① 幼稚園教育要領がはじめて文部省 (当時)による告示となったのは昭和39年改訂時である。これにより，教育課程の基準としての性格が明確になった。

② 学校教育法ではなく学校教育法施行規則 (第38条)である。「幼稚園の教育課程その他の保育内容については，この章に定めるもののほか，教育課程その他の保育内容の基準として文部科学大臣が別に公示する幼稚園教育要領によるものとする」とされている。

③ 正しい。

④ 「指導計画の作成と幼児理解に基づいた評価」は，第1章「総則」の第4に書かれている。旧幼稚園教育要領 (平成20年3月告示)では，指導計画に関する記載は第3章にあった。

⑤ 「生きる力」の理念は継承されている。幼稚園教育要領第1章「総則」第2の1においても「幼稚園においては，生きる力の基礎を育むため，この章の第1に示す幼稚園教育の基本を踏まえ，次に掲げる資質・能力を一体的に育むよう努めるものとする。」としている。

2 ③

解説

今回の幼稚園教育要領の改訂の大きな特徴として，総則の前に「前文」が示されたことがある。前文では「小学校以降の教育や生涯にわたる学習とのつながりを見通しながら，幼児の自発的な活動としての遊びを通しての総合的な指導をする際に広く活用されるものとなることを期待して，ここに幼稚園教育要領を定める。」とあり，小学校教育以降の教育の基礎や幼稚園教育要領を通じてこれからの時代に求められる教育を実現するため，幼児期における教育の重要性を述べている。③は誤りで学校教育法第24条の内容となっている。

3 ④

解説

幼稚園教育要領の改訂にともない，特に「幼児が身近な環境に主体的に関わり，環境との関わり方や意味に気付き，これらを取り込もうとして，

試行錯誤したり，考えたりするようになる幼児期の教育における見方・考え方を生かし，」の部分が新たに追加されているように，教師が幼児に対して主体的に考え行動する力を付けさせるようにすることが重視されている。

4 ②
解説

組み合わせは，A−イ，B−ウ，C−アとなる。3つの事項のあとに，「その際，教師は，幼児の主体的な活動が確保されるよう幼児一人一人の行動の理解と予想に基づき，計画的に環境を構成しなければならない」としている。

5 ④
解説

1は第1章「総則」第3の3(1)による。Aには「自我」，Bには「抑制」が当てはまる。2は第1章「総則」第3の3(2)による。Cには「39」が当てはまる。記述にある「特別の事情」とは台風，地震，豪雪などの非常変災，その他急迫の事情があるときや伝染病の流行などの事情が生じた場合である。3は第1章「総則」第3の3(3)による。Dには「4」，Eには「季節」が当てはまる。教育課程に係る1日の教育時間については，幼児の幼稚園における教育時間の妥当性および家庭や地域における生活の重要性を考慮して4時間が標準となっている。

6 ②
解説

第1章「総則」の第2は，今回の幼稚園教育要領の改訂にともない，新たに追加された文である。②は「様々な経験」ではなく「豊かな体験」が正しい。

7 ④
解説

「幼児期の終わりまでに育ってほしい姿」は，第2章に示すねらい及び内容に基づく活動全体を通して資質・能力が育まれている幼児の幼稚園修了時の具体的な姿であり，教師が指導を行う際に考慮するものである。
① 「(1) 豊かな心」ではなく「(1) 健康な心と体」が正しい。
② 「(3) 協調性」ではなく「(3) 協同性」が正しい。
③ 「(6) 創造力の芽生え」ではなく「(6) 思考力の芽生え」が正しい。
⑤ 「(9) 非言語による伝え合い」ではなく「(9) 言葉による伝え合い」が正しい。

③

解説

①は「2　各幼稚園の教育目標と教育課程の編成」，②～⑤は「3　教育課程の編成上の基本的事項」の内容である。

①　誤り。「共有しなければならない。」ではなく「共有されるよう努めるものとする。」が正しい。

②　誤り。「内容を保護者に示さなければならない。」ではなく「内容を組織するものとする。」が正しい。

④　誤り。「35週」ではなく「39週」が正しい。

⑤　誤り。「3時間を標準とする。」ではなく「4時間を標準とする。」が正しい。

9 ②

解説

　　子どもたちの発達の支援は今回の幼稚園教育要領改訂の特徴の1つである。特別支援学級や通級による指導における個別の指導計画等の全員作成，各教科等における学習上の困難に応じた指導の工夫などがある。②は「医療機関」ではなく「特別支援学校」が正しい。

10 ④

解説

①　ねらいは「幼稚園教育において育みたい資質・能力を幼児の生活する姿から捉えたもの」，内容は「ねらいを達成するために指導する事項」である。

②　「人間関係」では「他の人々と親しみ，支え合って生活するために，自立心を育て，人と関わる力を養う」とされている。

③　各領域に示すねらいは，幼稚園における生活の全体を通じ，幼児が様々な体験を積み重ねる中で相互に関連をもちながら次第に達成に向かうものである。それぞれ独立した授業として展開される小学校の教科とは異なる。

④　正しい。

⑤　「特に必要な場合には，各領域に示すねらいの趣旨に基づいて適切な，具体的な内容を工夫し，それを加えても差し支えない」とされている。ただしその場合は，「幼稚園教育の基本を逸脱しないよう慎重に配慮する必要がある」とされている。

11 ①
解説

　最初の文章は「内容の取扱い」の (1)，次の文章は (3)からである。Aには「遊び」，Bには「法則性」，Cには「考え」，Dには「感動」，Eには「生命」が当てはまる。出題の文章は基本的に旧幼稚園教育要領 (平成 20 年 3 月告示)のものと変わりない。ただし，新幼稚園教育要領 (平成 29 年 3 月告示)における環境の内容の取扱いでは，新たに「文化や伝統に親しむ際には，正月や節句など我が国の伝統的な行事，国歌，唱歌，わらべうたや我が国の伝統的な遊びに親しんだり，異なる文化に触れる活動に親しんだりすることを通じて，社会とのつながりの意識や国際理解の意識の芽生えなどが養われるようにすること。」という項目が設けられたので確認されたい。

12 ④
解説

① 「集団による生活」ではなく「幼児期にふさわしい生活」，「発達」ではなく「体験」が正しい。
② 「一定の方向性を持っていることに留意し，それを」ではなく「様々に変化するものであることに留意し，幼児が」が正しい。
③ 「長期的に発達を見通した年，学期，月などにわたる長期の指導計画」ではなく「具体的な幼児の生活に即した週，日などの短期の指導計画」が正しい。
④ 正しい。
⑤ 「客観性や連続性」ではなく「妥当性や信頼性」が正しい。

13 ③
解説

① 学校教育法施行規則第 38 条に規定されている。学校教育法には幼稚園教育要領についての規定はない。
② 学校教育法施行規則にはこの規定はなく，学校教育法第 25 条に「幼稚園の教育課程その他の保育内容に関する事項は，第 22 条及び第 23 条の規定に従い，文部科学大臣が定める」との規定がある。学校教育法第 22，23 条は幼稚園の教育目的，幼稚園の教育目標について述べた条文である。
③ 正しい。
④ 保育所保育指針は，それまで局長通知であったが平成 20 年 3 月の改定

から厚生労働大臣の告示とされている。このため「改訂」ではなく「改定」が使われる。

⑤　新幼稚園教育要領 (平成 29 年 3 月告示)は平成 30 年度から実施された。

14 ④

解説

幼稚園教育要領は，明治 32 年幼稚園保育及設備規定 (省令)→大正 15 年幼稚園令 (勅令)→昭和 23 年保育要領 (刊行)→昭和 31 年幼稚園教育要領 (刊行)→昭和 39 年幼稚園教育要領 (告示)→平成元年，10 年，20 年，29 年改訂 (いずれも告示)と変遷してきている。

①　保育所だけでなく，幼稚園，さらに家庭における保育の手引き書であった。

②　昭和 31 年の幼稚園教育要領は健康，社会，自然，言語，音楽リズム，絵画製作の 6 領域であった。なお，このときの幼稚園教育要領は告示ではない。

③　昭和 39 年，平成元年，10 年，20 年，29 年と 5 回改訂されている。

④　正しい。昭和 39 年改訂から文部 (科学)省告示として公示されている。

⑤　従前 (平成 20 年 3 月告示)と同様，健康，人間関係，環境，言葉，表現の 5 領域で構成されている。

15 ④

解説

①　逆である。教育基本法第 11 条に「幼児期の教育は，生涯にわたる人格形成の基礎を培う重要なものである」と規定されたことから，従来は記述がなかった幼稚園教育要領にもこれが明記されることとなった。

②　「幼児の集団としての行動の理解と予想」ではなく，「幼児一人一人の行動の理解と予想」が正しい。

③　第 1 章「総則」からは平成 20 年の改訂より「幼稚園教育の目標」は削除されている。学校教育法における幼稚園教育の目標が見直されたことを踏まえたものである。

④　正しい。この内容をカリキュラム・マネジメントという。

⑤　「教育時間」ではなく，「教育課程に係る教育時間」が正しい。

16 ②

解説

①　適切。重視すべき事項の 1 としてあげられている。

② 不適切。「施設設備」ではなく「教材」が適切である。

③ 適切。重視すべき事項の2としてあげられている。

④ 適切。重視すべき事項の3としてあげられている。

⑤ 適切。1～3の事項を重視して教育を行う際，同時に必要なこととして「教師は…幼児一人一人の行動の理解と予想に基づき，計画的に環境を構成」する，「教師は…幼児一人一人の活動の場面に応じて，様々な役割を果たし，その活動を豊かに」することである。

17 ③

解説

① 「遊ぶ姿」ではなく「生活する姿」である。

② 「個別的」ではなく「総合的」である。

③ 適切である。

④ 幼稚園の教育における領域は，それぞれ独立した授業として展開される小学校の教科とは異なる。領域別の教育課程の編成や，特定の活動と結び付けた指導などはしない。

⑤ 「特に必要な場合には，各領域に示すねらいの趣旨に基づいて適切な，具体的な内容を工夫し，それを加えても差し支えない」とされている。「指導しないことも差し支えない」のではなく，「加えても差し支えない」である。ただし，その場合は「幼稚園教育の基本を逸脱しないよう慎重に配慮する」とされている。

18 ⑤

解説

　平成20年3月改訂時に加えられた「先生や友達と食べることを楽しむ」が，平成29年3月改訂時に「先生や友達と食べることを楽しみ，食べ物への興味や関心をもつ」へと改訂された。これについて「3　内容の取扱い」では「健康な心と体を育てるためには食育を通じた望ましい食習慣の形成が大切であることを踏まえ，幼児の食生活の実情に配慮し，和やかな雰囲気の中で教師や他の幼児と食べる喜びや楽しさを味わったり，様々な食べ物への興味や関心をもったりするなどし，食の大切さに気付き，進んで食べようとする気持ちが育つようにすること」としている。

19 ④

解説

　幼稚園教育要領(平成 29 年 3 月告示)第 1 章第 4 節の 2 は，旧幼稚園教育要領(平成 20 年 3 月告示)の第 3 章第 1 節の 1 (1) (2)と同様の内容となる。

① 適切である。指導計画の作成においては，学級や学年の幼児たちがどのような時期にどのような道筋で発達しているかという発達の過程を理解することも必要になる。その際，幼児期はこれまでの生活経験により，発達の過程の違いが大きい時期であることに留意しなければならない。特に，3 歳児では個人差が大きいので，一人一人の発達の特性としてこのような違いを踏まえて，指導計画に位置付けていくことが必要である。

② 適切である。また，前の時期の指導計画のねらいや内容がどのように達成されつつあるかその実態を捉え，次の時期の幼稚園生活の流れや遊びの展開を見通すことなどが大切である (幼稚園教育要領解説 (平成 30 年 2 月，文部科学省)第 1 章第 4 節の 2 (2))。

③ 適切である。

④ 適切ではない。「幼児は環境をつくり出す立場にはない」ということはない。「いつも教師が環境をつくり出すのではなく，幼児もその中にあって必要な状況を生み出すことを踏まえることが大切である」(幼稚園教育要領解説(平成 30 年 2 月，文部科学省)第 1 章第 4 節の 2 (3))。

⑤ 適切である。具体的な活動は，やりたいことが十分にできなかったり，途中で挫折したり，友達との葛藤により中断したりすることがある。教師はその状況を放置しないで，必要な援助をすることが重要である。

20 ④

解説

① 記述は週，日などの短期の指導計画についてである。

② いずれの活動についても，幼稚園全体の教師による協力体制をつくり，一人一人の幼児が興味や欲求を満足させるよう適切な援助を行う必要がある。

③ 教師は理解者を基本とするものではない。共同作業者でもあるほか様々な役割を果たす。

④ 適切である。平成 29 年の改訂時に新規に記述された項目である。

⑤ 「幼稚園生活で体験したことの復習に用いる」ではなく「幼稚園生活では得難い体験を補完する」である。これは，幼児期において直接的な体験が重要であることを踏まえた記述である。

21 ①

① 適切ではない。正しくは「教育課程に基づく活動を考慮し，」である。幼稚園教育要領解説(平成30年2月)第3章1を参考にすると，「教育課程に基づく活動を考慮するということは，必ずしも活動を連続させることではない」とある。例えば，教育課程に基づく教育時間中は室内での遊びを中心に活動を行った場合は，教育課程に係る教育時間の終了後等に行う教育活動では戸外での遊びを積極的に取り入れるなどである。いずれにしても，教育課程に基づく活動を担当する教師と緊密な連携を図る。

② 適切である。その際，地域の様々な資源を活用しつつ，多様な体験ができるようにする。

③ 適切である。その際，情報交換の機会を設けたりするなど，保護者が，幼稚園と共に幼児を育てるという意識が高まるようにする。

④ 適切である。

⑤ 適切である。

22 ②
解説

　Aには「子育ての支援」が入る。Bには「センター」が入る。Cには「保健」が入る。旧幼稚園教育要領(平成20年3月)と比較して，「幼稚園と家庭が一体となって幼児と関わる取組を進め」という部分と「心理や保健の専門家，地域の子育て経験者等と連携・協働しながら取り組むよう配慮する」という部分が付け加えられた。改訂された部分は出題されやすいので念入りに確認されたい。

23 ④
解説

A 幼児が行事に期待感をもち，主体的に取り組んで，喜びや感動，さらには，達成感を味わうことができるように配慮する必要がある。

B その行事が幼児にとってどのような意味をもつのかを考えながら，それぞれの教育的価値を十分に検討する必要がある。

C 幼稚園生活では得難い体験の例としては，園庭で見付けた虫をカメラで接写して肉眼では見えない体のつくりや動きを捉えたりすることなどが考えられる。

24 ③

解説

ア，イ，オの記述は合致している。

ウ　幼稚園教育要領解説に示されているのは「…自己を抑制しようとする気持ちが生まれる幼児期の発達の特性を踏まえた教育」である。現代の，子どもの発達特性を考慮する幼稚園教育において，「矯正」を目指すことはない。

エ　幼稚園の毎学年の教育週数は，特別の事情がない限り，39週を下ってはならないとされている。

オ　「4時間」はあくまで標準。教育時間の終了後等に行う教育活動については，平成20年3月に改訂された幼稚園教育要領において位置付けがなされ，平成29年3月改訂の幼稚園教育要領にも引き継がれている。

25 ③

解説

ア　不適切。教師が計画どおりに行わせるというよりも，幼児自らが周囲の環境に働きかけてさまざまな活動を生み出し，そこから育てられていくものである。

イ　適切。

ウ　不適切。「幼児をただ遊ばせている」だけでは幼児の主体的な活動を促すことにはならない。一人一人の幼児に今どのような体験が必要かを考え，そのために常に工夫する必要がある。

エ　適切。

オ　不適切。幼児が自分から興味をもって，遊具や用具，素材についてふさわしい関わりができるようにその種類，数量，配置を考える必要がある。そのような環境構成の取組によって，幼児はそれらとのかかわりを通してその対象の潜在的な学びの価値を引き出すことができる。

26 ③

解説

①　幼児は常に積極的に環境に関わって遊び，望ましい方向に向かって発達していくとは限らない。発達の道筋を見通して，教育的に価値のある環境を計画的に構成していく必要がある。

②　幼児の活動の展開は多様な方向に躍動的に変化するので，常に見通しと

一致するわけではない。常に活動に沿って環境を構成し直し続けていく。

③　適切である。幼児が主体的に活動できる環境を構成するには，幼児の周りにある様々な事物や生き物，他者(友達，教師)，自然事象・社会事象を幼児がどう受け止め，幼児にとってどのような意味をもつかをよく理解する必要がある。

④　教師も環境の重要な一部である。教師の身の置き方，行動，言葉，心情，態度など教師の存在が幼児の行動や心情に大きな影響を与える。

⑤　活動の結果より，その過程が意欲や態度を育み，生きる力の基礎を培っていく。そのため，幼児が本当にやりたいと思い，専念できる活動を見つけていくことも必要である。

27 ②
解説

①　幼児との信頼関係を十分に築き，幼児と共によりよい教育環境をつくり出していくことも求められている。

②　適切である。例えば集団に入らず一人でいる場合，何か一人での活動に没頭しているのか，教師から離れるのが不安なのか，入ろうとしながら入れないでいるのかなど状況を判断し，その時々に適切な関わり方をしていく。

③　特に入園当初や学年の始めは学級として打ち解けた温かい雰囲気づくりを心がける。そのことによって幼児が安心して自己を発揮できるようにしていくことが必要である。

④　葛藤が起こることは幼児の発達にとって大切な学びの機会となる。

⑤　年下の者への思いやりや責任感，年上の者への憧れや自分もやってみようという意欲をも生み出す。年齢の異なる幼児が交流できるような環境を構成することも大切である。

28 ⑤
解説

①　適切である。

②　適切である。幼稚園規模，教職員の状況，施設設備の状況などの人的・物的条件の実態は幼稚園によって異なってくるとし，これらの条件を客観的に把握した上で，特に，教職員の構成，遊具や用具の整備状況などについて分析することを求めている。

③ 適切である。近隣の幼稚園・認定こども園・保育所・小学校，図書館などの社会教育施設，幼稚園の教育活動に協力することのできる人などを「地域の資源」と捉えている。

④ 適切である。基本的な情報を積極的に提供し，保護者や地域住民の理解や支援を得ることが大切としている。

⑤ 不適切である。「保護者の養護の基本方針」ではなく「幼児の心身の発達」である。

29 ③

解説

① 幼稚園教育要領に示されている「ねらい」や「内容」をそのまま各幼稚園の指導のねらいや内容とするのではなく，幼児の発達の各時期に展開される生活に応じて適切に具体化したねらいや内容を設定する。

② 「各領域に示す事項を参考に」ではなく「各領域に示す事項に基づいて」である。

③ 正しい。次第に他者の存在を理解し「他者を思いやったり，自己を抑制したりする気持ちが生まれる」としている。

④ 各領域に示された「ねらい」や「内容」の「関係部分を視野に入れる」ではなく「全てを視野に入れる」。

⑤ 「各教員がそれぞれの責任において」ではなく「園長の責任において」である。

30 ⑤

解説

幼稚園教育要領解説(平成30年2月，文部科学省)第1章第3節「3(1)④教育課程編成の実際」は，編成に必要な基礎的事項についての理解を図る **ア** →各幼稚園の教育目標に関する共通理解を図る **エ** →幼児の発達の過程を見通す **イ** →具体的なねらいと内容を組織する **ウ** →教育課程を実施した結果を評価し，次の編成に生かす → **オ** という編成手順を参考例として示している。**イ**の「幼児の発達の過程を見通す」については幼児の発達を長期的に見通すことのほか，幼児の発達の過程に応じて教育目標がどのように達成されていくかについて，およその予測をするともしている。したがって，この手順は**エ**の「各幼稚園の教育目標に関する共通理解を図る」の次ということである。教育目標について理解し，その教育目標がどのように達成さ

れていくかを予測するというものである。

31 ⑤
解説

① 39週を「上回ってはならない」ではなく「下ってはならない」である。

② 特別の事情がある場合とは,台風,地震,豪雪などの非常変災,その他急迫の事情があるとき,伝染病の流行などの事情が生じた場合である(幼稚園教育要領解説(平成30年2月,文部科学省)第1章第3節3「(2)教育週数」)。

③ 最長4時間ではなく,標準4時間である。

④ 保育所の整備が進んでいない地域においては,幼稚園の実態に応じて弾力的な対応を図る必要がある(幼稚園教育要領解説(平成30年2月,文部科学省)第1章第3節3「(3)教育時間」)。

⑤ 正しい。教育課程に係る1日の教育時間については4時間を標準とし,それぞれの幼稚園において定められた教育時間については,登園時刻から降園時刻までが教育が行われる時間となる。

32 ④
解説

① 適切ではない。具体的な指導の「ねらい」や「内容」は,「幼児期の終わりまでに育ってほしい姿」との関連を考慮しながら,幼児の発達の各時期に展開される生活に応じて適切に具体化したねらいや内容を設定する。

② 適切ではない。「短期的」ではなく「長期的」が正しい。

③ 一般的には「評価の資料を収集し,検討する」→「整理した問題点を検討し,原因と背景を明らかにする」→「改善案をつくり,実施する」という手順になる。

④ 適切である。一方,比較的長期の見通しの下に改善の努力がいるものとして人的,物的諸条件がある。

⑤ 幼稚園内の教職員や設置者の努力によって改善できるものもあれば,家庭や地域の協力を得つつ改善の努力を必要とするものもある。

33 ③
解説

Aには「意欲」が入る。Bには「環境」が入る。Cには「表現」が入る。

Dには「感性」が入る。領域「表現」の「ねらい」のうち，特に「いろいろなものの美しさなどに対する豊かな感性をもつ」「感じたことや考えたことを自分なりに表現して楽しむ」に関わる部分の記述であり，引用文はこのあと「また，そのような心の動きを，やがては，それぞれの素材や表現の手段の特性を生かした方法で表現できるようにすること，あるいは，それらの素材や方法を工夫して活用することができるようにすること，自分の好きな表現の方法を見付け出すことができるようにすることが大切である」と続けている。

34 ④

A 「教育は，子供の望ましい発達を期待し，子供のもつ潜在的な可能性に働き掛け，その人格の形成を図る営みである」(幼稚園教育要領解説(平成30年2月，文部科学省)第1章第1節1)とも言っている。

B 同じく「幼児は，環境との相互作用によって発達に必要な経験を積み重ねていく。したがって，幼児期の発達は生活している環境の影響を大きく受けると考えられる。ここでの環境とは自然環境に限らず，人も含めた幼児を取り巻く環境の全てを指している」(幼稚園教育要領解説(平成30年2月，文部科学省)第1章第2節1(2)②)と言っている。

C 幼児期は社会性が発達する時期であり，「友達との関わりの中で，幼児は相互に刺激し合い，様々なものや事柄に対する興味や関心を深め，それらに関わる意欲を高めていく」(幼稚園教育要領解説(平成30年2月，文部科学省)第1章第1節3(1)③)としている。

35 ①
解説

A 幼児が自分や相手に気付くというのは，受け入れられるだけでなく，時には拒否されることもあるということが重要である。そして，この「拒否」は，他者と関わるなかで生まれるものである。

B 他者との関係の広がりは，同時に自我の形成の過程でもある。

C 「幼児期は，他者との関わり合いの中で，様々な葛藤やつまずきなどを体験することを通して，将来の善悪の判断につながる，やってよいことや悪いことの基本的な区別ができるようになる時期である」(幼稚園教育要領解説(平成30年2月，文部科学省)第1章第2節1)。

D 「自分と異なった」ということから，感じ方や考え方，価値観などが考

えられる。

E　他者との関わりを通して幼児は，「自己の存在感を確認し，自己と他者の違いに気付き，他者への思いやりを深め，集団への参加意識を高め，自律性を身に付けていく」(幼稚園教育要領解説(平成30年2月，文部科学省)第1章第1節3(1)③)

 36 ⑤
解説

　幼稚園教育要領解説(平成30年2月，文部科学省)では，「そう考えた教師は，鬼遊びのルールを守って遊ぶということにならなくても，その幼児の要求にこたえ，手をつないで一緒に行動しようとするだろう」と，この例のあとで解説している。そして，「ある意味で一人一人に応じることは，一人一人が過ごしてきた生活を受容し，それに応じるということ」が必要であり，そのためには，「幼児の思い，気持ちを受け止め，幼児が周囲の環境をどう受け止めているのかを理解すること，すなわち，幼児の内面を理解しようとすることから始まるのである。そして，その幼児が真に求めていることに即して必要な経験を得られるように援助していくのである」としめくくっている。したがって，**ア，イ，オ**は適切でないことが導かれる。

37 ③
解説

　Aは**カ**が正解である。状況をつくることや，幼児の活動に沿って環境を構成するよう配慮することは，障害の有無にかかわらず保育全般において重要なことといえる。**B**は**ウ**が正解である。一人一人が異なった発達の姿を示すので，それぞれに即した指導をしなければならない。**C**は**イ**が正解である。幼稚園教育要領の「第1章　第2節」より，生きる力の基礎を育むため「知識及び技能の基礎」「思考力，判断力，表現力等の基礎」「学びに向かう力，人間性等」を一体的に育むこととされている。**D**は**ケ**が正解である。多くの幼児にとって，幼稚園生活は親しい人間関係である家庭を離れ，同年代の幼児と過ごす始めての集団生活である。この集団生活を通して自我の発達の基礎が築かれる。**E**は**ク**が正解である。発達を促すに当たって，個別の教育支援計画および指導計画を作成・活用することなどに留意したい。

38 ④
解説

① 適切である。教育課程は，幼稚園における教育期間の全体を見通したものである。

② 適切である。指導計画は，一人一人の幼児が生活を通して必要な経験が得られるよう具体的に立てられる。

③ 適切である。そのため一般に長期的な見通しをもった年・学期・月，あるいは発達の時期などの計画と，それと関連しさらに具体的にされた週，日など短期の計画を考えることになる。

④ 適切でない。指導計画は1つの仮説である。実際に展開される生活に応じて改善されていく。そこから教育課程の改善も行われる。

⑤ 適切である。そのためには幼稚園全体の物的・人的環境が幼児期の発達を踏まえて教育環境として十分に配慮されることが重要である。

39 ③
解説

幼児の家庭や地域での生活を含め，生活全体を豊かにし，健やかな成長を確保していくためには，幼稚園が家庭や地域社会との連携を深め，地域の実態や保護者及び地域の人々の要請などを踏まえ，地域における幼児期の教育のセンターとしてその施設や機能を開放し，積極的に子育てを支援していく必要がある。このような子育ての支援の観点から，幼稚園には多様な役割を果たすことが期待されている。その例として，地域の子供の成長，発達を促進する場としての役割，遊びを伝え，広げる場としての役割，保護者が子育ての喜びを共感する場としての役割，子育ての本来の在り方を啓発する場としての役割，子育ての悩みや経験を交流する場としての役割，地域の子育てネットワークづくりをする場としての役割などが挙げられるが，このほかにも，各幼稚園を取り巻く状況に応じて，様々な役割が求められる。

40 ②
解説

昭和22年に保育要領が作成され，これが昭和31年に幼稚園教育要領として改訂された。平成元年の幼稚園教育要領の改訂以来，領域は，健康，人間関係，環境，言葉，表現の5つで編成されている。それまでは健康，

社会，自然，言語，音楽リズム，絵画製作の6領域であった。

① 「自然」の領域は昭和31年改訂，昭和39年改訂である。

② すべて平成29年改訂の領域である。

③ 「社会」の領域は昭和31年改訂，昭和39年改訂である。

④ 「言語」の領域は昭和31年改訂，昭和39年改訂である。平成元年から
は「言語」でなく「言葉」となっている。

⑤ 「遊び」という領域は，昭和31年の改訂以来，設けられたことがない。

41 ⑤

解説

ア 領域は小学校の教科科目のように区切らないで，生活全般や遊びなど
において子どもの自発的な活動をとおして，幼稚園において総合的に達
成されるような教育を示したものである。

イ 正しい。幼稚園教育要領の第2章「ねらい及び内容」において，各領域
に示されている事項についての解説である。

ウ 正しい。幼児に育つことが期待される心情，意欲，態度などを「ねら
い」とし，それを達成するために教師が指導し，幼児が身に付けていく
ことが望まれるものを「内容」としたものである。

エ 各領域に示された目標などをそのまま教育課程における具体的な指導
のねらいとするのではなく，幼児の発達の各時期に展開される生活に応
じて適切に具体化したねらいや内容を設定する必要がある。

オ 教師が指導する内容を示したもので，指導方法を示したものではない。

42 ⑤

解説

Aには「資質・能力」が当てはまる。旧幼稚園教育要領(平成20年告示)で
は，ねらいは「幼稚園修了までに育つことが期待される生きる力の基礎と
なる心情，意欲，態度など」とされていたのに対し，新しい幼稚園教育要
領(平成29年3月告示)では「幼稚園教育において育みたい資質・能力を幼
児の生活する姿から捉えたもの」と定義が変更されたので必ず確認してお
きたい。Bには「人間関係」が当てはまる。「人間関係」は領域の1つである。
Cには「感性」が当てはまる。技能と表現でなく，感性と表現である。Dには
「具体的」が当てはまる。Eには「総合的」が当てはまる。「具体的な活動を通
して総合的に指導されるものであること」とする。「具体的」と「総合的」を

混同しないこと。

43 ①
解説

　Aには「安全」が入る。生涯を通じて健康で安全な生活を営む基盤は，幼児期に愛情に支えられた安全な環境の下で，心と体を十分に働かせて生活することによって培われていく(幼稚園教育要領解説(平成30年2月，文部科学省)第2章第2節1)。Bには「自立心」が入る。Cには「好奇心」が入る。幼児は園内，園外の様々な環境に好奇心や探究心をもって主体的に関わり，自分の生活に取り入れていくことを通して発達していく(幼稚園教育要領解説(平成30年2月，文部科学省)第2章第2節3)。Dには「感覚」が入る。Eには「創造性」が入る。幼児は，感じること，考えること，イメージを広げることなどの経験を重ね，感性と表現する力を養い，創造性を豊かにしていく(幼稚園教育要領解説(平成30年2月，文部科学省)第2章第2節5)。

44 ④
解説

　Aには「自分の」，Bには「信頼感」，Cには「社会生活」が入る。平成29年3月の改訂で従前のものより改訂があったのは(2)の文章である。「工夫したり，協力したりして一緒に活動する楽しさを味わい，」が加えられたので，必ず確認しておきたい。

45 ③
解説

　領域「環境」の「ねらい」の1つ。参考として，幼稚園教育要領解説(平成30年2月，文部科学省)第2章第2節3では「幼児を取り巻く生活には，物については当然だが，数量や文字についても，幼児がそれらに触れ，理解する手掛かりが豊富に存在する。それについて単に正確な知識を獲得することのみを目的とするのではなく，環境の中でそれぞれがある働きをしていることについて実感できるようにすることが大切である」としていることを確認したい。

46 ③
解説

　「3　内容の取扱い」で「(4)　幼児が生活の中で，言葉の響きやリズム，新

しい言葉や表現などに触れ，これらを使う楽しさを味わえるようにすること。その際，絵本や物語に親しんだり，言葉遊びなどをしたりすることを通して，言葉が豊かになるようにすること。」が平成29年3月告示の幼稚園教育要領において新たに加わった。①は「3　内容の取扱い」の(1)に，②は(2)に，④は(5)に，⑤は(3)にある。

 ⑤

解説

　5つの領域は学校教育法第23条の「幼稚園の教育目標」を受けているが，「幼稚園の教育目標」がそのまま幼稚園教育要領の領域に表されているものはない。各領域の意義付けは次のとおりである。「健康」健康な心と体を育て，自ら健康で安全な生活をつくり出す力を養う。「人間関係」他の人々と親しみ，支え合って生活するために，自立心を育て，人と関わる力を養う。「環境」周囲の様々な環境に好奇心や探究心をもって関わり，それらを生活に取り入れていこうとする力を養う。「言葉」経験したことや考えたことなどを自分なりの言葉で表現し，相手の話す言葉を聞こうとする意欲や態度を育て，言葉に対する感覚や言葉で表現する力を養う。「表現」感じたことや考えたことを自分なりに表現することを通して，豊かな感性や表現する力を養い，創造性を豊かにする。

 ②

解説

　保育内容のねらいについては暗唱できるくらいにしておきたい。正しくは「身近な環境に親しみ，自然と触れ合う中で様々な事象に興味や関心をもつ。身近な環境に自分から関わり，発見を楽しんだり，考えたりし，それを生活に取り入れようとする。身近な事象を見たり，考えたり，扱ったりする中で，物の性質や数量，文字などに対する感覚を豊かにする」であるが，この設問の場合は，Bが2箇所に出てくることに注意する。「興味や関心をもつ」，「見たり，考えたり，扱ったりする」の両方の目的語として使えるものがウしかないことが分かれば，選択肢③〜⑤は除外できる。また，Cに「表現」が入るのは日本語として不自然なので選択肢①も除外できる。

第5章

専門試験
教育法規

◪ 演 習 問 題

1 日本国憲法の記述として正しいものを，次の①〜⑤から１つ選びなさい。

(難易度■■■□□)

① その権威は国民に由来し，その権力は国民がこれを行使し，その福利は国民がこれを享受する。

② 我々日本国民は，たゆまぬ努力によって築いてきた民主的で文化的な国家を更に発展させるとともに，世界の平和と人類の福祉の向上に貢献することを願うものである。

③ すべての国民は，個人として尊重される。生命，自由及び幸福追求に対する国民の権利については，公共の福祉に反しない限り，立法その他の国政の上で，最大の尊重を必要とする。

④ 思想及び良心の自由は，公共の福祉に反しない限り，これを侵してはならない。

⑤ 何人も，居住，移転及び職業選択の自由を有する。

2 教育基本法の記述として適切なものを，次の①〜⑤から１つ選びなさい。

(難易度■■■□□)

① われらは，さきに，日本国憲法を確定し，民主的で文化的な国家を建設して，世界の平和と人類の福祉に貢献しようとする決意を示した。この理想の実現は，根本において教育の力にまつべきものである。

② 教育は，人格の陶冶を目指し，自由な国家及び社会の形成者として必要な資質を備えた心身ともに健康な国民の育成を期して行われなければならない。

③ 国及び地方公共団体は，すべて修学が困難な者に対して，奨学の措置を講じなければならない。

④ 学校においては，授業料を徴収することができる。

⑤ 法律に定める学校は，公の性質を有するものであって，国，地方公共団体及び法律に定める法人のみが，これを設置することができる。

3 教育基本法の記述として適切なものを，次の①〜⑤から１つ選びなさい。

(難易度■■■□□)

① 教育を受ける者が，学校生活を営む上で必要な規律を重んずるととも

に，自ら進んで学習に取り組む意欲を高めることを重視して行われなければならない。

② 私立学校の有する公の性質及び学校教育において果たす重要な役割にかんがみ，国及び地方公共団体は，私立学校教育の振興に努めなければならない。ただし，公の財産を支出してはならない。

③ 幼児期の教育は，保護者が第一義的責任を有するものであって，国及び地方公共団体は，幼児の健やかな成長に資する良好な環境の整備その他適当な方法によって，その振興に努めなければならない。

④ 父母その他の保護者は，生活のために必要な習慣を身に付けさせるとともに，自立心を育成し，心身の調和のとれた発達を図るよう努めるものとする。

⑤ 学校及び家庭は，教育におけるそれぞれの役割と責任を自覚するとともに，相互の連携及び協力に努めるものとする。

4 次の記述は，教育基本法のうち教育の目標について述べた条文である。空欄（ A ）～（ C ）に当てはまる語句の組み合わせとして正しいものを，あとの①～⑤から１つ選びなさい。　　　　　(難易度■■□□□)

・幅広い知識と教養を身に付け，真理を求める態度を養い，（ A ）を培うとともに，健やかな身体を養うこと。

・（ B ）を尊重して，その能力を伸ばし，創造性を培い，自主及び自律の精神を養うとともに，職業及び生活との関連を重視し，勤労を重んずる態度を養うこと。

・（ C ）を尊重し，それらをはぐくんできた我が国と郷土を愛するとともに，他国を尊重し，国際社会の平和と発展に寄与する態度を養うこと。

　　ア　個人の価値　　　イ　豊かな情操と道徳心　　　ウ　生命
　　エ　環境　　　　　　オ　伝統と文化

① A-ア　　B-イ　　C-オ
② A-イ　　B-ア　　C-オ
③ A-ア　　B-ウ　　C-エ
④ A-イ　　B-エ　　C-オ
⑤ A-ア　　B-イ　　C-ウ

5 次は教育基本法の条文である。空欄(A)～(C)に当てはまる語句の組み合わせとして正しいものを，あとの①～⑤から１つ選びなさい。

(難易度■■■□□)

　(A)は，生涯にわたる(B)の基礎を培う重要なものであることにかんがみ，国及び地方公共団体は，幼児の健やかな成長に資する良好な環境の整備その他適当な方法によって，その(C)に努めなければならない。

　ア　幼稚園教育　　イ　幼児期の教育　　ウ　人格形成　　エ　学習
　オ　振興

① A－ア　　B－ウ　　C－エ
② A－ア　　B－エ　　C－オ
③ A－イ　　B－ウ　　C－オ
④ A－イ　　B－エ　　C－オ
⑤ A－ウ　　B－エ　　C－オ

6 教員に関する次の記述の空欄(A)～(C)に当てはまる語句の組み合わせとして適切なものを，あとの①～⑤から１つ選びなさい。

(難易度■■■□□)

　法律に定める学校の教員は，自己の崇高な使命を深く自覚し，絶えず(A)に励み，その職責の遂行に努めなければならない。

　前項の教員については，その(B)の重要性にかんがみ，その身分は尊重され，待遇の適正が期せられるとともに，(C)の充実が図られなければならない。

　ア　研究と修養　　イ　修養と研修　　ウ　養成と研修
　エ　使命と職責　　オ　修養と職責

① A－ア　　B－イ　　C－ウ
② A－ア　　B－エ　　C－ウ
③ A－イ　　B－ウ　　C－オ
④ A－イ　　B－エ　　C－ウ
⑤ A－ウ　　B－エ　　C－オ

7 学校教育法の幼稚園に関する条文として適切なものを，次の①～⑤から１つ選びなさい。

(難易度■■■□□)

① 幼稚園は，義務教育及びその後の教育の基礎を培うものとして，幼児

を教育し，幼児の健やかな成長のために適当な保育を与えて，その心身の発達を助長することを目的とする。

② 集団生活を通じて，喜んでこれに参加する態度を養うとともに家族や身近な人への信頼感を深め，自主，自律及び協同の精神並びに規範意識の芽生えを養うこと。

③ 幼稚園においては，……幼児期の教育に関する各般の問題につき，保護者及び地域住民その他の関係者からの相談に応じ，必要な情報の提供及び助言を行うなど，家庭及び地域における幼児期の教育の支援を行うことができる。

④ 幼稚園に入園することのできる者は，その年度に満３歳に達する幼児から，小学校就学の始期に達するまでの幼児とする。

⑤ 教頭は，園長(副園長を置く幼稚園にあつては，園長及び副園長)を助け，園務を整理する。

8 学校教育法に規定する内容として適切なものを，次の①〜⑤から１つ選びなさい。 (難易度■■■□□)

① 私立幼稚園を設置しようとするときは，市町村教育委員会の認可を受けなければならない。

② 幼稚園では，学校運営の評価を行い，改善のために必要な措置を講じなくてはならない。

③ 幼稚園には，園長，教頭，主幹教諭，教諭を必ず置かなければならない。

④ 小学校は，家庭教育の基礎の上に普通教育を行う学校である。

⑤ 特別支援学校は，視覚障害者，聴覚障害者，知的障害者を対象とする学校である。

9 次の記述は，学校教育法に定める幼稚園の目的である。空欄(A)〜(C)に当てはまる語句の組み合わせとして正しいものを，あとの①〜⑤から１つ選びなさい。 (難易度■■□□□)

幼稚園は，(A)及びその後の教育の基礎を培うものとして，幼児を(B)し，幼児の健やかな成長のために適当な(C)を与えて，その心身の発達を助長することを目的とする。

ア 小学校 イ 義務教育 ウ 教育 エ 保育
オ 環境

① A-ア　　B-イ　　C-エ
② A-ア　　B-ウ　　C-エ
③ A-ア　　B-エ　　C-オ
④ A-イ　　B-ウ　　C-オ
⑤ A-イ　　B-エ　　C-オ

10 学校教育法に定める「幼稚園教育の目標」の記述として誤っているものを，次の①〜⑤から１つ選びなさい。　　　　　(難易度■■■□□)

① 健康，安全で幸福な生活のために必要な基本的な習慣を養い，身体諸機能の調和的発達を図ること。

② 生活の仕方を知り，自分たちで生活の場を整えながら見通しをもって行動すること。

③ 身近な社会生活，生命及び自然に対する興味を養い，それらに対する正しい理解と態度及び思考力の芽生えを養うこと。

④ 日常の会話や，絵本，童話等に親しむことを通じて，言葉の使い方を正しく導くとともに，相手の話を理解しようとする態度を養うこと。

⑤ 音楽，身体による表現，造形等に親しむことを通じて，豊かな感性と表現力の芽生えを養うこと。

11 学校教育法における小学校教育の規定として適切なものを，次の①〜⑤から１つ選びなさい。　　　　　(難易度■■■□□)

① 中学校及びその後の教育の基礎を培うものとして，児童を教育し，児童の健やかな成長のために適当な環境を与えて，その心身の発達を助長することを目的とする。

② 生涯にわたり学習する基盤が培われるよう，基礎的な知識及び技能を習得させることに，特に意を用いなければならない。

③ 教育指導を行うに当たり，児童の体験的な学習活動，特にボランティア活動など社会奉仕体験活動，自然体験活動その他の体験活動の充実に努めるものとする。

④ 文部科学大臣の検定を経た教科用図書又は文部科学省が著作の名義を有する教科用図書を使用することができる。

⑤ 性行不良で他の児童の教育に妨げがあると認められる児童があっても，その保護者に対して，児童の出席停止を命ずることはできない。

12 学校教育法施行規則の規定として適切なものを，次の①〜⑤から１つ選びなさい。　(難易度■■■□□)
① 幼稚園の毎学年の教育週数は，特別の事情のある場合を除き，35週を下つてはならない。
② 職員会議は，学校の重要事項の決定機関であり，校長が召集する。
③ 学年は，４月１日に始まり，翌年３月31日に終わる。
④ 教育活動その他の学校運営の状況について，自ら評価を行い，その結果を公表することに努めなければならない。
⑤ 幼稚園の１日の教育課程に係る教育時間は，４時間を標準とする。

13 学校教育法施行規則の条文として適切なものを，次の①〜⑤から１つ選びなさい。　(難易度■■■□□)
① 校長及び教員が児童等に懲戒や体罰を加えるに当たつては，児童等の心身の発達に応ずる等教育上必要な配慮をしなければならない。
② 幼稚園の設備，編制その他設置に関する事項は，この章に定めるもののほか，文部科学大臣の定めるところによる。
③ 幼稚園の毎学年の教育週数は，特別の事情のある場合を除き，39週を下つてはならない。
④ 職員会議を置かなければならない。
⑤ ……当該小学校の教育活動その他の学校運営の状況について，自ら評価を行い，その結果を公表することに努めるものとする。

14 次の記述は，学校評価に関するものである。正しい記述の組み合わせを，あとの①〜⑤から１つ選びなさい。　(難易度■■■■□)
ア 学校評価は，特別の事情があるときには実施しないことができる。
イ 学校評価には，自己評価，学校関係者評価，第三者評価の３種類がある。
ウ 学校関係者評価の評価者には，その学校の教職員は加われない。
エ 学校評価の結果は，その学校の設置者に報告しなければならない。
オ 第三者評価を実施することに努めるものとする。
　① ア，イ　　② ア，エ，オ　　③ イ，ウ　　④ イ，ウ，エ
　⑤ ウ，エ，オ

15 学校評議員制度に関する学校教育法施行規則の記述として適切なものを，次の①〜⑤から１つ選びなさい。 (難易度■■■■□)

① 学校には，学校評議員会を置くものとする。

② 学校評議員は，校長が委嘱する。

③ 学校評議員は，校長の求めに応じて意見を述べる。

④ 校長は，学校運営の方針を作成し，学校評議員の承認を得なければならない。

⑤ 教育委員会は，学校評議員の意見を尊重しなければならない。

16 幼稚園の設置に関する記述のうち，適切なものを，次の①〜⑤から１つ選びなさい。 (難易度■■■□□)

① 私立幼稚園を設置できるのは，学校法人に限られる。

② 市町村には，幼稚園の設置が義務付けられている。

③ 幼稚園の１学級の幼児数は，幼稚園教育要領によって定められている。

④ 園舎は２階建以下を原則とし，保育室，遊戯室，便所は１階に置かなければならない。

⑤ 幼稚園には，図書室を置かなければならない。

17 幼稚園設置基準に関する記述として適切なものを，次の①〜⑤から１つ選びなさい。 (難易度■■■□□)

① 学級は，学年の初めの日の前日において同じ年齢にある幼児で編制することを原則とする。

② 幼稚園に置く教員等は，他の学校の教員等と兼ねることができないことを原則とする。

③ 養護教諭は，必ず置かなければならない。

④ 保育室の数は，学級数の３分の１を下回ってはならない。

⑤ 運動場を園舎と離れた敷地に設けるときは，バスなどの移動手段を講じなければならない。

18 幼稚園設置基準の条文として適切なものを，次の①〜⑤から１つ選びなさい。 (難易度■■■□□)

① この省令で定める設置基準は，幼稚園を設置するのに必要な最低の基準を示すものであるから，幼稚園の設置者は，幼稚園の水準の向上を図

ることに努めなければならない。

② 1学級の幼児数は，40人以下でなければならない。

③ 保育室，遊戯室及び便所の施設は，第1階に置くことを原則とする。

④ 保育室と遊戯室及び職員室と保健室とは，それぞれ別に設けるものとする。

⑤ 園具及び教具は，常に改善し，補充するよう努めるものとする。

19 公立学校の休業日に関する法律の規定として，適切でないものを，次の①〜⑤から1つ選びなさい。　　　　　（難易度■■■■□）

① 土曜日

② 日曜日

③ 国民の祝日

④ 年間90日の夏季・冬季休業日

⑤ 教育委員会の定める日

20 次は，文部科学省が示した「幼稚園施設整備指針」(平成30年3月)のなかの「人とのかかわりを促す工夫」についての記述である。文中の（ A ）〜（ C ）に当てはまる語句をア〜クから選ぶとき，正しい組み合わせを，あとの①〜⑤から1つ選びなさい。　（難易度■■□□□）

　幼児が教師や他の幼児などと（ A ）をおくる中で，信頼感や思いやりの気持ちを育て，また，地域住民，高齢者など様々な人々と親しみ，（ B ）を育て人とかかわる力を養うことに配慮した施設として計画することが重要である。その際，近隣の小学校の児童等との（ C ）に配慮した施設として計画したり，アルコーブ，デン等を計画し，幼児と人との多様なかかわり方が可能となる施設面での工夫を行ったりすることも有効である。

ア　遊び　　イ　道徳心　　ウ　社会生活　　エ　相互理解
オ　自立心　　カ　学習活動　　キ　集団生活　　ク　交流

① A−キ　　B−オ　　C−ク
② A−ウ　　B−ア　　C−ク
③ A−エ　　B−イ　　C−オ
④ A−カ　　B−イ　　C−キ
⑤ A−カ　　B−ア　　C−キ

21 次は，文部科学省が示した「幼稚園施設整備指針」(平成30年3月)の中の「自然や人，ものとの触れ合いの中で遊びを通した柔軟な指導が展開できる環境の整備」についての記述である。文中の(A)～(C)に当てはまる語句をア～クから選ぶとき，正しい組み合わせを，あとの①～⑤から1つ選びなさい。　　　　　　　　　　(難易度■■□□□)

幼稚園は幼児の(A)な生活が展開される場であることを踏まえ，家庭的な雰囲気の中で，幼児同士や教職員との交流を促すとともに，自然や人，ものとの触れ合いの中で幼児の(B)を満たし，幼児の(C)な活動としての遊びを引き出すような環境づくりを行うことが重要である。

　　ア　自発的　　イ　行動的　　ウ　満足感　　エ　自立的
　　オ　好奇心　　カ　主体的　　キ　積極的　　ク　達成感

① A－エ　　B－ク　　C－カ
② A－イ　　B－オ　　C－キ
③ A－カ　　B－オ　　C－ア
④ A－ア　　B－ウ　　C－キ
⑤ A－ア　　B－ク　　C－エ

22 学校教育法に掲げられている幼稚園の目的・目標として適切なものを，次の①～⑤から1つ選びなさい。　　　　　　　　　　(難易度■■■□□)

① 健康，安全で幸福な生活のために必要な態度を養い，身体諸機能の調和的発達を図ること。

② 義務教育及びその後の教育の基礎を培うものとして，幼児を保育し，幼児の健やかな成長のために安全な環境を与えて，その心身の発達を助長すること。

③ 身近な社会生活，生命及び自然に対する興味を養い，それらに対する正しい理解と態度及び思考力の芽生えを養うこと。

④ 日常の会話や，絵本，童話等に親しむことを通じて，読解力を正しく導くとともに，相手の話を理解しようとする態度を養うこと。

⑤ 音楽，遊戯，造形等に親しむことを通じて，豊かな感性と表現力の芽生えを養うこと。

23 教員に関する記述として適切なものを，次の①～⑤から1つ選びなさい。
　　　　　　　　　　(難易度■■■■□)

① 教員は，すべて全体の奉仕者である。

② 教員は，教育の専門家として，校長の指揮命令から一定の独立性が認められている。

③ 教員免許状取上げの処分を受け，3年を経過しない者は，教員にはなれない。

④ 教員として採用された者は，本人の意思に反して，教員以外の職に任命されることはない。

⑤ 教諭は，教育および校務をつかさどる。

24 次は，教育公務員の任命に関する記述である。空欄(A)～(C)に当てはまる語句の組み合わせとして正しいものを，あとの①～⑤から1つ選びなさい。　　　　　　　　　　　　　(難易度■■■□□)

市町村立学校の教員は，(A)の公務員であるが，(B)が給与を負担する教員の任命権は(B)にある。これを，(C)制度という。

　ア　都道府県教育委員会

　イ　市町村教育委員会

　ウ　公費負担教職員

　エ　県費負担教職員

　オ　私費負担教職員

①　A－ア　　B－イ　　C－ウ

②　A－ア　　B－イ　　C－エ

③　A－イ　　B－ア　　C－ウ

④　A－イ　　B－ア　　C－エ

⑤　A－イ　　B－ア　　C－オ

25 教育公務員に関する記述として，誤っているものを，次の①～⑤から1つ選びなさい。　　　　　　　　　　　　　(難易度■■■□□)

① 勤務時間中であっても，自らの裁量で，勤務場所を離れて研修を行うことができる。

② 職の信用を傷つけたり，職員の職全体の不名誉となるような行為をしたりすることが禁じられている。

③ 全国どこであっても政治的行為をすることができない。

④ 兼職や兼業が認められる場合がある。

⑤　争議行為を行うことができない。

26 次は教育公務員特例法についての記述である。正しい記述の組み合わせ
を，あとの①〜⑤から１つ選びなさい。　　　(難易度■■■□□)

ア　教育公務員は，その職責を遂行するために，絶えず研究と修養に努め
なければならない。

イ　教育公務員は，教育長の定めるところにより，現職のままで，長期に
わたる研修を受けることができる。

ウ　教諭等の任命権者は，当該教諭等に対して，その採用の日から１年間
の教諭又は保育教諭の職務の遂行に必要な事項に関する実践的な研修を
実施しなければならない。

エ　教諭等の任命権者は，当該教諭等に対して，個々の能力，適性等に応
じて，公立の小学校等における教育に関し相当の経験を有し，その教育
活動その他の学校運営の円滑かつ効果的な実施において中核的な役割を
果たすことが期待される中堅教諭等としての職務を遂行する上で必要と
される資質の向上を図るために必要な事項に関する研修を実施すること
に努めるものとする。

オ　教諭等の任命権者は，児童，生徒又は幼児に対する指導が不適切であ
ると認定した教諭等に対して，その能力，適性等に応じて，当該指導の
改善を図るために必要な事項に関する研修を実施しなければならない。

①　ア，イ，エ　　②　ア，ウ，オ　　③　イ，ウ，エ
④　イ，ウ，オ　　⑤　ウ，エ，オ

27 教育公務員の研修に関する記述として，教育公務員特例法に照らして適
切なものを，次の①〜⑤から１つ選びなさい。　　　(難易度■■■□□)

①　校長は，教員の研修について，それに要する施設，研修を奨励するた
めの方途その他研修に関する計画を樹立し，その実施に努めなければな
らない。

②　教員は，授業に支障がなければ，本属長の承認を受けずに，勤務場所
を離れて研修を行うことができる。

③　教育公務員は，任命権者の定めるところにより，現職のままで，長期
にわたる研修を受けることができる。

④　任命権者は，初任者研修を受ける者の所属する学校の管理職を除く，

主幹教諭，指導教諭，主任教諭，教諭，講師のうちから，初任者研修の指導教員を命じるものとする。

⑤　任命権者は，中堅教諭等資質向上研修を実施するに当たり，小学校，中学校，高等学校，特別支援学校等のそれぞれの校種に応じた計画書を作成し，実施しなければならない。

28　教育公務員の研修に関する記述として適切なものを，次の①〜⑤から1つ選びなさい。　　　　　　　　　　（難易度■■■□□）

①　在職期間によって，初任者研修，中堅教諭等資質向上研修，20年経験者研修が義務付けられている。

②　初任者には，所属する学校の校長が指導に当たる。

③　中堅教諭等資質向上研修は，教員の個々の能力，適性等に応じて，資質の向上を図るために行うものである。

④　校長が必要と認めたときは，教員に指導改善研修を命じることができる。

⑤　任命権者が派遣する以外に，大学院への修学を理由にした休業は認められない。

29　学校運営協議会に関する記述として正しい記述の組み合わせを，あとの①〜⑤から1つ選びなさい。　　　　　　（難易度■■■■□）

ア　学校の校長は，その学校に，学校運営協議会を置くことができる。

イ　学校運営協議会の委員は，地域の住民，保護者その他について，校長が任命する。

ウ　校長は，学校の運営に関して，基本的な方針を作成し，学校運営協議会の承認を得なければならない。

エ　学校運営協議会は，学校の職員の採用その他の任用に関する事項について，任命権者に対して意見を述べることができる。任命権者は，その意見を尊重するものとする。

オ　市町村教育委員会は，所管する学校の指定を行おうとするときは，あらかじめ都道府県教育委員会と協議しなければならない。

①　ア，イ，ウ　　②　ア，エ，オ　　③　イ，ウ，エ

④　イ，エ，オ　　⑤　ウ，エ，オ

30 学校保健に関する記述として適切なものを，次の①〜⑤から１つ選びな
さい。　　　　　　　　　　　　　　　　　　　　(難易度■■□□□)

① 学校においては，児童生徒等及び職員の健康診断，環境衛生検査，児
童生徒等に対する指導その他保健に関する事項について計画を策定し，
これを実施しなければならない。

② 学校には，保健室を置くことができる。

③ 学校においては，任意の学年に対して，児童生徒等の健康診断を行う。
在学中に必ず１回は健康診断を行うものとする。

④ 教育委員会は，感染症にかかつており，かかつている疑いがあり，又
はかかるおそれのある児童生徒等の出席を停止させることができる。

⑤ 学校には，学校医を置くことができる。

31 学校保健安全法の条文として誤っているものを，次の①〜⑤から１つ選
びなさい。　　　　　　　　　　　　　　　　　　(難易度■■■□□)

① 学校においては，毎学年定期に，児童生徒等……の健康診断を行わな
ければならない。

② 校長は，感染症にかかつており，かかつている疑いがあり，又はかか
るおそれのある児童生徒等があるときは，政令で定めるところにより，
出席を停止させることができる。

③ 学校の設置者は，感染症の予防上必要があるときは，臨時に，学校の
全部又は一部の休業を行うことができる。

④ 校長は，当該学校の施設又は設備について，児童生徒等の安全の確保
を図る上で支障となる事項があると認めた場合には，遅滞なく，その改
善を図るために必要な措置を講じ，又は当該措置を講ずることができな
いときは，当該学校の設置者に対し，その旨を申し出るものとする。

⑤ 学校の設置者は，学校給食衛生管理基準に照らして適切な衛生管理に
努めるものとする。

32 学校安全の記述として誤っているものを，次の①〜⑤から１つ選びなさ
い。　　　　　　　　　　　　　　　　　　　　　(難易度■■■□□)

① 学校の設置者は，児童生徒等の安全の確保を図るため，事故，加害行
為，災害等により児童生徒等に生ずる危険を防止し，児童生徒等に危険
又は危害が現に生じた場合において適切に対処することができるよう，

施設及び設備並びに管理運営体制の整備充実その他の必要な措置を講ずるよう努めるものとする。

② 学校においては，児童生徒等の安全の確保を図るため，当該学校の施設及び設備の安全点検，児童生徒等に対する通学を含めた学校生活その他の日常生活における安全に関する指導，職員の研修その他学校における安全に関する事項について計画を策定し，これを実施しなければならない。

③ 校長は，学校の施設又は設備について，児童生徒等の安全の確保を図る上で支障となる事項があると認めた場合には，遅滞なく，その改善を図るために必要な措置を講じ，又は措置を講ずることができないときは，学校の設置者に対し，その旨を申し出るものとする。

④ 学校においては，児童生徒等の安全の確保を図るため，当該学校の実情に応じて，危険等発生時において当該学校の職員がとるべき措置の具体的内容及び手順を定めた対処要領を作成するものとする。

⑤ 教育委員会は，学校における事故等により児童生徒等に危害が生じた場合において，当該児童生徒等及び当該事故等により心理的外傷その他の心身の健康に対する影響を受けた児童生徒等その他の関係者の心身の健康を回復させるため，これらの者に対して学校に替わって必要な支援を行うものとする。

33 学校給食に関する記述として適切なものを，次の①〜⑤から1つ選びなさい。　　　　　　　　　　　　　　　　　　(難易度■■■■□)

① 学校給食は，児童生徒の福祉のために行うものである。
② 義務教育諸学校では，学校給食を実施しなければならない。
③ 給食調理場は，各学校に設けなければならない。
④ 学校給食を実施する学校には，栄養教諭を置かなければならない。
⑤ 学校給食費は，2017(平成29)年度に76の自治体で小学校・中学校とも無償化が実施された。

34 認定こども園の記述として適切なものを，次の①〜⑤から1つ選びなさい。　　　　　　　　　　　　　　　　　　(難易度■■■□□)

① 認定こども園は，幼稚園や保育所とはまったく別に創設された子育て支援施設である。

② 国ではなく，都道府県が条例で基準を定め，認定する。

③ 職員は，幼稚園教諭と保育士の両方の資格を保有していなければならない。

④ 保育料は保育所と同様，市町村が条例で決定する。

⑤ 施設設備は，幼稚園，保育所それぞれの基準を満たさなければならない。

35 児童虐待の防止等に関する法律の記述として適切なものを，次の①～⑤から１つ選びなさい。　　　　　　　　　　　　　　（難易度■■■□□）

① この法律で「児童」とは，12歳未満の者を対象としている。

② 児童に対する直接の暴力だけでなく，保護者同士の暴力についても禁止している。

③ この法律では，児童に対する保護者の暴力のみを対象としている。

④ 虐待を発見した者は，証拠を見つけた上で，児童相談所などに通告しなければならない。

⑤ 守秘義務を有する学校の教職員には，早期発見の努力義務までは課されていない。

36 次は，児童養護施設に関する説明である。空欄（　A　）～（　C　）に当てはまる語句の組み合わせとして正しいものを，あとの①～⑤から１つ選びなさい。　　　　　　　　　　　　　　（難易度■■■□□）

児童養護施設は，保護者のない児童，虐待されている児童その他環境上養護を要する児童を入所させて，これを（　A　）し，あわせて退所した者に対する（　B　）その他の自立のための（　C　）を行うことを目的とする施設とする。

　　ア　教育　　イ　養護　　ウ　相談　　エ　援助　　オ　支援

① A－ア　　B－イ　　C－ウ

② A－ア　　B－ウ　　C－エ

③ A－ア　　B－ウ　　C－オ

④ A－イ　　B－ウ　　C－エ

⑤ A－イ　　B－ウ　　C－オ

37 食育基本法の内容として適切なものの組み合わせを，あとの①～⑤から１つ選びなさい。　　　　　　　　　　　　　　（難易度■■■■□）

ア　父母その他の保護者は，食育について第一義的責任を有するものであっ

て，国及び地方公共団体は，保護者に対する学習の機会及び情報の提供その他の支援のために必要な施策を講ずるよう努めなければならない。

イ 地方公共団体は，基本理念にのっとり，食育の推進に関し，国との連携を図りつつ，その地方公共団体の区域の特性を生かした自主的な施策を策定し，及び実施する責務を有する。

ウ 国民は，家庭，学校，保育所，地域その他の社会のあらゆる分野において，基本理念にのっとり，生涯にわたり健全な食生活の実現に自ら努めるとともに，食育の推進に寄与するよう努めるものとする。

エ 都道府県は，食育推進基本計画を基本として，当該都道府県の区域内における食育の推進に関する施策についての計画を作成するよう努めなければならない。

オ 市町村は，都道府県の食育推進基本計画に従って食育を推進するものとする。

① ア，イ，ウ　　② ア，ウ，エ　　③ イ，ウ，エ

④ イ，ウ，オ　　⑤ ウ，エ，オ

38 次は発達障害者支援法の条文である。空欄（　A　）～（　C　）に当てはまる語句の組み合わせとして正しいものを，あとの①～⑤から１つ選びなさい。　　　　　　　　　　　　　　　　　　　（難易度■■■■□）

国及び地方公共団体は，基本理念にのっとり，（　A　）に対し，発達障害の症状の発現後できるだけ早期に，その者の状況に応じて適切に，就学前の（　B　），学校における（　B　）その他の（　B　）が行われるとともに，発達障害者に対する就労，地域における生活等に関する（　C　）及び発達障害者の家族その他の関係者に対する（　C　）が行われるよう，必要な措置を講じるものとする。

ア　発達障害児　　イ　保護者　　ウ　教育　　エ　発達支援

オ　支援

① A-ア　　B-ウ　　C-エ　　② A-ア　　B-ウ　　C-オ

③ A-ア　　B-エ　　C-オ　　④ A-イ　　B-ウ　　C-エ

⑤ A-イ　　B-ウ　　C-オ

39 学校事故として災害共済給付の対象となる「学校の管理下」の記述として誤っているものを，次の①～⑤から１つ選びなさい。

(難易度■■■■□)

① 法令の規定により学校が編成した教育課程に基づく授業を受けている場合

② 学校の教育計画に基づいて行われる課外指導を受けている場合

③ その他，校内にある場合

④ 通常の経路及び方法により通学する場合

⑤ これらの場合に準ずる場合として文部科学省令で定める場合(寄宿舎にある場合など)

40 次に挙げた条文と法規名などの組み合わせとして正しいものを，あとの①～⑤から１つ選びなさい。

(難易度■■■■□)

A 全て児童は，児童の権利に関する条約の精神にのつとり，適切に養育されること，その生活を保障されること，愛され，保護されること，その心身の健やかな成長及び発達並びにその自立が図られることその他の福祉を等しく保障される権利を有する。

B 幼稚園は，義務教育及びその後の教育の基礎を培うものとして，幼児を保育し，幼児の健やかな成長のために適当な環境を与えて，その心身の発達を助長することを目的とする。

C 幼稚園教育は，幼児期の特性を踏まえ環境を通して行うものであることを基本とする。

D 1学級の幼児数は，35人以下を原則とする。

ア	日本国憲法	イ	児童憲章
ウ	学校教育法	エ	学校教育法施行規則
オ	児童福祉法	カ	児童福祉法施行規則
キ	幼稚園教育要領	ク	幼稚園設置基準
ケ	教育基本法		

① A－ア　　B－ウ　　C－ケ　　D－ク

② A－イ　　B－ク　　C－カ　　D－エ

③ A－オ　　B－ウ　　C－キ　　D－ク

④ A－オ　　B－キ　　C－ケ　　D－カ

⑤ A－イ　　B－ウ　　C－キ　　D－エ

解答・解説

1 ③

解説

① 正しくは「その権力は国民の代表者がこれを行使し」(前文)。

② 日本国憲法ではなく，教育基本法の前文の記述である。

③ 第13条(個人の尊重，生命・自由・幸福追求の権利の尊重)の記述であり，正しい。

④ 第19条(思想及び良心の自由)には「公共の福祉に反しない限り」という限定は付いていない。

⑤ 正しくは「何人も，公共の福祉に反しない限り，居住，移転及び職業選択の自由を有する」(第22条)。ここでは「公共の福祉」の限定が付いている。

2 ⑤

解説

① 改正前の旧法(1947年公布)の前文である。混同しないよう，よく注意しておくことが必要である。

② 第1条(教育の目的)の条文であるが，正しくは「…人格の完成を目指し，平和で民主的な…」。

③ 第4条(教育の機会均等)第3項の条文であるが，「能力があるにもかかわらず，経済的理由によって修学が困難な者に対して」が正しい。

④ 学校教育法第6条の条文である。教育基本法で授業料に関する条文は「国又は地方公共団体の設置する学校における義務教育については，授業料を徴収しない」(第5条第4項)。

⑤ 第6条(学校教育)第1項の記述である。

3 ①

解説

① 学校教育について規定した第6条第2項の記述である。教育基本法においては学習者の「規律」が強調されている。

② 第8条(私立学校)では，「助成その他の適当な方法によって私立学校教育の振興に努めなければならない」と，私学助成が合憲であることを明確にしている。

③ 正しくは「幼児期の教育は，生涯にわたる人格形成の基礎を培う重要なものであることにかんがみ…」(第11条)。

④　正しくは「父母その他の保護者は，子の教育について第一義的責任を有するものであって…」(第10条第1項)。ここで保護者の教育責任が強調されている。

⑤　正しくは「学校，家庭及び地域住民その他の関係者は」(第13条)。学校・家庭・地域の三者の連携を求めていることに注意する必要がある。

4 ②
解説

　教育基本法第2条からの出題で，順に第一号，第二号，第五号の条文である。教育基本法においては，教育の目標について詳しく記述されている。それぞれの項目は学校教育のみならず家庭教育や社会教育にも適用されるものであるが，とりわけ学校教育においては，それぞれの学校で「教育の目標が達成されるよう」(第6条第2項)各号の規定を具体的な指導につなげていくことが求められるので，しっかりと覚えておくことが必要である。

5 ③
解説

　教育基本法は，全18条から構成されている。問題文は第11条「幼児期の教育」である。「幼稚園教育」となっていないのは，幼稚園における教育だけでなく，保育所で行われる保育や，家庭での教育，地域社会におけるさまざまな子ども・子育て支援活動なども幅広く含むものとされているからである。生後から小学校就学前の時期の教育・保育の重要性をかんがみてのこととされる。

6 ②
解説

　教育基本法第9条の規定であり，教員に関する最も重要な規定として穴埋め問題にもなりやすい条文なので，語句も含めてしっかり覚えておく必要がある。教育は教育を受ける者の人格の完成を目指し，その成長を促す営みであるから，教員には確たる理念や責任感とともに，専門的な知識や深い教養も求められている。だから，まず，自ら進んで「絶えず研究と修養」に励むことが求められるのである。そうした「使命と職責」を果たすためにも，教員個人の努力に任せるだけでなく，国や地方公共団体などによる「養成と研修」が表裏一体となって，教員の資質向上を図っていく，というねらいが，この条文には込められている。

7 ②

解説

① 第22条(幼稚園の教育目的)の条文だが, 正しくは「幼児を保育し」「適当な環境を与えて」である。

② 第23条には, 幼稚園の教育目標が五号にわたって示されており, 問題文はそのうちの第二号であり, 適切。

③ 最後の部分は「支援に努めるものとする」が正しい。第24条で家庭・地域への教育支援が努力義務化されたことに注意したい。

④ 第26条(入園資格)の条文であるが,「その年度に満3歳に達する幼児」は「満3歳」が正しい。

⑤ 第27条第6項(幼稚園職員の配置と職務)の条文だが, 最後の部分は「園務を整理し, 及び必要に応じ幼児の保育をつかさどる」。なお, 副園長には園長と同様に,「幼児の保育をつかさどる」職務は入っていない。

8 ②

解説

① 第4条第1項第三号(学校の設置廃止等の認可)では, 幼稚園に限らず, 私立の小学校, 高校などの設置は都道府県知事の認可を受けるべきことを定めている。

② 適切である。第42条(小学校)に規定があり, 幼稚園にも準用されることが第28条に規定されている。学校評価とそれに基づく改善は重要な教育課題であり, 注意しておく必要がある。

③ 第27条第2項では主幹教諭は「置くことができる」職とされており, 必置ではない。

④ 第29条(小学校の教育目的)の規定は「心身の発達に応じて, 義務教育として行われる普通教育のうち基礎的なものを施すことを目的とする」。

⑤ 第72条では, このほかに肢体不自由者又は病弱者(身体虚弱者を含む。)を規定している。

9 ⑤

解説

1876年にわが国で最初の幼稚園が東京女子師範学校の附属として設置された後, 最初の独立の規程は「幼稚園保育及設備規程」(1899年)であった。1926年の「幼稚園令」では「心身ヲ健全ニ発達セシメ善良ナル性情ヲ滋養シ

家庭教育ヲ補フ」という目的が明文化されるところとなった。本問の学校
教育法では、幼稚園が「義務教育及びその後の教育の基礎を培う」となって
いるのは、その後の段階的な学校教育の基礎としての位置付けを強調する
ねらいがある。

10 ②
解説

　幼稚園の教育目標は、学校教育法第23条で規定されている。②は同条第
二号であるが、「集団生活を通じて、喜んでこれに参加する態度を養うとと
もに家族や身近な人への信頼感を深め、自主、自律及び協同の精神並びに
規範意識の芽生えを養うこと」が正しい。なお、②の記述は、幼稚園教育
要領(2017年3月告示)における第2章「健康」2「内容」(8)「幼稚園における生
活の仕方を知り、自分たちで生活の場を整えながら見通しをもって行動す
る」である。幼稚園教育要領の内容も、学校教育法の目標を具体化するも
のであるから、両者には対応関係があることを確認しつつも、混同しない
よう、条文に即して覚えておくようにしたい。

11 ③
解説

　小学校教育に関しては、幼稚園教育との連携・接続が大きな課題になっ
ていることからも、しっかり把握しておきたい。
① 正しくは「心身の発達に応じて、義務教育として行われる普通教育のう
　ち基礎的なものを施すことを目的とする」(第29条)。
② 「…基礎的な知識及び技能を習得させるとともに、これらを活用して課
　題を解決するために必要な思考力、判断力、表現力その他の能力をはぐ
　くみ、主体的に学習に取り組む態度を養うことに、特に意を用いなけれ
　ばならない」(第30条第2項)が正しい。
④ 正しくは「使用しなければならない」(第34条第1項)。
⑤ 第35条では、出席停止を命ずることができること、及びその具体的な
　行為について明記している。

12 ③
解説

① 正しくは「39週」(第37条)。なお、幼稚園教育要領(平成29年3月告示)
　にも同様の規定がある。

② 職員会議は以前, 慣例として置かれているだけだったが, 2000年の改正で初めて法令上に位置付けられるとともに, 「校長の職務の円滑な執行に資するため」に「置くことができる」ものであり, あくまで「校長が主宰する」ものであることも明確化された(第48条第2項など)。

③ 適切である。第59条に明記されており, 幼稚園にも準用される。

④ 正しくは「…公表するものとする」(第66条第1項)。努力義務ではなく, 実施義務であることに注意。

⑤ 幼稚園教育要領の規定である。学校教育法施行規則第38条では「幼稚園の教育課程その他の保育内容については…幼稚園教育要領によるものとする」としている。

13 ③
解説

① 第26条第1項(懲戒)の規定であるが, 体罰は学校教育法第11条で禁止されている。

② 第3章(幼稚園)の第36条(設置基準)には, 文部科学大臣ではなく「幼稚園設置基準 (昭和31年文部省令第32号)の定めるところによる」とされている。

③ 第37条(教育週数)にこの定めがあり, 適切。

④ 正しくは「校長の職務の円滑な執行に資するため, 職員会議を置くことができる」(第48条第1項)。職員会議は長く学校の慣例として設けられていたが, 2000年の改正で初めて法令に規定された。

⑤ 第66条第1項(自己評価と公表義務)の条文であるが, 正しくは「……公表するものとする」である。

14 ④
解説

学校評価は学校に実施が義務付けられているものであり, その内容をきちんと押さえておく必要がある。学校教育法第42条では, 小学校について「文部科学大臣の定めるところにより当該小学校の教育活動その他の学校運営の状況について評価を行い, その結果に基づき学校運営の改善を図るため必要な措置を講ずること」と明記されている。また, 学校教育法施行規則には, 保護者など学校の「関係者による評価」の実施と公表の努力義務(第67条), 評価結果を設置者に報告する義務(第68条)が規定されている。な

お,「第三者評価」は法令ではなく「学校評価ガイドライン」(文部科学省)に2008(平成20)年改訂時から示されている。

15 ③
解説

学校教育法施行規則第49条では,▽小学校には,設置者の定めるところにより,学校評議員を置くことができる▽学校評議員は,校長の求めに応じ,学校運営に関し意見を述べることができる▽学校評議員は,当該小学校の職員以外の者で教育に関する理解及び識見を有するもののうちから,校長の推薦により,学校の設置者が委嘱すると規定されている。学校評議員「会」ではなく,評議員個人に対して,学校の設置者(教育委員会や学校法人など)が委嘱するものとされていることに注意する必要がある。よって①②は誤り。学校評議員制度も「開かれた学校づくり」を目指すものであるが,④⑤については「学校運営協議会」(コミュニティ・スクール)と混同しないよう注意したい。

16 ④
解説

① 学校教育法第2条では,学校の設置者を国,地方公共団体,学校法人に限っているが,幼稚園に関しては附則第6条で「当分の間,学校法人によつて設置されることを要しない」とされており,実際に宗教法人立幼稚園などがある。
② 市町村に設置が義務付けられているのは,小・中学校だけである(学校教育法第38条,第49条)。
③ 1学級当たりの幼児数を定めているのは,幼稚園設置基準である。
④ 適切である。幼稚園設置基準第8条第1項にこの規定があり,3階建以上とするのは「特別の事情があるため」とされている。
⑤ 図書室は小学校などには必置だが,幼稚園の場合は「備えるように努めなければならない」(幼稚園設置基準第11条)とするにとどめている。

17 ①
解説

① 第4条の規定で,適切である。
② 第5条第4項の規定は「幼稚園に置く教員等は,教育上必要と認められる場合は,他の学校の教員等と兼ねることができる」となっている。自治

体などによっては幼稚園長と小学校長を兼職することが普通になっているところも少なくない。

③ 第6条の規定は「養護をつかさどる主幹教諭，養護教諭又は養護助教諭及び事務職員を置くように努めなければならない」とされており，努力義務にとどめている。

④ 第9条第2項は「保育室の数は，学級数を下つてはならない」としている。

⑤ 第8条第2項では「園舎及び運動場は，同一の敷地内又は隣接する位置に設けることを原則とする」としている。

18 ①

解説

① 第2条(基準の向上)にこの規定があり，適切。

② 第3条(1学級の幼児数)の条文であるが，正しくは「35人以下を原則とする」。

③ 第8条第1項(園地，園舎及び運動場)の条文であるが，正しくは「置かなければならない」。なお，この規定の後に，但し書きとして，「園舎が耐火建築物で，幼児の待避上必要な施設を備えるものにあつては，これらの施設を第2階に置くことができる」とされている。

④ 第9条第1項(施設及び設備等)に「特別の事情があるときは，保育室と遊戯室及び職員室と保健室とは，それぞれ兼用することができる」との規定がある。

⑤ 第10条第2項の規定であるが，正しくは「～しなければならない」。

19 ④

解説

学校教育法施行規則第61条は，公立小学校の休業日を▽国民の祝日に関する法律に規定する日▽日曜日及び土曜日▽学校教育法施行令第29条の規定により教育委員会が定める日——に限っており，幼稚園などほかの公立学校種にも準用される。学校教育法施行令第29条では夏季，冬季，学年末などの休業日を，市町村立学校の場合は市町村教委が，都道府県立学校の場合は都道府県教委が定めることとしているが，日数の規定は特になく，授業日数や休業日などを差し引きすれば年間90日程度になるということに過ぎない。なお，私立学校の場合は学則で定めることとしている(学校教育法施行規則第62条)。したがって，適切でないものは④である。

20 ①

解説

A：集団生活では信頼感や思いやりの気持ちを育てることが大切となる。集団生活をとおして幼児は「自分一人でやり遂げなければならないことや解決しなければならないことに出会ったり，その場におけるきまりを守ったり，他の人の思いを大切にしなければならないなど，今までのように自分の意志が通せるとは限らない状況になったりもする。このような場面で大人の手を借りながら，他の幼児と話し合ったりなどして，その幼児なりに解決し，危機を乗り越える経験を重ねることにより，次第に幼児の自立的な生活態度が培われていく」とある(幼稚園教育要領解説(平成30年2月，文部科学省)序章第2節「幼児期の特性と幼稚園教育の役割」1「幼児期の特性」①「生活の場」)。

B：人とのかかわりのなかから自立心も育つ。前文参照。

C：アルコーブやデンは人との交流を図る場の例として挙げられている。アルコーブとは廊下やホールに面し休憩したり読書したりできる小スペース。デンは幼児の身体に合った穴ぐら的空間。

21 ③

解説

A：幼児の主体性が奪われることになると，幼児が興味や関心を抱くことを妨げ，その後の活動の展開を促す好奇心も生まれにくくなる。幼稚園ではなによりも，子どもの主体性を尊重することが求められる。

B：幼稚園教育要領解説(平成30年2月，文部科学省)第1章第3節「教育課程の役割と編成等」5「小学校教育との接続に当たっての留意事項(1)「小学校以降の生活や学習の基盤の育成」では「幼稚園教育は，幼児期の発達に応じて幼児の生きる力の基礎を育成するものである。特に，幼児なりに好奇心や探究心をもち，問題を見いだしたり，解決したりする力を育てること，豊かな感性を発揮したりする機会を提供し，それを伸ばしていくことが大切になる」とある。

C：生活に必要な能力や態度は大人が教えるように考えられがちだが，幼児期には，幼児自身が自発的・能動的に環境とかかわりながら，生活の中で状況と関連付けて身に付けていくことが重要である。

22 ③

解説

学校教育法第22条, 第23条を参照。

① 第23条第一号。「態度」→「基本的な習慣」となる。幼児期は, 人間の基本的な習慣を形成する時期である。正しい生活習慣が身につくよう, 家庭と連携しつつ指導する。

② 第22条。「安全な環境」→「適当な環境」となる。安全なだけでは, 幼児にとって「適当」な環境とは言えない。

③ 第23条第三号をそのまま記したもので, 適切である。

④ 第23条第四号。「読解力」→「言葉の使い方」となる。幼稚園では文字の読み書きを教えてはいるが, 童話, 絵本等への興味を養うことが目標であり, 子どもが確実に読み書きできるようにすることが目標ではない。

⑤ 第23条第五号。「遊戯」→「身体による表現」となる。身体による表現のほうが, 対象とする範囲が広いことに注意。

23 ③

解説

① 旧教育基本法には「法律に定める学校の教員は, 全体の奉仕者」という規定があったが, 2006年の改正で削除された。私立学校の教員を含んだ規定であるのに, 公務員を想起させる表現になっている, という理由からである。

② 教育公務員の場合, 「上司の職務上の命令に忠実に従わなければならない」(地方教育行政法第43条第3項)と明記されている。

③ 適切である。学校教育法第9条第三号, 教育職員免許法第5条第1項第六号に規定がある。

④ 教育公務員であっても, 指導不適切教員の認定を経れば, 教員以外の職に転職させることが可能である(地方教育行政法第47条の2第1項)。

⑤ 学校教育法第37条第11項に, 教諭は「教育をつかさどる」とある。「校務をつかさどる」のは校長。

24 ④

解説

地方教育行政法は, 市町村立学校の教職員の給与を, 都道府県が負担することを定めている。これは県費負担教職員制度といわれ, 市町村教育委員会

が設置する小・中学校に関して，市町村の財政力の格差に左右されることなく，義務教育の水準を保つための措置である(さらに県費負担教職員の給与の3分の1は，国が負担)。あくまで身分上は市町村の職員であるが，採用や異動，昇任などの人事は，給与を負担する都道府県教委が行う。よって，都道府県教委が県費負担教職員の「任命権者」である。ただし，市町村が給与を全額負担すれば，その教職員に関する人事権は市町村教委が持つことができる。

 ①

解説

① 誤りである。地方公務員法第35条で，勤務時間中は職務にのみ従事しなければならないことが規定されており(いわゆる「職務専念義務」)，勤務場所を離れて研修を行う場合は，市町村教育委員会の承認によって職務専念義務の免除を受けなければならない。

② 地方公務員法第33条に規定がある。

③ 一般公務員には所属する地方公共団体の区域外での政治的行為が認められているが(地方公務員法第36条第2項)，教育公務員には禁じられている(教育公務員特例法第18条第1項)。

④ 任命権者が認めれば，教育に関する他の事務や事業に従事することができる(教育公務員特例法第17条第1項)。

⑤ 地方公務員法第37条第1項に規定がある。

 ②

解説

アは第21条(研修)第1項，ウは第23条(初任者研修)第1項，オは第25条(指導改善研修)第1項の条文である。イについては第22条(研修の機会)第3項で，任命権者の定めるところにより，現職のままで，長期にわたる研修を受けることができるとされている。エについては第24条(中堅教諭等資質向上研修)第1項の規定であるが，2002(平成14)年6月の改正で初めて法令上の規定とされた際に，「実施しなければならない」とされた。なお，2017(平成29)年4月より，名称が「十年経験者研修」より「中堅教諭等資質向上研修」に改正された。

27 ③
解説

① 「校長」ではなく「教育公務員の任命権者」が正しい。(教育公務員特例法第21条第2項)

② 勤務場所を離れて研修を行う場合は，授業に支障がなくとも本属長の承認が必要である。(教育公務員特例法第22条第2項)

④ 指導教員は副校長，教頭が行うことも可能である。(教育公務員特例法第23条第2項)

⑤ 計画書の作成基準はそれぞれの校種ではなく，研修を受ける者の能力，適性等について評価を行い，その結果に基づいて作成される(教育公務員特例法第24条第2項)。

28 ③
解説

いずれも教育公務員特例法に規定があるものに関する出題である。

① 同法で義務付けられているのは初任者研修(第23条)と中堅教諭等資質向上研修(第24条)のみである。これ以外に15年，20年などの経験者研修を課している場合は，都道府県教委などの独自判断によるものである。

② 指導教員は，副校長，教頭，主幹教諭(養護又は栄養の指導及び管理をつかさどる主幹教諭を除く。)，指導教諭，教諭，主幹保育教諭，指導保育教諭，保育教諭又は講師のうちから，指導教員を命じるものとされている。(第23条第2項)。

③ 適切である。第24条第1項に規定がある。

④ 指導改善研修は，任命権者により指導が不適切であると認定された教員に対して行われる(第25条第1項)。

⑤ 専修免許状の取得を促進するため，2000年に「大学院修学休業制度」が創設されている(第26条)。

29 ⑤
解説

学校運営協議会は，2004年の地方教育行政法改正で設置された制度である。同法第47条の5に，10項にわたって規定がある。努力義務であって，教育委員会が指定する学校に置かれ(第1項)，委員も教委が任命する(第2項)。よってア，イは誤り。ただし，教育課程の編成など学校運営の基本的

な方針に関して学校運営協議会の承認が必要になること(第4項)とともに，委員が意見を述べることができる範囲は，学校運営(第6項)だけにとどまらず，教員の人事にも及び(第7項)，教員の任命権者である都道府県教委もその意見を尊重しなければならない(第8項)。

30 ①
解説

出題は，学校保健安全法の規定である。

① 第5条であり適切。なお，①でいう「児童生徒等」には幼児も含まれている。

② 保健室は「設けるものとする」(第7条)とされており，必置である。

③ 健康診断は「毎学年定期に」行うものとされている(第13条第1項)。このほか必要があるときは，臨時にも行う(同第2項)。

④ 出席停止は，政令の定めに従って，校長の権限で行うことができる(第19条)。新型インフルエンザ対策など，同法の規定の重要性が再確認されたことであろう。

⑤ 学校医は必置であり(第23条第1項)，医師の中から委嘱又は任命する。なお，学校歯科医や学校薬剤師も，大学を除く学校には必置である。

31 ⑤
解説

① 第13条(健康診断)第1項の条文である。なお，第2項に「必要があるときは，臨時に児童生徒等の健康診断を行うものとする」とある。

② 第19条(出席停止)の条文である。

③ 第20条(臨時休業)の規定である。

④ 第28条の規定である。

⑤ これは学校給食法第9条(学校給食衛生管理基準)第2項の条文であるので，誤り。なお，学校給食法は義務教育諸学校で実施される学校給食について定めたものであり，学校給食は，栄養の補充のほか，正しい食生活習慣を身に付けるなど教育の場としても位置付けられている。2005年度からは栄養教諭制度も創設され，「児童の栄養の指導及び管理をつかさどる」(学校教育法第37条第13項)とされている。

32 ⑤

解説

　学校安全に関しては，2008年に「学校保健法」を改正して「学校保健安全法」と改称し，その充実が図られたところである。学校現場においてもその重要性が増しており，試験対策としても，各条文を十分確認しておくことが求められる。①は第26条，②は第27条，③は第28条の規定である。④は第29条第1項の規定であり，この対処要領を「危険等発生時対処要領」という。⑤この条文は，「学校においては…」と学校の責務について定めた第29条第3項の規定であり，「教育委員会は」「学校に替わって」は誤り。

33 ⑤

解説

① 　学校給食法第1条では，学校給食が児童及び生徒の心身の健全な発達だけでなく，食に関する指導の重要性，食育の推進についても規定しており，「教育」の一環として行うものでもあることを明確にしている。

② 　同法第4条では，義務教育諸学校の設置者に対して「学校給食が実施されるように努めなければならない」としており，実施は努力義務である。

③ 　同法第6条では，複数の学校を対象にした「共同調理場」を置くことができることが明記されている。

④ 　栄養教諭は「置くことができる」職であり(学校教育法第37条第2項)，必置ではない。

⑤ 　適切である。

34 ②

解説

　認定こども園は，2006年に制定された「就学前の子どもに関する教育，保育等の総合的な提供の推進に関する法律」に基づき，就学前の子どもに教育と保育を一体的に提供する施設である。

① 　「認定こども園」の定義は同法第2条第6項による。幼稚園又は保育所等の設置者は，その設置する施設が都道府県の条例で定める要件に適合していれば認定を受けられる。

② 　適切である。同法第3条第1項では，都道府県が条例で基準を定め，知事が認定するとしている。

③ 　幼保連携型では両方の資格を併有している必要がある(同法第15条第

1項)。それ以外では，0～2歳児については保育士資格が必要，3～5歳児についてはいずれか1つでも可とされている(内閣府・文部科学省・厚生労働省，2014年7月告示による)。

④　利用は保護者との直接契約によるものであり，利用料は施設側が決めることができる。

⑤　内閣府・文部科学省・厚生労働省両省の告示(2014年7月)の中に，認定こども園独自の基準が示されている。

35 ②

解説

①　児童虐待の防止等に関する法律第2条において，「18歳に満たない者」と定義している。「児童」の範囲は法律によって異なるので，注意を要する。

②　適切である。第2条第四号で，配偶者間の暴力を「児童に著しい心理的外傷を与える言動」として禁止している。

③　第3条で「何人も，児童に対し，虐待をしてはならない」と明記している。

④　2004年の改正で，証拠がなくても「児童虐待を受けたと思われる」場合には速やかに通告すべきだとしている(第6条第1項)。

⑤　第5条第1項において，児童福祉施設の職員や医師などと並んで，学校の教職員も「児童虐待を発見しやすい立場にある」ことを自覚して早期発見に努めるよう求めている。昨今の深刻な児童虐待の急増から見ても，積極的な対応が不可欠である。

36 ④

解説

児童福祉法第41条の規定である。なお，よく似た名称の「児童厚生施設」は「児童に健全な遊びを与えて，その健康を増進し，又は情操をゆたかにすることを目的とする施設」(第40条)，「児童自立支援施設」は「不良行為をなし，又はなすおそれのある児童及び家庭環境その他の環境上の理由により生活指導等を要する児童を入所させ，又は保護者の下から通わせて，個々の児童の状況に応じて必要な指導を行い，その自立を支援し，あわせて退所した者について相談その他の援助を行うことを目的とする施設」(第44条)であり，混同しないよう注意すべきである。

③

解説

食育基本法は，食育を推進するために2005年に制定された。**イ**は第10条，**ウ**は第13条，**エ**は第17条第1項(都道府県食育推進計画)に規定がある。なお，保護者や教育関係者の役割に関しては，「食育は，父母その他の保護者にあっては，家庭が食育において重要な役割を有していることを認識するとともに，子どもの教育，保育等を行う者にあっては，教育，保育等における食育の重要性を十分自覚し，積極的に子どもの食育の推進に関する活動に取り組むこととなるよう，行われなければならない」(第5条)としており，**ア**は誤り。また，第18条には市町村も市町村食育推進計画を作成する努力義務が規定されているから，**オ**も適切ではない。

38 ③

解説

発達障害者支援法第3条第2項の条文である。発達障害には，自閉症，アスペルガー症候群，学習障害，注意欠陥多動性障害などがあり，「脳機能の障害であってその症状が通常低年齢において発現するもの」(第2条)である。学校教育法において「特殊教育」が「特別支援教育」に改められ，通常の学校に関しても，そうした発達障害を持つ幼児・児童・生徒等への対応が求められている。とりわけ早期の対応が重要であり，幼稚園教育要領においても「障害のある幼児などの指導に当たっては，集団の中で生活することを通して全体的な発達を促していく」(「第5 特別な配慮を必要とする幼児への指導」)とされていることにも，併せて留意しておきたい。

39 ③

解説

学校をめぐって発生する様々な事故を「学校事故」といい，その責任の所在や補償などについては，「独立行政法人日本スポーツ振興センター法」が制定されている。「学校の管理下」については，同法施行令第5条第2項に，五号にわたって規定がある。出題は各号を順に掲げたものであるが，③の条文は「前二号に掲げる場合のほか，児童生徒等が休憩時間中に学校にある場合その他校長の指示又は承認に基づいて学校にある場合」となっており，校内にある場合がすべて対象になるわけではないので，誤り。学校の管理下における安全確保には，十分注意する必要がある。

40 ③

解説

　幼児にかかわる法規などの主だった条文は，覚えておきたい。正解に挙がった法規以外のものでは，児童憲章の「すべての児童は，心身ともに健やかにうまれ，育てられ，その生活を保障される」，学校教育法施行規則の「幼稚園の毎学年の教育週数は，特別の事情のある場合を除き，39週を下ってはならない」などは，しっかりおさえておく。

第6章

専門試験
幼児教育 指導資料等

1 「幼児理解に基づいた評価」(平成31年3月,文部科学省)に示された内容として適切でないものを,次の①～⑤から1つ選びなさい。

(難易度■■□□□)

① 教師が一人一人の幼児を肯定的に見てそのよさや可能性を捉えようとすることが,幼児の望ましい発達を促す保育をつくり出すために必要となる。

② 一人一人の幼児にとって,活動がどのような意味をもっているかを理解するためには,教師が幼児と生活を共にしながら,なぜこうするのか,何に興味があるのかなど感じ取っていくことが必要である。

③ 幼児の発達する姿は,具体的な生活の中で興味や関心が,どのように広げられたり深められたりしているか,遊びの傾向はどうか,生活への取り組み方はなど,生活する姿の変化を丁寧に見ていくことによって捉えることができる。

④ 幼児期の教育では,一人一人の幼児の行動を分析し,一つの解釈をもとにして,教師が課題を見つけ与えるという保育を粘り強く続けていくことが必要である。

⑤ 毎日の保育は一人一人の幼児の発達を促すための営みだが,それは,教師と大勢の同年代の幼児が共に生活することを通して行われるものである。すなわち,一人一人の幼児の発達は,集団のもつ様々な教育機能によって促されるということができる。

2 次の文は,「幼児理解に基づいた評価」(平成31年3月,文部科学省)に述べられているものである。よりよい保育を展開していくための幼児理解について適切なものに○,適切でないものに×をつけなさい。

(難易度■■□□□)

① 活動の意味とは,幼児自身がその活動において実現しようとしていること,そこで経験していることであり,教師がその活動に設定した目的などではない。

② 幼児を肯定的に見るとは,他の幼児との比較で優劣を付け,優れている面を拾い上げることである。

③ 幼児理解は,教師が幼児を一方的に理解しようとすることだけで成り

立つものではなく，幼児も教師を理解するという相互理解によるものである。

④ 幼児の発達する姿は，自己主張や異議申し立て，反抗やこだわりなどとして表されることはない。

⑤ 幼稚園における「ねらい」は育つ方向性ではなく到達目標を示したものである。

3 「幼児理解に基づいた評価」(平成31年3月，文部科学省)では幼児の能動性について述べられている。次の①〜⑤について，大切なポイントとして述べられているものに○，述べられていないものに×をつけなさい。
(難易度■■■□□)

① 能動性は活発に行動する姿を指し，成功体験の積み重ねで大きく育成されるものである。

② 幼児期は能動性を十分に発揮することによって発達に必要な経験を自ら得ていくことが大切な時期である。

③ 能動性は，周囲の人に自分の存在や行動を認められ，温かく見守られていると感じるときに発揮されるものである。

④ 人は周囲の環境に自分から能動的に働き掛けようとする力をもっている。

⑤ 能動性を発揮することで児童の能力は大きく飛躍するので，児童の能動性を発揮させる環境づくりが必要になる。

4 幼児理解について，「幼児理解に基づいた評価」(平成31年3月，文部科学省)で述べられていないものを，次の①〜⑤から1つ選びなさい。
(難易度■■■■□)

① 幼児理解では幼児の行動を分析し，行動を意味づけることが重要である。

② 幼児理解とは一般化された幼児の姿を基準として，一人一人の幼児の優劣を評定することではない。

③ 幼児理解では表面に表れた行動から内面を推し量ることや，内面に沿っていこうとする姿勢が大切である。

④ 幼児の発達の理解を深めるには一人一人の個性や発達の課題を捉えることが大切である。

⑤　幼児を理解することは，教師の関わり方に目を向けることでもある。

5 次の文は，「幼児理解に基づいた評価」（平成 31 年 3 月，文部科学省）で述べられている一般的な幼稚園保育のプロセスである。空欄①～③に該当する文言を述べなさい。　　　　　　　　　　　　　（難易度■■■■□）

○　幼児の姿から，（　①　）と内容を設定する。

○　（　①　）と内容に基づいて（　②　）を構成する。

○　幼児が（　②　）に関わって活動を展開する。

○　活動を通して幼児が発達に必要な経験を得ていくような適切な（　③　）を行う。

6 「幼児理解に基づいた評価」（平成 31 年 3 月，文部科学省）で述べられている「幼児を理解し保育を展開するため」に基本的に押さえておきたい 5 つの視点を全て述べなさい。　　　　　　　　　　（難易度■■■■■）

7 幼稚園幼児指導要録は 2 つの記録で構成されている。記録名と保存期間をそれぞれ答えなさい。　　　　　　　　　　　　（難易度■■■□□）

8 次の文は，「幼児理解に基づいた評価」（平成 31 年 3 月，文部科学省）「第 2 章　幼児理解に基づいた評価の基本的な考え方　3．日常の保育と幼稚園幼児指導要録　（4）　小学校との連携」からの抜粋である。(1), (2)の問いに答えなさい。　　　　　　　　　　　　（難易度■■■■■）

〈事例：小学校へa児のよさを伝えるために〉

　5 歳児進級当初，a児は友達が遊んでいる様子を見ていることが多く，時々気の合う友達と一緒に行動することはあっても，自分から言葉を発する場面は少なかった。また，身支度や活動の準備などの行動もみんなから遅れがちだったため，見守りつつも，必要に応じて個別に声をかけるなどして少し積極的に関わり，a児を支えつつ自ら行動できるようにすることを心がけてきた。

　6 月頃，a児があこがれているリーダー的存在のb児が，a児のビー玉ゲームに興味をもち，仲間入りしてきた。その後も，b児たちがa児の作った物を見て，その作り方を教わろうとしたりすることが増えた。そのことが自信をもつきっかけとなり，a児からもb児の傍にいたり行動を

まねたりして，活発に行動する姿が少しずつ見られるようになった。2学期には，b児たちが行っている集団遊びや運動的な遊びにも自分から入って，一緒に遊ぶ姿が見られるようになり，少しずつ自分から話し掛ける姿が見られるようになった。

3学期に入っても，まだ言葉で自分の思いを表現したり，やり取りしたりすることには，緊張を伴ってしまうこともあるが，友達のしていることや話を注意深く見聞きするようになり，楽しくやり取りしながら，一緒に行動することが増えてきた。まわりの幼児も，a児の頑張っていることやa児らしい表現を受け止めており，自信をもって行動する姿が見られるようになってきた。それに伴い，身支度や活動の準備なども周囲の様子を見ながら同じペースで行動できるようになってきている。

このようなa児の姿や指導の振り返りから，担任の教師は，指導要録の作成を考えました。

(1) 事例から読み取れる進級当初のa児の課題を2つ，簡潔に答えなさい。

(2) このような1年を振り返り，a児の個人の重点を考えて記述しなさい。

9 幼児にとっての環境の意味について，「幼児の思いをつなぐ指導計画の作成と保育の展開」(令和3年2月，文部科学省)で述べられていないものを，次の①〜⑤の中から1つ選びなさい。　　　(難易度■■■■□)

① 幼児にとっての環境は幼児を取り巻く全てといえるが，意味的には環境が幼児の周囲にあるということにとどまらない。

② 幼児の発達に必要な体験を得られるようにするためには，教師が経験に基づき望ましいと思う活動を計画的に進めることが大切である。

③ 幼児期の発達は生活環境の影響を大きく受けるため，この時期に関わった環境，および環境への関わり等が将来に重要な意味をもつ。

④ 幼児が環境への認識・理解を深めるには，さまざまな環境がもつ特性と幼児の内発性や発達の状況が響き合うことが大切といえる。

⑤ 教師は環境の特性や関わりに対する自身の捉え方にこだわらず，幼児の自由な発想や見立てなどを通して幼児にとっての環境に意味を探ることが大切である。

10 幼児の長期(短期)の指導計画について，「幼児の思いをつなぐ指導計画の作成と保育の展開」(令和３年２月，文部科学省)で述べられていないものを，次の①〜⑤の中から１つ選びなさい。　　　　　(難易度■■■□□)

① 指導計画には，年間指導計画や学期ごとの指導計画等の長期の指導計画と，それと関連を保ちながらより具体的な幼児の生活に即して作成する週の指導計画(週案)や日の指導計画(日案)等の短期の指導計画がある。

② 長期の指導計画は，教育課程に沿って園生活を長期的に見通しながら，指導方法の概要・方針を作成する。

③ 短期の指導計画は，長期の指導計画を基に，学級の実態を踏まえて学級担任が責任をもって作成する。

④ 学級担任は，幼児の遊びへの取組，人間関係，生活する姿などをよく見て，学級全体の実態を把握して作成する。

⑤ 短期の指導計画では，幼児の生活のリズムに配慮しつつ，自然な園生活の流れの中で，必要な体験が得られるように配慮して作成することが求められる。

11 幼稚園における指導計画には長期の指導計画と短期の指導計画がある。次の①〜⑤は長期の指導計画，短期の指導計画作成の際のポイントだが，このうち「幼児の思いをつなぐ指導計画の作成と保育の展開」(令和３年２月，文部科学省)で短期の指導計画のポイントとして示されているものを全て挙げなさい。　　　　　　　　　　　(難易度■■■□□)

① 幼児の実態を捉える。

② 具体的なねらい，内容と幼児の生活の流れの両面から，環境の構成を考える。

③ 季節など周囲の環境の変化を考慮に入れ生活の流れを大筋で予測する。

④ 幼児の姿を捉え直すとともに，指導の評価を行い，次の計画作成につなげる。

⑤ 累積された記録，資料を基に発達の過程を予測する。

12 「指導と評価に生かす記録」(令和３年10月，文部科学省)における保育記録の意義と生かし方に関する記述の内容として適切なものの組合せを，あとの①〜⑤から１つ選びなさい。　　　　　(難易度■■■□□)

Ａ 保育記録は，保護者に幼児の様子を伝え，幼児の成長を保護者と共有

することによって，教師の指導が正しいことを保護者に伝えるためのものである。

B　保育記録は，読み返すことで記録に反映されている自分の見方を知ることができるだけでなく，保育の場での出来事を後から話し合うための情報となる。

C　保育記録は，一定期間の記録をまとめることで，後になって幼児の言動の意味が理解できたり，言動の変化から成長を読み取ることができたりすることがある。

D　保育記録は，一人一人の幼児が周囲の環境と関わり，発達に必要な経験ができるよう援助したことを記録し，教師の資質向上に役立てることが目的である。

　　①　A・B　　②　A・C　　③　A・D　　④　B・C　　⑤　B・D

13 保育と記録について，「指導と評価に生かす記録」(令和3年10月，文部科学省)で述べられていないものを，次の①～⑤から1つ選びなさい。

（難易度■■■□□）

①　幼児の行動の小さな手がかりから幼児の内面の動きを推し量り，初めて理解できることも多いため，記録を通して幼児理解を深めることが重要である。

②　記録は幼児に関することに限定し，言動を客観的に示すことで，記録としての重要性が高まる。

③　幼稚園教育の基本は幼児一人一人の発達の特性に応じることであるため，幼児一人一人について記録しておくことが必要となる。

④　記録は実践等の評価だけでなく，園内の情報共有などにも有用であるため，不可欠なものといえる。

⑤　幼児理解について，幼児は言動の意図が理解困難であるため，意識的に記録を取り，省察することで，新たな発見がある場合がある。

14 次の文は，「指導と評価に生かす記録」(令和3年10月，文部科学省)における，記録と保護者との連携に関するものである。（　①　）～（　③　）に該当する文言をそれぞれ述べなさい。　　（難易度■■■□□）

　幼稚園教育や幼児へのかかわり方について，教師にとっては当たり前に思っていることでも，保護者にとっては（　①　）の材料であることもあり

ます。……こういった場合，保育や幼児の様子を伝え，幼児の成長を保護者と教師とで共有することによって（　②　）が広がり，（　①　）が軽減されることもあります。その際，保育や幼児の様子を保護者に伝える手段として（　③　）などの様々な媒体を利用することが有効です。

15 「指導と評価に生かす記録」（令和3年10月，文部科学省）では，記録の方法の1つとして，映像記録をあげている。次の①〜⑤のうち不適切なものはどれか，1つ選びなさい。　　　　　　　　（難易度■■■□□）

① 写真やビデオの記録はその場で記録できる，より臨場感があるといった利点があげられる。

② 写真やビデオは保護者などに保育の様子を伝えるものになり得るが，写真や映像の意味といった説明をしなければ，誤解を受ける可能性もある。

③ 映像の記録は繰り返し見るなどの省察が重要になる。

④ 近年，映像の記録の重要性は増しているので，保育に与える影響とのバランスが重要になる。

⑤ 映像記録は必要な場面の取り出しに時間がかかる等，整理・保管に手間取ることもある。

16 「指導と評価に生かす記録」（令和3年10月，文部科学省）において，指導の過程の評価に含まれる3点としてどのようなことがあげられているか答えなさい。　　　　　　　　　　　　　　　（難易度■■■■□）

17 次の文は「指導と評価に生かす記録」（令和3年10月，文部科学省）において，園内研修会について述べたものである。（　①　）〜（　③　）に当てはまる文言を答えなさい。　　　　　　　　　　（難易度■■■■□）

　幼稚園教師の専門性として，幼児を深く（　①　）する力は，大切です。（　②　）は，教師が自分自身の保育や幼児の姿を振り返る際に重要な役割を果たしています。さらに（　②　）は，他の教師や園全体で情報を共有し，語り合い，学び合うための基盤となるものです。担当学級や学年を超えて，園全体で（　③　）の質の向上と改善に向けて取り組む際，複数の教師で（　②　）を見たり書いたりすることが重要です。複数の教師が一人の幼児，あるいは一つの場面を見ることによって，担任一人だけでは分からなかっ

た幼児の気持ちや行動の意味を(　①　)することができます。

18 記録から読み取る際の注意点について，「指導と評価に生かす記録」(令和3年10月，文部科学省)の内容として不適切なものを，次の①〜⑤から1つ選びなさい。　　　　　　　　　　　　　(難易度■■□□□)

① 保育記録を書くことは事実整理や理解等が進むため，記録を書くこと自体が省察であり重要である。

② 記録を読み取ることは，教師が自身の関わりを見つめ直す面でも有効である。これによって環境構成や保育行為の新たな方向が見える。

③ 記録の読み取りによって，児童が環境に関わる姿を思いだし，幼児にとってその環境の意味を考え直すことができる。

④ 教師同士で記録を読み合うことは幼児理解や教師の指導への理解を多面的に進めていく機会にもなる。

⑤ 保育記録は省察を詳細にするため，全ての事項を記録することが求められる。

19 次の文章は，「指導と評価に生かす記録」(令和3年10月，文部科学省)からの抜粋で，日々の記録を指導要録に生かすための事例の一部である。事例にあるC児の記録等から，幼稚園教育要領(平成29年3月告示)領域「言葉」の面からねらいの達成状況を捉える時，表の空欄Ⅰ〜Ⅴに入る最も適切な文の組み合わせとして正しいものを，あとの①〜⑤から1つ選びなさい。　　　　　　　　　　　　　(難易度■■■■■)

> 事 例
>
> C児：10月生まれの一人っ子で父親，母親との三人家族
> 　　　母親は，C児が入園前から人見知りの傾向が強いことを気にしていました。入園当初は，母親と離れることを嫌がっていましたが，次第に幼稚園生活に慣れ，友達とのかかわりも見られるようになってきました。
> C児の指導要録の個人の重点
> 　3歳：「安心して自分を出し，自分なりの遊びができるようにする」
> 　4歳：「いろいろな遊びに興味をもって取り組み，自分の思いを表現しながら遊ぶ」
> 　5歳：「友達と思いを伝え合いながら遊ぶことを楽しみ，自信をもっていろいろな活動に取り組めるようにする」
> <5歳児での日々の記録から>

6月	2月
＜高鬼＞ ・高鬼の仲間に加わって遊ぶ。鬼になると，帽子を裏返して白帽子にしてかぶる。鬼の動きをよく見て，捕まらない程度の距離を保ちながらも，鬼を誘うような動きを楽しんでいる。しばらく遊んでいると，鬼役だった幼児が「Cちゃんが，タッチしたのに鬼にならない」と怒った表情で教師に言いに来る。C児は，言い訳をするように，「水を飲もうと思ったの」と言う。教師が「そのことは言ったの？」と聞くと，「後で言おうと思った」と言う。「でも，先に言わないと，鬼はタッチしていいか悪いか，分からないよね」と教師が言うと，被っていた帽子を裏返して白にして，鬼役になり，友達の集まっている方を目指して走って行った。 **＜折り返しリレー＞** ・高鬼をしていたメンバー五名で折り返しリレーを始めようとする。「Cは審判やる！」と何度も主張する。他の幼児は何も言わないが，C児の顔を見ながら，それでいいというように2チームに分かれる。C児は，人数が同数にならないことを感じ取って，「三人，二人になっちゃうから」と言う。C児が，「ようい，どん！」と言うと，他の幼児が走る姿をよく見て，3回繰り返し走った後に，「終わり！白チームの勝ち！」と大きな声で勝敗を知らせる。 **＜サクランボのかくれんぼ＞** ・指名されたグループの幼児が相談している間は，後ろを向いて，期待感をもって待っている姿が見られた。誰がサクランボ役になって隠れているか，グループで相談する場面では，C児は自分の意見をあまり積極的には主張しない。同じグループの友達の意見を聞いて，それが正解だと感じると，グループの幼児と一緒にその名前を答える。正解だと分かると，「やったー！」と喜ぶ。	**＜高鬼＞** ・友達と一緒に楽しんでいたC児，教師に「一緒にやろう！」と言って誘う。教師も仲間に加わった。教師が少し高い場所にいると，「もっとしゃがまないと見えちゃうよ！」と注意し，見えないところに身を隠すようにして逃げると捕まりにくいことを知らせる。 **＜ドッジボール＞** ・C児はボールを持つ相手チームの幼児の動きをよく見て，できるだけその相手から遠い場所に逃げている。ボールが自分のチームのコートに入ると，素早く取りに行き，よくねらって片手で投げる。ボールを当てられてしまい残念そうな表情をするが，これまでのようには泣かずに，次のゲームに向かって気持ちを切り替えて取り組む。外野にいる友達にボールが渡ると，「パス！」と大きな声で言って両手を広げて受け止めようとする。 **＜巴鬼＞** ・学級のみんなで集まる。教師が黒板に図を描いてルールを説明すると，C児もうなずきながら教師や友達の話を聞き，自分の考えを話す。 ・好きな遊びの中でも十分楽しんでいるC児はルールを理解しており，友達の動きをよく見ながら動く。他のチームが集まって相談し始めたのを見て，C児も同じチームの幼児と集まって，勝つための方法を相談し始めた。友達の「捕まえる人と残る人を分けようよ」という作戦を聞いて，他児が「そうしよう」と賛成したが，C児は，「考えた！」と言って別の作戦を話し始める。しっかりとした言葉で説明するが，同じチームの友達はその作戦の意味が理解できない様子だった。自分の考えを友達に分かってもらえなかったC児は泣き出しそうな表情になる。しかし，走るのが速いと思う男児三名が捕まえに行く役になろうとすると，泣くのをこらえ「男の子だけでずるい！」と強い口調で言う。C児と同じ気持ち

	だった女児が「ずるい」,「待っているだけじゃ嫌だ」と言うと,捕まえに行く役になりたい幼児でジャンケンをした。C児はジャンケンで負けたが,鬼遊びが始まると気持ちを切り替え見張り役として動く。また,「待っているだけじゃ嫌だから交代しよう」と同じチームの友達に言い,役割を交代して行った。

C児の記録等から幼稚園教育要領　領域「言葉」に定めるねらいの達成状況について

場面＼ねらい	I
遊びに取り組む中で	II 　姿から,ねらいはおおむね達成されている。 ・ III ・自分が見付けたことや自分のしたい遊びについて大きな声で友達に伝えようとしている。
学級全体で行動する場面で	IV 　その姿から,十分に達成している。 ・鬼の役に慣れてきて自分から大きな声を出す。 ・ V
発達の読み取り	親しい仲間に言葉で伝えようとする姿の変化が見られ,6月に比べて表現することへの自信が生まれてきている。

I
(ア)	感じたことや考えたことを自分なりに表現して楽しむ。
(イ)	様々な出来事の中で,感動したことを伝え合う楽しさを味わう。
(ウ)	自分の気持ちを言葉で表現する楽しさを味わう。

II
(エ)	感じたり,考えたりしたことを友達に伝えようと,言葉だけではなく,身振りや動作などを取り混ぜた自分なりの方法で表現している
(オ)	自分の気持ちを親しい友達に伝え分かってもらったり,自分がしてほしいことを言葉にして伝えたりしようとする気持ちが強くなっており,自信をもって自分の考えを言葉で表現している

III
(カ)	高鬼で逃げるよい方法を教師に教える。
(キ)	ドッジボールで自分のチームの友達からボールを受け取るために,大きな声を出すとともに,両手を前に広げて知らせる。

225

IV
> (ク) 泣くのをこらえ，自分の気持ちを主張し，自分の表現が友達に
> 対してどのように受け止められるかを予測せず表現していた
> が，気持ちを表したり，友達に伝えたりすることによって，友
> 達の思いを知ることができ，満足して遊ぶようになった。
>
> (ケ) 自分が考えたことを一人で自信をもって言うことができない姿
> も見られたが，学級全体の中で自分の考えたことを自分なりの
> 言葉で表現することができるようになった。

V
> (コ) 鬼遊びで自分のなりたい役を主張する。
>
> (サ) 自分の考えた作戦の意味を友達に分かってもらえず泣き出しそ
> うになるが，友達の思いを聞くことで，気持ちを切り替えて遊
> ぶ。

	I	II	III	IV	V
①	(ウ)	(オ)	(キ)	(ケ)	(サ)
②	(イ)	(エ)	(キ)	(ク)	(サ)
③	(ウ)	(オ)	(カ)	(ケ)	(コ)
④	(ア)	(エ)	(カ)	(ク)	(サ)
⑤	(ア)	(エ)	(キ)	(ケ)	(コ)

20 指導計画の評価・改善における教師の指導の改善について，「幼児の思いをつなぐ指導計画の作成と保育の展開」(令和3年2月，文部科学省)では，どのような視点から振り返ることが必要としているか。3つ挙げなさい。　　　　　(難易度■■□□□)

① 幼児への態度は適切であったか。

② 全ての幼児に対して言葉がけができていたか。

③ ねらいや内容は適切であったか。

④ 幼児の成長や発達につながるような具体的な援助ができていたか。

⑤ ねらいを達成するためのふさわしい環境の構成であったか。

21 次の文は，「幼児の思いをつなぐ指導計画の作成と保育の展開」(令和3年2月，文部科学省)に書かれている事例である。この事例から読み取れる学級の実態として適切に捉えられているものを，あとの①～⑤から1つ選びなさい。　　　　　(難易度■■■■□)

3年保育　5歳児　1月

○　コマ回しの場面で

・J児，T児，U児が遊戯室でコマ回しをしている。「ヨーイ，ゴー」と，声を掛けて一斉にコマを回し，誰のコマが一番最後まで回っているかを競争している。J児が投げたコマが回らなかったので，すぐに拾ってひもを巻き直し，再び投げると，T児が「だめ，途中からやったらずるいぞ」と言う。

・T児が直方体の箱積み木を一つ床に置き，「この上から落ちたら負け」と言う。三人で一斉に投げてみるが，なかなか積み木の上で回すことができない。難易度が上がったことで面白さが増した様子で，J児もU児も繰り返し挑戦している。

・M児は，コマのひもを巻くが途中でひもが緩んでしまう。何度も繰り返しやっていると，J児が「貸してごらん」と言ってM児のコマのひもを巻いて手渡す。受け取る途中でひもが緩んでしまい，投げてみるがうまく回らない。M児はまた，ひもを巻く。「始めに力を入れて強くひもを巻くといいんだよね」と教師が声を掛けると，J児が「最初に強く巻くんだよ。あとはそうっと」と，M児の手元を見ながら言う。

○　ドッジボールの場面で

・園庭でドッジボールが始まる。「入れて。Kちゃん，赤？　じゃあ，ぼくも」とH児が赤のコートに加わると，それにつられて数人が次々と赤に移動し，白チームが2人になってしまった。E児に「だめだよ，Gちゃんは白」と言われてもG児は戻ろうとしない。E児は「誰か，ドッジボールする人いませんか」と周囲に呼び掛け，「ねぇ，白に入ってくれない？」と友達を誘っている。

・ドッジボールをしている途中で，チームを変わったり参加したり抜けたりする幼児がいてチームの人数が変わるので，E児が紙に書いておくといいと言って，友達の名前とチーム名を紙に書き始めた。一人ずつチームを尋ねながら名前を書いていく。ドッジボールは中断し，みんなでE児を取り囲み，文字を書く手元を見つめている。(以下略)

①　遊びがより楽しくなるようにアイデアを出しているが，自分たちで遊びを進めようとする姿は見られない。

②　自分なりの目標をもって，関心のあることにじっくりと取り組んでいる。

227

③　みんなで一緒に遊ぶよりも，それぞれが勝ちたい思いから，個々に遊びをすすめようとしている。

④　ドッジボールでは勝敗を意識して遊ぶようになり，勝ちたい思いが先立ってはいるが，ルールはしっかり守っている。

⑤　ドッジボールでは人数が不均衡になると楽しく遊べないので，「強い」友達と同じチームになりたがる姿は見られない。

解 答・解 説

1 ④
解説

　文部科学省は平成29年3月の幼稚園教育要領の改訂を踏まえ，幼稚園教育指導資料第3集「幼児理解と評価」の内容をリニューアルし，平成31年3月に「幼児理解に基づいた評価」として刊行した。選択肢④については同資料に「幼児の行動を分析して，この行動にはこういう意味があると決め付けて解釈をすることではありません」とあるため不適切。

2 ① ○　② ×　③ ○　④ ×　⑤ ×
解説

　出題資料では②は「肯定的に見るといっても特別な才能を見付けたり，他の幼児との比較で優劣を付けて，優れている面だけを拾い上げたりするということではありません。まして，幼児の行動の全てをそのままに容認したり，放任したりしてよいということではないのです。それは，教師が幼児の行動を見るときに，否定的に見ないで，成長しつつある姿として捉えることが重要なのです。」，④については「幼児の発達する姿は，自己主張や異議申し立て，反抗やこだわりなどとして表されることもあります。」，⑤については「幼稚園における『ねらい』は到達目標ではなく育つ方向性を示すものですから，一人一人の幼児が『ねらい』に向けてどのように育っていくのかを見ることが必要です。」とされている。

3 ① ×　② ○　③ ○　④ ○　⑤ ×
解説

① 　能動性について，本資料では「幼児が活発に活動する姿のみを指しているのではありません」と否定している。
⑤ 　本問では発達について述べられている。発達について本資料では「能動性を発揮して環境と関わり合う中で状況と関連付けて生活に必要な能力や態度などを獲得していく過程」と位置付けている。

4 ①
解説

　幼児理解は，幼稚園教育における原点ともいうべき用語なので，しっかり理解しておくこと。選択肢①について本資料では「幼児の行動を分析し

て，この行動にはこういう意味があると決め付けて解釈をすることではありません」と否定している。

5 ① ねらい ② 環境 ③ 援助

解説

幼稚園保育に関する文言は資料によって異なるが，いわゆる「PDCAサイクル」が基本になっていることを，まずおさえておきたい。その上で専門用語を当てはめるとわかりやすいだろう。

6 幼児を肯定的に見る，活動の意味を理解する，発達する姿を捉える，集団と個の関係を捉える，保育を振り返り見直す

解説

本問ではやや難解に述べられているが，要は幼児理解のためにどのような視点で幼児と接し，どういった作業が必要になるかということ。幼児理解の内容とあわせて考えるとよいだろう。

7 (記録名…保存期間の順)
　　・「学籍に関する記録」…20年間　　・「指導に関する記録」…5年間

解説

学校教育法施行規則第24〜28条を参照。保存期間に関する数値は2つあるので，混同に注意したい。

8 (1)　・友達が遊んでいる様子を見ていることが多く，言葉を発する場面が少ない。　・身支度や活動の準備などの行動もみんなから遅れがちになる。　(2)　友達に自分の思いを伝えながら遊びを進める。

解説

(1)「幼児理解に基づいた評価」(平成31年3月)の中では次のように指摘されている。「小学校においては，送付された指導要録の内容から一人一人の幼児がどのような幼稚園生活を過ごしてきたか，また，その幼児のよさや可能性などを受け止めて，第1学年を担任する教師がその幼児に対する適切な指導を行うための参考資料としています。つまり指導要録には，幼児が小学校においても適切な指導の下で学習に取り組めるようにするための橋渡しという大切な役割があるのです。」その意味からも，特に最終年度の「指導上参考となる事項」欄の記入に当たっては，「小学校の立場からその幼児の発達する姿が具体的に読み取れるように，また，主体的に自己を発

揮しながら学びに向かうために必要だと思われる事項などを簡潔に読みやすく表現することが必要でしょう」と示されている。

(2) a児は5歳児進級当初友達と距離をおいていたので，周囲にa児のよさが伝わるよう配慮した。a児は自分に自信をもつことで，友達と積極的に関わるようになった。友達と意思疎通を図りながら集団生活を送れるようになってきていることから考える。

9 ②
解説

本資料では，計画的な環境を構成するにあたり，「幼児の発達の見通しをもち，幼児一人一人の興味や関心を大切にして，発達に必要な体験を得られるようにするためには，発達の様々な側面に関わる多様な体験を重ねることが必要です。このことは，単に教師が望ましいと思う活動を一方的にさせたり，幼児に様々な活動を提供したりすればよいということではありません。」と述べられている。

10 ②
解説

「指導方法の概要・方針」ではなく，「具体的な指導内容や方法」が正しい。また，長期指導計画は幼稚園の教職員全員が協力して作成するのがよいとされている。

11 ①，②，④
解説

まず，幼稚園教育(保育)における1日の流れの中で指導計画がどのような役割を果たすかを捉え，短期計画の特徴を知ることが求められる。それぞれの計画の特徴を知っておくとよいが，前述の内容を把握しておくと，区分けは可能であろう。

12 ④
解説

本資料では，専門性を高めるための記録の在り方や，その記録を実際の指導や評価にどのように生かしていくかなどについて実践事例を取り上げて解説をしており，平成3年の初版刊行以降，幼稚教育の動向を踏まえた加筆修正が重ねられてきた。平成29年3月に告示された幼稚園教育要領に

おいて，育みたい資質・能力と「幼児期の終わりまでに育ってほしい姿」が新たに示されたことや，カリキュラム・マネジメントの充実，幼児の発達に即した主体的・対話的で深い学びの実現，幼稚園教育と小学校教育との円滑な接続等の観点から改訂が行われたことを踏まえ，記述内容を見直し，「指導と評価に生かす記録」(令和3年10月)として作成された。本資料では保育記録の意義と生かし方について「日々の記録は児童理解を深め，幼児に即した指導計画を作成するための根拠です」，「記録は教師の幼児観や教育観を改めて自覚するためのものでもあるといえます」，「園の遊びや生活の様子を伝えるための記録は，幼児，教師，保護者間の学びをつなぐ手段として活用できるものです」と述べられている。

13 ②

解説

本資料では「教師の目の前に現れる幼児の姿は，教師との関わりの下に現れている姿である以上，教師は幼児だけでなく，教師自身の考えていたことやかかわり方などについても記録する必要があります」としている。

14 ① 不安　② 幼児理解　③ 写真や動画

解説

教師と保護者の認識にギャップが生じた場合，記録を示し，説明することでギャップが解消されることもあることを説明したものである。写真や動画は臨場感があり，客観性も有するので有効であろう。ただし，写真や動画は教師が解説しないと，保護者がかえって不安になることもあるので，注意が必要である。

15 ④

解説

映像を保育記録として使用する場合は映像の特性をよく理解すること，頼りすぎないことが重要とされている。また，「保育そのものに影響を与えない範囲で」という前提があることにも注意したい。

16 ・指導の過程で見られた幼児の姿を記録し，幼児の学びや育ちを理解すること　・その理解を基に，ねらいに関連した幼児の発達及びそれ以外の発達を読み取ること　・幼児の発達の読み取りから，教師自身のねらいの設定の仕方，指導や環境の構成の適切さなどについて評価すること。

解説

　指導を通してどのように発達したのか，何を学んだのかという結果のみの評価ではなく，指導の過程で，幼児の発達や学びにつながる体験を読み取り，幼児にどのような資質・能力が育っているかなどを捉えていくことが，幼稚園教育の質をより高めていくことにつながる。

17 ① 理解　② 記録　③ 実践
解説

　まず，幼稚園教育が実践を中心に行われることを前提として把握しておくこと。また，園内研修を行う際は，立場や保育経験を超え，率直で自由な語り合い・学び合いの場をどのように構成するかが鍵となる。

18 ⑤
解説

　本資料では「保育終了後の記録作成の際に，全てを記録することはできない」と述べている。そして，「何が書けるか，何を書くか」について教師の選択が行われるとしている。

19 ③
解説

　平成29年告示の幼稚園教育要領は領域「言葉」について，「経験したことや考えたことなどを自分なりの言葉で表現し，相手の話す言葉を聞こうとする意欲や態度を育て，言葉に対する感覚や言葉で表現する力を養う」と述べられており，そのねらいは，「自分の気持ちを言葉で表現する楽しさを味わう」「人の言葉や話などをよく聞き，自分の経験したことや考えたことを話し，伝え合う喜びを味わう」「日常生活に必要な言葉が分かるようになるとともに，絵本や物語などに親しみ，言葉に対する感覚を豊かにし，先生や友達と心を通わせる」の3点を示している。

20 ③，④，⑤
解説

　振り返りは次の指導計画作成のために必要な作業であり，振り返る際には様々な視点を必要とする。したがって，選択肢①，②のような視点も要すると思われるが，ここでは本資料の内容に対する理解度をはかるため，このような出題とした。

解説

①については，学級の実態としては自分たちで遊びを進めている。③については，みんなで一緒に遊ぶと楽しいと感じるようになり，親しい友達を中心としながらも大勢のグループで遊ぶようになってきている。④については，新しい参加者につられて，既存の参加者まで強いチームに移動するなど，ルールが守られていない。⑤については，「強い」友達と同じチームになりたがる姿が見られる。

第7章

専門試験
学校保健・安全

■■■■■■■■■■■■■■ **Q 演習問題** ■■■■■■■■■■■■■■

1 幼稚園における幼児の病気や怪我の対応に関する記述の内容として適切なものの組み合わせを，あとの①〜⑤から１つ選びなさい。

(難易度■■□□□)

A 幼児がインフルエンザにかかった場合，感染予防のために，熱が37.5℃を下回るまでは幼稚園への登園を休ませる。

B 幼児が熱中症になった場合，軽症のときは涼しい場所で水分と塩分を補給して対応するが，意識障害が見られるようなときは，ただちに救急要請する。

C ノロウイルスの発生が疑われる場合，幼児のおう吐物は，感染を防ぐために塩素系の消毒液を使用して処理する。

D 幼児が園庭で転んですり傷を負った場合，動き回って病原菌が入ったりしないように，その場でまず消毒液を傷口にすり込む。

① A・B　② A・C　③ A・D　④ B・C　⑤ B・D

2 感染症の説明として適切なものの組み合わせを，あとの①〜⑤から１つ選びなさい。

(難易度■■□□□)

A おたふくかぜは，耳の下で顎の後ろの部分(耳下腺)が片側または両側で腫れ，痛みや発熱を伴う感染症で，幼児期から学童期に感染が多い。

B プール熱は，水中のウイルスにより体表面が熱をもって赤くなる皮膚の疾患で，プールでの感染が多いため夏に流行しやすいが，一度感染すると免疫ができる。

C はしかは，発熱，咳，目やにやコプリック斑と呼ばれる口内の斑点，および全身の発疹を主症状とし，感染力が非常に強いが，一度感染すると免疫ができる。

D りんご病は，果実や野菜類に含まれる細菌によって起こる感染症で，発熱のほか，舌の表面にブツブツの赤みができるのが特徴で，学童期に感染が多い。

① A・B　② A・C　③ A・D　④ B・C　⑤ B・D

3 ノロウイルス感染症に関する記述の内容として適切なものの組み合わせを，あとの①〜⑤から１つ選びなさい。

(難易度■■□□□)

A　感染すると平均1〜2日の潜伏期間を経て，吐き気，おう吐，下痢などの症状があらわれ，発熱をともなうこともある。

B　食物摂取のほか，血液，体液を通じて感染する病気で，感染力が強くないので成人の症例は少なく，抵抗力の弱い乳幼児や児童に患者が集中する。

C　ノロウイルスは，食中毒の原因としても非常に多く，また，吐物や便などを通じて人から人へ感染するため，衛生管理面の予防が重要である。

D　ノロウイルスワクチンを用いると免疫がつくられ，数か月の予防効果が得られるため，接種は流行期である冬季の少し前に行うようにする。

　　① A・B　　② A・C　　③ A・D　　④ B・C　　⑤ B・D

4 学校保健安全法施行規則における感染症の種類として正しいものの組み合わせを，次の①〜⑤から1つ選びなさい。　(難易度■■■□□)

	第1種	第2種	第3種
①	マールブルグ病	百日咳	コレラ
②	百日咳	マールブルグ病	コレラ
③	コレラ	麻しん	パラチフス
④	パラチフス	麻しん	ペスト
⑤	麻しん	ペスト	パラチフス

5 流行性耳下腺炎(おたふくかぜ)に関する記述の内容として不適切なものを，次の①〜⑤から1つ選びなさい。　(難易度■■□□□)
① 感染経路は飛沫感染，接触感染である。
② 第2種感染症として指定されている。
③ 耳下腺，顎下腺又は舌下腺の腫脹が発現した後3日を経過し，かつ全身状態が良好になるまで出席停止とする。
④ ワクチンによる予防が可能である。
⑤ 不可逆性の難聴(片側性が多いが，時に両側性)を併発することがある。

6 咽頭結膜熱(プール熱)に関する記述の内容として不適切なものを，次の①〜⑤から1つ選びなさい。　(難易度■■□□□)
① 感染経路は接触感染である。
② ワクチンによる予防はできない。
③ 発熱，咽頭炎，結膜炎などの主要症状が消退した後2日を経過するま

で出席停止とする。

④ 塩素消毒が不十分なプールで目の結膜から感染する場合がある。

⑤ 第2種感染症である。

7 心肺蘇生の方法として適切でないものを，次の①〜⑤から1つ選びなさい。　　　　　　　　　　　　　　　　　　　　（難易度■■□□□）

① 肩を叩きながら声をかけ反応がなかったら，大声で助けを求め，119番通報とAED搬送を依頼する。

② 気道確保と呼吸の確認を行う。

③ 呼吸がなかったら，人工呼吸を10回行う。

④ 人工呼吸が終わったら，すぐに胸骨圧迫を行う。

⑤ AEDが到着したら，まず，電源を入れ，電極パッドを胸に貼る。

8 「救急蘇生法の指針2020(市民用)」(厚生労働省)に基づく一次救命処置における心肺蘇生の方法に関する記述として適当でないものを，次の①〜⑤の中から1つ選びなさい。　　　　　　　　（難易度■■■□□）

① 傷病者を発見した際に，応援を呼んでも誰も来ない場合には，すぐ近くにAEDがあることがわかっていても，傷病者から離れないことを優先する。

② 約10秒かけて呼吸の観察をしても判断に迷う場合には，普段どおりの呼吸がないと判断し，ただちに胸骨圧迫を開始する。

③ 人工呼吸の技術に自信がない場合や，直接，傷病者の口に接触することをためらう場合には，胸骨圧迫だけを行う。

④ 胸骨圧迫は，傷病者の胸が約5cm沈み込むように強く圧迫し，1分間に100〜120回のテンポで絶え間なく行う。

⑤ 突然の心停止直後に，しゃくりあげるような途切れ途切れの呼吸がみられた場合には，ただちに胸骨圧迫を開始する。

9 自動体外式除細動器(AED)の電極パッドの取扱いに関する記述として最も適切なものを，次の①〜⑤から1つ選びなさい。（難易度■■■□□）

① 一度貼った電極パッドは，医師または救急隊に引き継ぐまでは絶対にはがさず，電源を落として到着を待つ。

② 電極パッドは繰り返し使用できるので，適切に保管することが必要である。

③　電極パッドは正しい位置に貼ることが大切なので，胸部の皮下に硬いこぶのような出っ張りがある場合，出っ張り部分の上に貼ることが必要である。

④　傷病者の胸部が水や汗で濡れている場合でも，水分を拭き取らずに，直ちに電極パッドを貼ることが大切である。

⑤　電極パッドと体表のすき間に空気が入っていると電気ショックが正しく行われないため，電極パッドは傷病者の胸部に密着させることが大切である。

10　「救急蘇生法の指針2020(市民用)」(厚生労働省)で，一次救命処置について書かれたものとして最も適切なものを，次の①〜⑤から1つ選びなさい。　(難易度■■■■□)

①　呼吸の確認には傷病者の上半身を見て，5秒以内で胸と腹の動きを観察する。

②　胸骨圧迫の深さは，小児では胸の厚さの約$\frac{1}{3}$沈む程度に圧迫する。

③　胸骨圧迫のテンポは1分間に100〜150回である。

④　胸骨圧迫と人工呼吸の回数は，20：3とし，この組み合わせを救急隊員と交代するまで繰り返す。

⑤　AEDを使用する際は，小児に対して成人用パッドを使用してはならない。

11　救急処置に関する説明として最も適切なものを，次の①〜⑤から1つ選びなさい。　(難易度■■■□□)

①　鼻血が出たときは，出血がひどくならないように顔を天井に向かせて座らせるか，仰向けに寝かせて，鼻に脱脂綿等を詰め，10分程度指で鼻を押さえる。

②　漂白剤や石油を飲んだときは，急いで吐かせる。

③　骨折と開放創からの大出血があるときは，まず骨折の処置を行ってから止血の処置を行う。

④　頭部の打撲でこぶができたときは，患部を冷たいタオル等で冷やし，安静にして様子を観察し，けいれんや意識障害が見られるような場合はただちに救急搬送する。

⑤　指を切断したときは，傷口にガーゼ等を当てて圧迫止血し，切断された指を直接氷水入りの袋に入れて，傷病者とともに医療機関へ搬送する。

12 応急手当について述べた記述として適切なものを，次の①～⑤から１つ選びなさい。　　　　　　　　　　　　　　　　　　(難易度■■■■□)

① 子どもが蜂に刺されたので，患部に残っていた針を抜き，消毒薬をつけた。

② ストーブに誤って触れて，子どもが軽いやけどをした。やけどの部分を水で冷やし，チンク油，ワセリンなど油脂を塗った。

③ 子どもが吐き気を訴えてきたので，吐いた場合を考え，吐しゃ物が気道に入らないように横にして寝かせ，背中をさすり，胃を冷やすための氷のうを当てた。

④ 子どもが腹痛を訴えてきたので，腹部を温め，寝かしておいた。

⑤ 子どもが滑り台から落ちて脳しんとうを起こしたので，揺さぶりながら名前を呼び，意識を取り戻させようとした。

13 熱中症の救急処置に関する内容として適当でないものを，次の①～⑤から１つ選びなさい。　　　　　　　　　　　　　　(難易度■■■■□)

① 独立行政法人日本スポーツ振興センターの統計によると，昭和50年から平成27年までの学校の管理下におけるスポーツによる熱中症死亡事例は，屋外で行う野球が最も多いが，屋内で行う柔道や剣道でも多く発生しているため，注意が必要である。

② 子どもの口渇感は大人より劣るとともに，大人よりも大きな「体表面積(熱放散するところ)/体重(熱産生するところ)」比を有することから，熱しやすく冷めにくい体格特性をもっており，熱中症のリスクが高くなる。

③ 呼びかけや刺激に対する反応がおかしかったり，呼びかけに答えがなかったりするときには，誤って気道に入ってしまう危険性があるので，無理に水を飲ませてはいけない。

④ 現場での冷却処置としては，水をかけてあおいだり，頸，腋下，足の付け根の前面などの太い血管のある部分に，氷やアイスパックを当てたりする方法が効果的であるが，市販のジェルタイプのシートは体を冷やす効果がないため，熱中症の処置にはむかない。

⑤ 救急処置は病態によって判断するよりⅠ度～Ⅲ度の重症度に応じて対処するのがよい。

14 気道異物の除去に関する内容として適切なものを，次の①～⑤から１つ選びなさい。　　　　　　　　　　　　　　　　　　　（難易度■■■■□）

① 背部叩打法は，傷病者の後方から手掌基部で左右の肩甲骨の中間を力強く，連続して叩く方法をいうが，乳児には行ってはいけない。

② 異物により気道が閉塞し，傷病者に反応がなくなった場合には，異物の除去を最優先する。

③ 腹部突き上げ法は，内臓を損傷する恐れがあるため，握りこぶしを傷病者のみぞおちの上方に当て，ゆっくりと圧迫を加えるように行う。

④ 背部叩打や腹部突き上げを試みても窒息が解消されない場合には，ただちに119番通報する。

⑤ 傷病者が咳をすることが可能であれば，異物が自然に排出されることがあるため，できるだけ咳を続けさせる。

15 次の文は，「学校のアレルギー疾患に対する取り組みガイドライン〈令和元年改訂〉」(令和２年３月25日，文部科学省初等中等教育局健康教育・食育課　監修)の一部である。空欄A～Eに入る語句をア～サから選ぶとき，最も適切な組み合わせはどれか。あとの①～⑤から１つ選びなさい。　　　　　　　　　　　　　　　　　　　（難易度■■■■■）

　アレルギーとは，本来人間の体にとって有益な反応である免疫反応が，逆に体にとって好ましくない反応を引き起こすことです。

　最も頻度が多いのがIgE抗体([　A　]の一種)によるアレルギー反応です。いわゆる「アレルギー体質」の人は，花粉や食べ物など本来無害なもの(これらがアレルギーの原因になるとき[　B　]と呼ばれます)に対してIgE抗体を作ってしまいます。そして，その[　B　]が体の中に入ってくると，皮膚や粘膜にあるマスト細胞というアレルギーを起こす細胞の上にくっついているIgE抗体と反応して，マスト細胞から体にとって有害な症状をもたらす[　C　]などの物質が出て，じんましんやかゆみ，くしゃみや鼻水などのアレルギー反応を起こしてしまうのです。

　児童生徒等のアレルギー疾患は食物アレルギー，アナフィラキシー，気管支ぜん息，アトピー性皮膚炎，アレルギー性結膜炎，アレルギー性鼻炎などがありますが，病気のメカニズムとしては共通な部分が多く，反応の起きている場所の違いが疾患の違いになっていると考えることもできます。メカニズムが共通であることから，いくつかのアレルギー疾患を一緒に

もっている(合併)児童生徒等が多いことにも気をつけなければなりません。たとえば，ほとんどのぜん息児は[　D　]も合併しており，[　D　]の児童生徒等はぜん息にもなりやすいことがわかっています。

　児童生徒が食物アレルギー及びアナフィラキシーを発症した場合，その症状に応じた適切な対応をとることが求められます。発症に備えて医薬品が処方されている場合には，その使用を含めた対応を考えてください。

　緊急時に備え処方される医薬品としては，皮膚症状等の軽症症状に対する内服薬とアナフィラキシーに対して用いられる[　E　]の自己注射薬である「エピペン®」があります。アナフィラキシーに対しては，早期の[　E　]の投与が大変に有効で医療機関外では同薬のみが有効と言えます。

ア	インシュリン	イ	リンパ液	ウ	アトピー性皮膚炎
エ	抗原	オ	アドレナリン	カ	ウイルス
キ	アレルゲン	ク	免疫グロブリン	ケ	細菌
コ	アレルギー性鼻炎	サ	ヒスタミン		

	A	B	C	D	E
①	ク	キ	サ	コ	オ
②	イ	キ	サ	ウ	ア
③	ク	カ	エ	ウ	ア
④	イ	キ	エ	コ	ア
⑤	ク	カ	サ	コ	オ

16 幼稚園と家庭との連携を図るための考え方・具体的な対応として適切なものの組み合わせを，あとの①～⑤から１つ選びなさい。

（難易度■■■□□）

ア　幼稚園で，インフルエンザなど感染症の発生がわかったときには，園としての判断で，ほかの保護者にも連絡をする。

イ　子どもが健やかに育つためには，幼稚園での子どもの様子を保護者に理解してもらうことが必要であるため，幼稚園が決めた参観日などには必ず参加するよう，保護者に指導する。

ウ　保護者との連絡は，いつ必要になるかわからないので，教室には保護者の氏名・住所・携帯を含む電話番号のリストを，保護者の意向にはかかわりなく掲示しておく。

① ア，イ　　② イ，ウ　　③ アのみ　　④ イのみ

⑤ ウのみ

17 健康診断に関する記述として適切なものを，次の①〜⑤から１つ選びなさい。　　　　　　　　　　　　　（難易度■■■□□）

①　定期健康診断は毎年５月30日までに実施する。

②　健康診断は健康障害の有無の判定にのみ用いる。

③　幼稚園で定期健康診断を行った後，総合判定の結果は，14日以内に保護者に通知しなくてはならない。

④　幼稚園では，幼児の定期健康診断だけでなく，隔年で職員の健康診断も実施しなくてはならない。

⑤　幼稚園の健康診断に際して，保健調査，事後措置も必要である。

18 「『生きる力』を育む防災教育の展開」（平成25年３月改訂，文部科学省）に示されている，幼稚園における日常の安全指導のポイントとして不適切なものを，次の①〜⑤から１つ選びなさい。　（難易度■■■■□）

①　体を動かして遊ぶことを通して，危険な場所や事物，状況などがわかったり，危険を回避するにはどうしたらよいか学び取れるようにする。

②　幼児の個人差，興味関心の方向性を把握し，一人一人に応じた指導を行う。

③　幼児の行動の中で見られた「ヒヤリとした行動」や「ハッとした出来事」については，帰りの会など落ち着いた場で全体に指導し，理解を深めるようにする。

④　安全指導の内容は，幼児が自分のこととして理解を深められるよう，具体的に伝える。

⑤　生活の様々な場面で，困ったことが起きたとき，危険を感じたときなどには，直ちに教職員に伝えることについて指導を繰り返す。

19 次の文は，「『生きる力』を育む防災教育の展開」（平成25年３月改訂，文部科学省）第５章学校における防災教育の展開例　「幼稚園　防災教育年間計画　（例）」の中の年齢別の目標例である。５歳児の目標として適切なものを，次の①〜⑤から１つ選びなさい。　（難易度■■■■■）

①　安全に生活するための決まりが分かり，気を付けて行動できるようになる。

②　災害時には，家族や友達，周囲の人々と協力して危険を回避できるようになる。

③ 園生活を通して，安全と危険を意識していくようになる。

④ 災害時に落ち着いて指示を聞き，素早く避難行動がとれるようになる。

⑤ 教職員と共に避難行動がとれるようになる。

20 「『生きる力』を育む防災教育の展開」(平成25年3月改訂，文部科学省)に示されている「幼稚園段階における防災教育の目標」として適切なものの組み合わせを，あとの①～⑤から1つ選びなさい。

(難易度■■■■■)

A　きまりの大切さが分かる。

B　火災等が迫る緊急時にも自己判断で避難せず，大人の指示があるまで，必ずその場で待つ。

C　危険な状況を見付けた時，身近な大人にすぐ知らせる。

D　災害時の助け合いの重要性を理解し，主体的に支援活動に参加する。

① A，B　② A，C　③ A，D　④ B，C　⑤ B，D

21 次の文は，「学校防災マニュアル(地震・津波災害)作成の手引き」(平成24年3月，文部科学省)に述べられているものである。(ア)～(オ)に当てはまる語句の組み合わせとして適切なものを，あとの①～⑤から1つ選びなさい。

(難易度■■■■□)

(1) 学校防災マニュアルは，

1. 安全な(ア)を整備し，災害の発生を未然に防ぐための事前の(イ)

2. 災害の発生時に(ウ)かつ迅速に対処し，被害を最小限に抑えるための発生時の(イ)

3. 危機が一旦収まった後，(エ)や授業再開など通常の生活の再開を図るとともに，再発の防止を図る事後の(イ)

の三段階の(イ)に対応して作成する必要があります。

(2) 地震を感知(実際に揺れを感じた場合や緊急地震速報受信時)したと同時に(オ)のための初期対応を図ることが必要です。

日常の指導や避難訓練等によって児童生徒等自身の判断力・行動力を養っておくことが，(オ)につながります。

	ア	イ	ウ	エ	オ
①	環境	危機管理	適切	心のケア	安全確保
②	施設	危機管理	適切	衣食住の調達	安全確保
③	環境	防災計画	安全	心のケア	安全確保
④	施設	防災計画	安全	心のケア	避難行動
⑤	環境	防災計画	適切	衣食住の調達	避難行動

22 「学校防災マニュアル(地震・津波災害)作成の手引き」(平成24年3月,文部科学省)における避難訓練を行う上での留意事項に関する記述の内容として適切なものの組み合わせを,あとの①～⑤から1つ選びなさい。 (難易度■■■■□)

A 耐震化が図られている建物でも,地震動に対して安全を期すために,速やかに建物の外へ避難することが大切である。

B 地震発生時の基本行動は,「上からものが落ちてこない」「横からものが倒れてこない」「ものが移動してこない」場所に素早く身を寄せて安全を確保することである。

C 何が危ないのか具体的に指導するために,教師自身が落ちてくるもの,倒れてくるもの,移動してくるものとはどんなものなのか把握しておくことが必要である。

D 児童生徒等が自ら判断し行動できるようにするため,避難訓練は,災害の発生時間や場所の想定を変えずに同じ内容で繰り返し行うことが大切である。

① A, B ② A, C ③ A, D ④ B, C ⑤ B, D

23 次の文は,「学校防災マニュアル(地震・津波災害)作成の手引き」(平成24年3月,文部科学省)の中の「幼稚園の特性に応じた防災マニュアル作成時の留意点」より,引き渡しの際の留意点を述べたものである。適切なものの組み合わせを,あとの①～⑤から1つ選びなさい。

(難易度■■■■□)

A 園児は保護者以外に引き渡してはならない。

B 保護者が引き渡しカードを持参できない場合を想定し,在籍者名簿等と照合の上,引き取り者のサイン等で引き渡す手立ても考え,教職員間で共通理解を図る。

C　引き渡し者を確認できる名簿等は園長が保管する。

D　正規教員と臨時教職員間の連携を密にし，いかなる状況の中でも，即座に正確な在園児数の確認ができるようにする。

①　A，B　　②　A，C　　③　A，D　　④　B，C　　⑤　B，D

24 次の文は，「学校における子供の心のケア―サインを見逃さないために―」（平成26年3月，文部科学省）に述べられているものである。（　ア　）～（　オ　）に当てはまる語句の組み合わせとして適切なものを，あとの①～⑤から1つ選びなさい。 (難易度■■■■□)

・被災時，乳幼児だった子供への対応

　幼児期には，子供が体験した被災内容が（　ア　）を生じさせる衝撃となりますが，乳幼児期の子供は全体的な（　イ　）に対する理解はほとんどできていないと考えられます。つまり，被災したときに，誰とどこにいて，どのような体験をしたかが（　ア　）の強弱に影響するのですが，幼児期は自らの体験を（　ウ　）に判断することも（　エ　）することも難しい時期と言えます。そのため，（　ア　）を「怖かった」「寒かった」「いっぱい歩いた」などといった表現で表すことが多いと思われます。

　この時期に被災した子供たちは，その後成長，発達するにつれて，自らの体験の意味を理解して衝撃の全体像を認識することになります。そのため，数年後，被災した時の怖さを思い出す出来事に遭遇したときに，（　ア　）が再現する可能性があることを念頭においた（　オ　）が必要です。

	ア	イ	ウ	エ	オ
①	ストレス	状況	客観的	言語化	心のケア
②	トラウマ	災害	客観的	内省化	心のケア
③	トラウマ	状況	客観的	言語化	健康観察
④	ストレス	災害	一般的	言語化	健康観察
⑤	ストレス	状況	一般的	内省化	心のケア

25 「子どもの心のケアのために―災害や事件・事故発生時を中心に―（平成22年7月，文部科学省）」に記されている災害や事件・事故発生時における心のケアの基本的理解について，（　ア　）～（　オ　）に当てはまる語句の組み合わせとして適切なものを，あとの①～⑤から1つ選びなさい。 (難易度■■■□□)

災害や事件・事故発生時に求められる心のケアは，その種類や内容により異なるが，心のケアを（　ア　）に行うためには，子どもに現れるストレス症状の特徴や（　イ　）的な対応を理解しておくことが必要である。

幼稚園から小学校低学年までは，腹痛，嘔吐，食欲不振，（　ウ　）などの身体症状が現れやすく，それら以外にも（　エ　），混乱などの情緒不安定や，行動上の異変（（　オ　）がなくなる，理由なくほかの子どもの持ち物を隠す等）などの症状が出現しやすい。

	ア	イ	ウ	エ	オ
①	適切	基本	頭痛	興奮	落ち着き
②	迅速	基本	発熱	興奮	表情
③	適切	基本	発熱	緊張	表情
④	迅速	代表	発熱	興奮	落ち着き
⑤	適切	代表	頭痛	緊張	落ち着き

26 「『生きる力』をはぐくむ学校での安全教育」（平成31年3月，文部科学省）の「第2章　第3節　安全教育の進め方」に関する内容として適切なものを，次の①～⑤から1つ選びなさい。　　（難易度■■■□□）

① 学校における安全教育は，体育科・保健体育科，技術・家庭科及び特別活動の時間においてのみ行うものである。

② 学校行事における安全に関する指導について，表面的，形式的な指導とともに具体的な場面を想定するなど適切に行うことが必要であるが，小学校においては，発達段階を考慮し，表面的，形式的な指導を行う。

③ 安全教育は，視聴覚教材や資料を活用するだけで十分に効果を高めることができる。

④ 安全教育は，学校教育活動全体を通じて計画的な指導が重要であり，そのためには，学校安全計画に適切かつ確実に位置付けるなど，全教職員が理解しておく必要がある。

⑤ 安全教育と安全管理は，密接に関連させて進めていく必要があるが，日常の指導では，学校生活の安全管理として把握した児童生徒等の安全に関して望ましくない行動は取り上げる必要はない。

27 次の文は,「『令和の日本型学校教育』の構築を目指して〜全ての子供たちの可能性を引き出す,個別最適な学びと,協働的な学びの実現〜(答申)」(令和3年1月26日,中央教育審議会)の「第Ⅱ部　各論」の「1.幼児教育の質の向上について」の一部である。(ア)〜(オ)に当てはまる語句の組み合わせとして適切なものを,あとの①〜⑤から1つ選びなさい。　　　　　　　　　　　　　　　　　　　　　(難易度■■■□□)

○　幼児教育の質の向上を図るためには,資質・能力を育む上で(ア)的な環境の在り方について検討を行い,その改善及び充実を図ることが必要である。

○　幼児期は(イ)的・具体的な体験が重要であることを踏まえ,(ウ)等の特性や使用方法等を考慮した上で,幼児の(イ)的・具体的な体験を更に豊かにするための工夫をしながら活用するとともに,幼児教育施設における業務の(ウ)化の推進等により,教職員の事務負担の(エ)を図ることが重要である。

○　また,幼児教育施設においては,事故の発生・再発防止のための取組を推進するとともに,耐震化,アスベスト対策,(オ),バリアフリー化,衛生環境の改善等の安全対策を引き続き行うことが必要である。

	ア	イ	ウ	エ	オ
①	効果	直接	ICT	軽減	防犯
②	計画	直接	ICT	効率	防犯
③	効果	論理	ICT	効率	感染症対策
④	計画	論理	機械	軽減	感染症対策
⑤	効果	論理	機械	軽減	感染症対策

解答・解説

1 ④
解説

学校保健安全法施行規則第19条の出席停止の期間の基準において, インフルエンザは,「発症した後5日を経過し, かつ, 解熱した後2日(幼児にあっては, 3日)を経過するまで。」と定められている。また, すり傷の応急処置の基本は, 砂やゴミなどの異物を除去するため, 傷口を水道水で洗い流すことである。浅い傷は, その後, 創傷被覆材で保護する。また, 出血が止まらないような深い傷は, 清潔なガーゼ等で直接圧迫を行いながら, できるだけ早く医療機関を受診する。

2 ②
解説

B 「一度感染すると免疫ができる」が誤り。アデノウイルスは種類が多いだけでなく, 免疫がつきにくいとされており, 1つの型のアデノウイルスに感染しても, 他のアデノウイルスに何度もかかることがある。

D 発症すると, 蝶翼状の紅斑が頬に出現して両頬がリンゴのように赤くなることから, りんご病と呼ばれている。ヒトパルボウイルスB19が原因となる感染症で, 幼児期から学童期を中心に流行する。

3 ②
解説

ノロウイルスは感染によって, 胃腸炎や食中毒を発生させるもので, 特に冬季に流行する。手指や食品などを介して経口で感染する場合が多く, ヒトの腸管で増殖し, おう吐, 下痢, 腹痛などを起こす。子どもやお年寄りなどでは重症化し, 吐物を気道に詰まらせて死亡することもある。ノロウイルスについてはワクチンがなく, また, 治療は輸液などの対症療法に限られる。

4 ①
解説

学校保健安全法施行規則第18条第1項による。

5 ③
解説

「3日」ではなく「5日」が正しい。

6 ①

解説

接触感染だけでなく，飛沫感染によっても感染する。

7 ③

解説

呼吸がない場合，胸骨圧迫30回と人工呼吸2回の組み合わせを繰り返す。

8 ①

解説

そばにAEDがあることがわかっている場合には，自分で取りに行く。

9 ⑤

解説

①　医師または救急隊に引き継ぐまでは電極パッドをはがさず，電源も切らず，そのまま心肺蘇生を続ける。

②　電極パッドは使い捨てのため，使用後は必ず交換する。使用期限があるため，未使用であっても使用期限に達したときには交換が必要である。

③　貼り付ける位置にでっぱりがある場合，でっぱりを避けて電極パッドを貼り付ける。このでっぱりは，ペースメーカーやICD(植込み型除細動器)である可能性が高い。

④　胸の部分が濡れている場合は，電極パッドがしっかり貼り付かないだけでなく，電気が体表の水を伝わって流れてしまい，電気ショックによる十分な効果が得られないことから，乾いた布やタオルで胸を拭いてから電極パッドを貼り付ける。

10 ②

解説

①　5秒ではなく10秒である。

③　150回ではなく120回である。

④　20：3ではなく30：2である。

⑤　小児用パッドがない場合は成人用を使用してもよい。

11 ④

解説

①　「鼻血」はからだを横たえると，鼻部の血圧が上昇するため止まりにく

くなるので寝かせてはいけない。

② 腐食性の強い強酸，強アルカリなどは，吐かせると気道の粘膜にひどいただれを起こす。石油製品は，吐かせると気管へ吸い込み，重い肺炎を起こす。

③ 人間の全血液量は，体重1kg当たり約80mLで，一度にその$\frac{1}{3}$以上を失うと生命に危険がある。出血には，動脈からの出血と静脈からの出血がある。開放性のきずによる大出血は，直ちに止血しなければならないので，骨折の治療より優先する。

⑤ 指が切断されたときには，まず直接圧迫止血を行い，直ちに医療機関に搬送する。その際，切断された指は洗わずにガーゼにくるみ，ビニール袋に入れる。氷を入れた別のビニール袋の中に，指の入ったビニール袋を入れて，医療機関に持参する。

12 ②
解説

① 不適切。蜂の毒を中和するため，消毒薬ではなく，アンモニアをつける。アナフィラキシーにも注意する。

② 適切。やけどを冷やすときは流水で患部の周りが冷え切るくらいにする。

③ 不適切。吐き気を訴えている子どもの背中を叩いたり，さすったりしてはいけない。

④ 不適切。37.5度程度の発熱，おう吐を伴っていないかを調べ，虫垂炎でないことをまず確認する。通常の腹痛なら腹部を温め，寝かしておくという対応でよいが，幼児の虫垂炎は急激に症状が進むので注意が必要。

⑤ 不適切。意識が混濁している場合は，呼吸，脈拍を確かめ，瞳孔が開いていないかを必ず見る。頭をやや低めにして安静を保ち，医師をすぐに呼ぶ。なるべく動かさないようにすることが大切である。

13 ②
解説

思春期前の子どもは，汗腺のような体温調節能力が発達していないため深部体温が大きく上昇し，熱中症のリスクが高い。なお，子どもは大人より熱しやすく冷めやすい体格特性を持つ。

14 ⑤

解説

　　異物除去の方法としては腹部突き上げ法(ハイムリック法)と背部叩打法
の2種類がある。異物除去の際，基本的には腹部突き上げ法を優先させる。
しかし，内臓を痛めることがあるため，傷病者が妊婦と乳児の場合は背部
叩打法を行う。また，心肺蘇生を優先し，異物が取れるまで続ける必要が
ある。③は，みぞおちの上方ではなく下方に当てる。

15 ①

解説

　　学校におけるアレルギー疾患には，平成20年に作成された「学校のアレ
ルギー疾患に対する取り組みガイドライン」に基づき対応することとされ
ており，10年ぶりに改訂されたのが出題の資料である。これには，「学校
生活管理指導表(アレルギー疾患用)」に示されている，食物アレルギー，ア
ナフィラキシー，気管支ぜん息，アトピー性皮膚炎，アレルギー性結膜炎，
アレルギー性鼻炎について，ガイドラインが設定されている。なお，アナ
フィラキシー症状を来した児童生徒を発見した場合，救命の現場に居合わ
せた教職員が自ら注射できない状況にある児童生徒に代わって注射を行う
ことは，医師法違反にあたらず，人命救助のため行った行為については，
責任はないと考えるのが一般的である。

16 ③

解説

　ア　適切。幼稚園全体に関わることなので，ほかの保護者に連絡するかど
　　うかは，個々の園児から連絡を受けた担任だけで判断するのではなく，
　　園全体としての判断を下すようにする。

　イ　不適切。参観日には保護者全員に参加してもらうのが望ましいが，強
　　制はできない。園児の兄弟が通う小学校などの行事予定がかかわってく
　　ることも考えられるので，なるべく多くの保護者に参加してもらえるよ
　　う，保護者の意向も聞いてから日程を調整するようにする。

　ウ　不適切。保護者の氏名・住所・電話番号などは個人情報であるから，
　　適切な方法で保護されなくてはならない。少なくとも，本人の了解を得
　　ずに教室に掲示しておくべきではない。

17 ⑤

解説

学校保健安全法施行規則を参照。

① 幼稚園の定期健康診断は毎年，6月30日までに実施することになっている。

② 定期健康診断では，幼児の健全な発育，発達のために，栄養状態に重点をおきつつ，疾病や異常など健康障害の早期発見と予防に留意する。

③ 総合判定の結果は，定期健康診断を実施後21日以内に保護者に通知することになっている。

④ 職員が結核などの感染症にかかっていると，当然，幼児に感染してしまうため，職員も毎年健康診断を受けることになっている。

⑤ 正しい。特に，疾病や異常が見つかった際の事後措置は，その疾病などによって対応が変わることもあるので，注意する。

18 ③

解説

出題資料の第5章 1 (2) ①日常生活の中で安全(防災)に関する意識や態度を高める指導からの出題である。「帰りの会など落ち着いた場で全体に指導し，理解を深めるようにする。」が誤り。行動から時間を置かずに対象幼児へ指導し，理解を深めるようにする。

19 ④

解説

①は4歳児の目標，②は小学校3・4学年の目標，③および⑤は3歳児の目標である。

20 ②

解説

本資料では，幼稚園段階における防災教育について，「安全に生活し，緊急時に教職員や保護者の指示に従い，落ち着いて素早く行動できる幼児」を目標に「知識，思考・判断」「危険予測・主体的な行動」「社会貢献，支援者の基盤」の3つに分けて具体的に示している。具体的項目としては，本問の他に「教師の話や指示を注意して聞き理解する」「友達と協力して活動に取り組む」等がある。

21 ①
解説

「学校防災マニュアル(地震・津波災害)作成の手引き」は文部科学省が作成した,地震・津波が発生した場合の具体的な対応について参考となるような共通的な留意事項をとりまとめたもの。学校保健安全法第29条第1項において児童生徒等の安全の確保を図るため,危険等発生時に職員が講じるべき措置の内容や手順を定めた危機管理マニュアル(危険等発生時対処要領)を各学校が作成することとされており,その参考となるよう作成されたものである。

22 ④
解説

A 本資料では「耐震化が図られている建物では,地震動によって建物が倒壊する危険性は低く,慌てて建物の外へ飛び出すような行動はかえって危険」とされている。

D 想定を変えずに同じ内容での訓練を行うのではなく,「災害の発生時間や場所に変化を持たせ,いかなる場合にも安全に対処できるようにすることが望まれる」とされている。なお,災害には地域性があり,学校の自然的環境,社会的環境,施設の耐震化の有無などによって起こりやすさが変わってくることから,それぞれの地域・特性にあった対策が必要となる。

23 ⑤
解説

A 何らかの事情で保護者が引き取れない場合を想定し,代理者を登録しておく。代理者以外には引き渡してはならない。

C 園長が保管するという規定はない。引き渡しは原則として担任が行うが,通園バス乗車中,園外保育時などの担任が引き渡せない場合を想定し,引き渡し者を確認できる名簿等の保管場所・方法を教職員全員で共通理解しておく。

24 ③
解説

特に注意したい用語はアのトラウマである。トラウマは,本来持っている個人の力では対処できないような圧倒的な体験をすることによって被る,著しい心理的ストレスを指す。トラウマは心的外傷後ストレス障害(Posttraumatic Stress Disorder, PTSD)の発症につながる場合がある。用語

の違いを確認しておきたい。

 ①

解説

　近年，地震，豪雨などの自然災害や，子どもが犯罪に巻き込まれる事件・事故などが発生しており，子どもが災害等に遭遇して強い恐怖や衝撃を受けた場合，その後の成長や発達に大きな障害となることがあるため，子どもの心のケアが重要な課題となっている。

 ④

解説

　「学校安全資料『生きる力』をはぐくむ学校での安全教育」は，安全教育，安全管理，組織活動の各内容を網羅して解説した総合的な資料として，平成13年11月に作成され，その後の学校保健法の改正，学習指導要領の改訂を踏まえて平成28年3月に，さらに「学校事故対応に関する指針」(平成28年3月)の策定や学習指導要領の改訂等を踏まえて平成31年3月に改訂されている。

① 「体育科・〜及び特別活動の時間においてのみ行うもの」が誤り。「安全教育は，体育科・保健体育科，技術・家庭科及び特別活動の時間はもとより，各教科，道徳科及び総合的な学習の時間などにおいてもそれぞれの特質に応じて適切に行うよう，学校教育活動全体を通じて計画的な指導が重要であり，そのためには，学校安全計画に適切かつ確実に位置付けるなど，全教職員が理解しておく必要がある。」とされている。

② 「小学校においては，発達段階を考慮し，表面的，形式的な指導を行う。」が誤り。小学校においても「避難訓練など安全や防災に関する学校行事については，表面的，形式的な指導に終わることなく，具体的な場面を想定するなど適切に行うことが必要である。」とされている。

③ 「視聴覚教材や資料を活用するだけで十分効果を高めることができる。」が誤り。「安全教育の効果を高めるためには，危険予測の演習，視聴覚教材や資料の活用，地域や校内の安全マップづくり，学外の専門家による指導，避難訓練や応急手当のような実習，誘拐や傷害などの犯罪から身を守るためにロールプレイングを導入することなど，様々な手法を適宜取り入れ，児童生徒等が安全上の課題について，自ら考え主体的な行動につながるような工夫が必要である。」とされている。

⑤ 「日常の指導では〜児童生徒の安全に関して望ましくない行動は取り上げる必要はない。」が誤り。日常の学校生活における指導として「児童生徒等の安全に関して望ましくない行動を取り上げ，適切な行動や実践の方法について考えさせる。」としている。

27 ①

解説

　幼児教育施設では，環境を通して行う教育を基本としていることから，環境が子供の発達にとってどのような意味があるのかといった環境の教育的価値について研究を積み重ねていくことが重要である。

第8章

専門試験
教育史・教育心理

演習問題

1 次の記述のうち誤っているものを，①〜⑤から１つ選びなさい。

(難易度■□□□□)

① シュテルンは人間の発達について，遺伝的要因と環境的要因の輻輳説を唱えた。

② ロックは教育万能論に対して疑問を投げ掛けた。

③ ルソーは消極教育論を提唱し，「子どもの発見者」と称された。

④ フレーベルは世界で最初の幼稚園を設立した。

⑤ デューイは問題解決学習を提唱した。

2 次の人物に関する記述として適切なものを，①〜⑤から１つ選びなさい。

(難易度■■■□□)

① 羽仁もと子は玉川学園を創設し，全人教育や労作教育を目指した。

② 及川平治は東京高等師範学校附属訓導として綴方教授を提唱した。

③ 倉橋惣三は東京女子高等師範学校幼稚園主事を務め，「幼児教育の父」と呼ばれる。

④ 澤柳政太郎は「児童の村小学校」を設立した。

⑤ 谷本富は「婦人と子ども」を編集し，『幼稚園保育法眞諦』の著書がある。

3 次の文は，フレーベルについて述べたものである。(A)〜(C)に当てはまるものをア〜ケから選ぶとき，正しい組み合わせを，あとの①〜⑤から１つ選びなさい。

(難易度■■□□□)

フレーベルの教育学の特徴は，なんといっても遊びを重視したことである。「遊んでいるとき，子どもは力を得，強い存在となる。遊びによって子どもは心を表現し，(A)と交わる」というのである。そして，遊びにとって不可欠なものとして，1つは遊びの道具である(B)，もう1つはその遊びを指導する大人の存在があるとした。正しい指導法でその道具遊びをするとき，本来(C)な存在である子どもは，それに気づき，そこへ帰っていくと彼は考えた。

ア 家族　　イ 恩物　　ウ 精神的　　エ 積み木　　オ 感覚的

カ 仲間　　キ 大人　　ク 神的　　　ケ ブロック

① A－ア　　B－エ　　C－オ
② A－キ　　B－ケ　　C－ク
③ A－カ　　B－イ　　C－ウ
④ A－カ　　B－イ　　C－ク
⑤ A－ア　　B－ケ　　C－ウ

4 次のA～Cは幼児教育について述べたものである。それぞれア～キのどの人物と関係が深いか。正しい組み合わせを，あとの①～⑤から１つ選びなさい。
　　　　　　　　　　　　　　　　　　　　　　(難易度■■■■□)

A　どんなに貧しくても，どんなに不良な子どもでも，神からすべての子どもたちに人間性の力を与えられている。道徳的な人間を育てるには健全な家庭生活が営まれなければならず，教育においても家庭の温かさが不可欠である。

B　子どもは本来神的な存在なので，教育者は子どもがもともと持っているものを実現させるよう手助けし，そのことに気づいていない子どもに，自覚させ表現するよう導くことである。

C　自然は子どもが子どもらしくあることを望んでいる。大人になったら必要になるからといって，美徳や知識を積極的に子どもに教える必要はない。できるだけ子どもの自然のよさを残し伸ばしてやればよい。

　　ア　ルソー　　　　　　イ　ロック　　　　ウ　モンテッソーリ
　　エ　ペスタロッチ　　　オ　フレーベル　　カ　デューイ
　　キ　マラグッツィ

① A－ア　　B－ウ　　C－オ
② A－エ　　B－キ　　C－オ
③ A－エ　　B－カ　　C－ア
④ A－イ　　B－ウ　　C－カ
⑤ A－エ　　B－オ　　C－ア

5 次の文は，ルソーについて述べたものである。（　A　）～（　C　）に当てはまるものをア～キから選ぶとき，正しい組み合わせを，あとの①～⑤から１つ選びなさい。
　　　　　　　　　　　　　　　　　　　　　　(難易度■■■□□)
　　ルソーの生きた当時のフランスは，1789年の革命以前の封建的王制下の政治・社会制度のなかにあったが，多くの（　A　）たちが出て旧制度を打ち

259

倒そうとしていた。ルソーの思想はこうした時代背景と密接に結びついており，『社会契約論』で新しい社会の構想を描き，（ B ）では，その新しい社会を担う人間をどう教育するかを描いた。彼は，（ B ）のなかで「（ C ）は子どもが大人になるまえに子どもであることを望んでいる」と述べ，児童期までの教育は，できるかぎり子どもの（ C ）のよさを残し，それを伸ばすように手助けしてやればよいと考えた。旧制度下では，子どもは大人になるための準備期間であり，子どもを大人に近づけるようにすることが教育だったが，ルソーの，子ども時代の独自性の尊重を唱えた「子どもの発見」は，当時としては画期的な教育論であった。

| ア | 自然 | イ | 『パンセ』 | ウ | 社会主義者 |

エ 『エミール』　オ 神秘思想家　カ 神

キ 啓蒙思想家

① A－ウ　　B－イ　　C－カ

② A－キ　　B－エ　　C－ア

③ A－キ　　B－イ　　C－ア

④ A－ウ　　B－エ　　C－カ

⑤ A－ウ　　B－エ　　C－ア

6 次は，倉橋惣三の幼児教育についての記述である。（ A ）〜（ C ）に当てはまるものをア〜クから選ぶとき，正しい組み合わせを，あとの①〜⑤から１つ選びなさい。　　　　　　　（難易度■■■■■）

　幼児を無理やり目的に向かって引っ張るのではなく，自然な生活形態のなかで，子どもたちが知らず知らずのうちに（ A ）を身に付けるようにすることが望ましいとした。そして，明治以来の定型と機械化とによって幼児のいきいきしさを奪う（ B ）を批判し，幼児に（ C ）を与えることを重視した。その自由な活動のなかから子どもの生活を誘導していく誘導保育を保育の真諦とした。

ア　恩物主義　　イ　行動主義　　ウ　満足感　　エ　道徳

オ　達成感　　カ　一斉保育　　キ　自由感　　ク　教育的価値

① A－エ　　B－カ　　C－ウ

② A－ウ　　B－ア　　C－ク

③ A－エ　　B－イ　　C－オ

④ A－ク　　B－イ　　C－キ

⑤　A－ク　　B－ア　　C－キ

7 次は，日本における保育思想の歴史に関する記述である。A〜Dの記述は，ア〜エのうちどの人物のことか。正しい組み合わせを，あとの①〜⑤から１つ選びなさい。　　　　　　　　　　　（難易度■■■■□）

A　有産階級に限られていた幼児教育を，貧しい家庭の子どもたちにも施す必要性を感じて，日本で最初の託児所となる幼稚園を開園した。

B　知的障害児教育の父と呼ばれる。はじめ，濃尾震災によって被災した孤児を引き取り孤児施設を開設したが，孤児の中に知的障害児が含まれていたのがきっかけとなり，知的障害児施設に改めた。

C　「家なき幼稚園」を開設した。自然の中で育てることの大切さを保育の中心とし，公園，河原，里山などの戸外で保育を行った。

D　自然主義教育を幼児教育の基本として『幼児教育法』を著す。「幼児教育」という言葉を日本で初めて使ったことでも知られる。

　　ア　橋詰良一　　イ　和田実　　ウ　野口幽香　　エ　石井亮一

①　A－ア　　B－イ　　C－エ　　D－ウ
②　A－イ　　B－ア　　C－ウ　　D－エ
③　A－ウ　　B－イ　　C－エ　　D－ア
④　A－ウ　　B－エ　　C－ア　　D－イ
⑤　A－エ　　B－イ　　C－ウ　　D－ア

8 次は，保育思想の歴史に関する記述である。A〜Dの記述は，ア〜エのうちどの人物のことか。正しい組み合わせを，あとの①〜⑤から１つ選びなさい。　　　　　　　　　　　（難易度■■■□□）

A　知識の一方的な伝達を中心とした伝統的な学校教育を批判し，教育とは，経験を繰り返すことによって成長し，その成長を高めるようにさらに経験を絶え間なく再組織し改造することであると主張した。

B　人間は誕生の瞬間から知的な働きが存在することを明らかにし，子どもの知能や発達に関して，科学的な理論構築を行い発達段階説を提唱した。

C　スラム街に住む貧しい労働者の子どもたちを収容するために「子どもの家」を開設した。そこで，子どもたちは自分自身の感覚をとおして世界の様子を知るということに気づき，子どもの発達に適した環境設定や遊具の必要性を唱えた。

D　自分が自分を作り上げていくことによって子どもは発達するという児童中心主義に基づく児童教育と婦人の母性的使命を唱え，新教育運動，婦人解放運動に大きな影響を与えた。

　　ア　エレン・ケイ　　イ　モンテッソーリ　　ウ　ピアジェ
　　エ　デューイ

① A－ア　　B－イ　　C－エ　　D－ウ
② A－イ　　B－ア　　C－ウ　　D－エ
③ A－エ　　B－ウ　　C－イ　　D－ア
④ A－ウ　　B－エ　　C－ア　　D－イ
⑤ A－エ　　B－イ　　C－ウ　　D－ア

9 次の文は，レッジョ・エミリア・アプローチについての記述である。文中の(A)～(C)に当てはまる語句をア～キから選ぶとき，その組み合わせとして正しいものを，あとの①～⑤から１つ選びなさい。

（難易度■■□□□）

　(A)にあるレッジョ・エミリア市の幼稚園の先端的教育を考えたのは(B)である。彼は，子どもが気の合う仲間や家族などの私的で親密な関係とは別のさまざまな考えを持った人たちとの関係を経験することによって，世界が多様であることや自己と異なった(C)を持った他者を理解することが重要だと考えた。そのため，プロジェクトという形でその相互関係を経験できる小集団を組織化し，さらに家族もその活動に参加するようにした。

　　ア　モンテッソーリ　　イ　アイデンティティ　　ウ　スイス
　　エ　イタリア　　　　　オ　マラグッツィ
　　カ　パーソナリティ　　キ　コンピテンス

① A－エ　　B－オ　　C－イ
② A－ウ　　B－ア　　C－カ
③ A－エ　　B－ア　　C－イ
④ A－ウ　　B－ア　　C－キ
⑤ A－ウ　　B－オ　　C－カ

10 次の文は，『モンテッソーリ法』についての記述である。(A)～(C)に当てはまるものをア～キから選ぶとき，正しい組み合わせを，

あとの①～⑤から１つ選びなさい。　　　　　　　(難易度■■□□□)

　子どもは自分を(A)する動機を本来もっており，自分自身の(B)をとおして外の世界についての知識を学ぶ。子どもの発達に適した環境に置かれるとき，その子どもは興味をもって自発的に学ぶことができる。したがって，教育とは，子どもがそうした自分の要求に応えてくれるような環境に置かれたときに，自らが自発的に学んでいく(C)な過程だということができる。

　　ア　動的　　イ　認識　　ウ　知識　　エ　啓発
　　オ　本質　　カ　静的　　キ　感覚

① A-イ　　B-オ　　C-カ
② A-エ　　B-キ　　C-ア
③ A-イ　　B-キ　　C-カ
④ A-エ　　B-ウ　　C-ア
⑤ A-イ　　B-ウ　　C-カ

11 次のA～Cは教育史上の人物の著作の冒頭の一文であり，a～cはその著作である。またア～ウは，人物の教育思想に関係ある語である。これらの人物，冒頭の一文，著作，関係ある語を組み合わせたとき，正しいものを，あとの①～⑤から１つ選びなさい。　　　(難易度■■■□□)

A　創造主の手から出るときにはすべてがよいが，人間の手になるとすべてが悪くなっていく。

B　玉座の上にあっても，木の葉の屋根の陰に住まっても，その本質において同じ人間。

C　万物のなかに，一つの永遠の法則があって，作用し，支配している。

　　〔著作・関係ある語〕
　　a 『隠者の夕暮』　　b 『エミール』　　c 『人間の教育』

　　ア　消極教育　　イ　万有内在神論　　ウ　直観のABC

① フレーベル　　──A── b ──イ
② フレーベル　　──B── b ──ウ
③ ルソー　　　　──C── a ──ア
④ ペスタロッチ　──B── a ──ウ
⑤ ペスタロッチ　──C── c ──イ

12 コメニウスに関する記述について不適切なものを，次の①〜⑤から１つ選びなさい。　　　　　　　　　　　　　　　　　　（難易度■■■■□）

① 主著「大教授学」において，あらゆる人にあらゆる事柄を享受するための教授法について示した。

② 世界初の絵入り教科書とされる「世界図絵」を作成した。

③ 教育によるドイツの再建を目指し，「ドイツ国民に告ぐ」という大講演を行った。

④ 直観教授の理念と方法を示し，感覚を伴った教育の重要性を説いた。

⑤ すべての男女が，階級差別のない単線型の学校教育において，普遍的知識の体系を学ぶ必要性を説いた。

13 次の記述に該当する人物を，あとの①〜⑤から１つ選びなさい。

（難易度■■■□□）

　明治18年，内閣制度の発足に伴い，初代文部大臣に就任。欧米の先進国の文明を導入し，日本の富強を図るための国家主義教育をとなえ，この目的の実現に向けて学校制度の改革，教育内容の改善，教員養成方針の確立に尽力した。明治19年に小学校令・中学校令・帝国大学令・師範学校令を公布し，近代学校制度の土台を固めた。また，教科書の検定制度を初めて実施。教育内容の改善を図り，「学校及其程度」により国家的基準を明示した。師範教育に関しては，国民教育の根幹をなすものとして重視し，順良・信愛・威重の三気質を教育目標に据え，その実現のために全寮制による軍隊式教育を行った。

① 倉橋惣三　　② 福沢諭吉　　③ 森有礼　　④ 新渡戸稲造
⑤ 大隈重信

14 次の文章の出典と著者の組み合わせとして正しいものを，あとの①〜⑤から１つ選びなさい。　　　　　　　　　　　　　　（難易度■■■□□）

「…人々は子ども時代とはどういうものであるかということをちっとも知らない。昔ながらの間違った考えをしているものだから，教育すればするほどいよいよ子どもというものがわからなくなってしまう。もっとも聡明といわれている人々でさえ，子どもの学習能力を考慮にいれないで，大人にとって大切なことを子どもに一所懸命教えている。かれらはいつも子どもを大人に近づけることばかり夢中になっていて，大人になるまでの子ど

もの状態がどんなものであるかを考えてみようとはしない。私が全力を注いだのは，じつにこのあるがままの子どもの状態についての研究であって…」

① 『エミール』　　　　　ペスタロッチ
② 『教育に関する考察』　ロック
③ 『子どもの発見』　　　フレーベル
④ 『エミール』　　　　　ルソー
⑤ 『子どもの発見』　　　モンテッソーリ

15 次の説明文と人物名の組み合わせとして正しいものを，あとの①～⑤から１つ選びなさい。　　　　　　　　　　　　　（難易度■■□□□）

A　世界で最初の「幼稚園」を開設し，幼児教育思想を述べた『人間の教育』を著した。

B　恩物による保育を批判し，恩物を「積み木玩具」に換えた。また，戸外での自由でのびのびした遊びを大切にする保育を目指した。

C　「生活は陶冶する」と言って家庭教育を重んじた。また，直観教授も重視した。

D　子どもが自由で自発的な活動を中心として生活できる「子どもの家」を設立し，そこでは感覚教育を重視した保育を行った。

ア　マカレンコ　　　　イ　フレーベル　　　ウ　倉橋惣三
エ　ルソー　　　　　　オ　コメニウス　　　カ　ペスタロッチ
キ　モンテッソーリ　　ク　ロック

① A－イ　　B－ウ　　C－カ　　D－キ
② A－キ　　B－ア　　C－エ　　D－オ
③ A－キ　　B－ク　　C－ウ　　D－ア
④ A－オ　　B－カ　　C－イ　　D－ウ
⑤ A－イ　　B－オ　　C－ク　　D－カ

16 幼稚園と保育所について公的に示されたものを発表年順に正しく並べたものを，次の①～⑤から１つ選びなさい。　　　　（難易度■■■■■）

① 保育要領―幼稚園と保育所の関係について―幼児教育振興プログラム
② 保育要領―幼児教育振興プログラム―幼稚園と保育所の関係について
③ 幼稚園と保育所の関係について―保育要領―幼児教育振興プログラム

④　幼稚園と保育所の関係について—幼児教育振興プログラム—保育要領

⑤　幼児教育振興プログラム—保育要領—幼稚園と保育所の関係について

17 教育史に関する記述について適切なものを，次の①〜⑤から１つ選びな
さい。　　　　　　　　　　　　　　　　　　　　　（難易度■■■■■）

①　貝原益軒は日本で最初の体系的教育書といわれる『養生訓』を著した。

②　明治 13 年の改正教育令では国家の統制色が強くなり，道徳が学科目の
首位に置かれ，徳育重視となった。

③　明治 19 年の小学校令で尋常小学校の 6 年間が就学義務とされ，法令上
の義務教育制度が明確になった。

④　大正時代には，子どもの個性・自発性を尊重する児童中心主義教育の
理論と実践を，倉橋惣三が指導した。

⑤　大正 7 年，北原白秋が児童文学・童謡の雑誌『赤い鳥』を創刊，芸術教
育運動を展開した。

18 次の文章中の（　　）に当てはまる人物名として最も適当なものを，あと
の①〜⑤から１つ選びなさい。　　　　　　　　　　（難易度■□□□□）

（　　）はオーストリアの精神科医で，意識の奥に無意識の世界があり，
無意識の世界に抑圧された願望と，抑圧する自我egoの力との間の葛藤が
人間の精神生活を支配していると考えた。パーソナリティーの構造につい
て，外界と深層による欲望，イドidsとを媒介し，両方の調和を図る自我が
存在するとした。また，外界の社会規範と共に個人の精神に内在化した良
心ともいうべき超自我super-egoが存在することを主張した。

①　ゲゼル　　②　フロイト　　③　ピアジェ　　④　エリクソン

⑤　ヴィゴツキー

19 次のア〜オは，ピアジェの考えについての記述である。正しく述べられ
たものの組み合わせを，あとの①〜⑤から１つ選びなさい。

（難易度■■■□□）

ア　子どもの思考は，大人の思考と比較すると，質的な違いがある。

イ　子どもは言語を作り出す能力を持って生まれてくるので，言語は自らの
力で獲得するものであり，大人から教えられて身に付けるものではない。

ウ　幼児期に多いひとりごとは，自己中心性の現れであり，社会的言語の

発達によって消失する。

エ　子どもの道徳的判断は，動機論的判断から結果論的判断へと移行していく。

オ　人間には，誕生の瞬間から知の働きが存在する。

① イ，ウ，オ　　② ア，ウ，オ　　③ イ，エ，オ

④ ア，イ，エ　　⑤ ウ，エ，オ

20 次のア～オは幼児教育にも影響を与えた心理学に関わりの深い人物とその説である。正しく述べられたものの組み合わせを，あとの①～⑤から1つ選びなさい。　　　　　　　　　　　　　（難易度■■□□□）

ア　ワトソンは，個人差に応じた学習をさせることを目的としたプログラム学習を開発した。

イ　スキナーは，誕生から死に至るまでの一生をライフサイクルとしてとらえ，そのなかで人間が直面する8つの心理社会的危機を示した。

ウ　チョムスキーは，生成文法理論において，人間の言語能力は他の認知能力からは独立したものであり，環境からわずかな入力があれば，生得的プログラムにより自動的に発言すると考えた。

エ　エリクソンは，人の発達は環境によって決定するという環境説を唱え，学習を重視した。

オ　フロイトは，人間の性格形成は乳幼児期の環境，教育によって決定されるとし，この説が幼児期における情操教育の重要性のルーツとなった。

① ア，ウ　　② ア，イ　　③ イ，オ　　④ ウ，オ

⑤ ア，エ

21 次の学説を唱えたのは誰か。あとの①～⑤から1つ選びなさい。

（難易度■■□□□）

乳幼児の発達は，筋肉や神経などが内部で成熟することによって行われるが，年齢をその内的成熟の度合いを表す指標とした。それによって，「一般に，何歳ならこういう行動がとれ，何歳になればこういうこともできるようになる」と，年齢別に典型的な行動が記述できるとした。

① ピアジェ　　② ワトソン　　③ ファンツ　　④ フロイト

⑤ ゲゼル

22 学習と動機に関する記述として適切なものを，次の①〜⑤から１つ選び
なさい。　　　　　　　　　　　　　　　　　　　(難易度■■■□□)

① 「叱られるといやだから勉強する」というのは，内発的動機づけによる
行動である。

② 教師が期待をかけ，優秀な生徒として扱うことでより高い学習効果を
あげるようになるのは，アタッチメントによる効果である。

③ 運動技能の学習においても，ある程度までできるようになったところ
で学習が停滞してしまうことを，プラトー(高原現象)と呼ぶ。

④ 子どもが楽しんで課題に取り組んでいる時にごほうびを与えることで
そのやる気を維持できることを，アンダーマイニング効果と呼ぶ。

⑤ 学習課題の達成に競争の要素を持たせ，子どものやる気を引き出す工
夫は，内発的動機づけである。

23 エリクソンの発達段階説についての記述として適切なものを，次の①〜
⑤から１つ選びなさい。　　　　　　　　　　　　(難易度■■■■■)

① エリクソンはリビドー(性的な心的エネルギー，欲求)を中心に置いた
心理性的発達段階を唱えた。

② 青年期をマージナルマン(境界人・周辺人)と呼び，独特の精神構造を
もつと考えた。

③ エリクソンは「発達課題」という概念を初めて採用し，人間の発達段階
を乳児期，児童期，青年期，壮年初期，中年期，老年期の６段階とした。

④ 自我同一性の拡散とは，過去の自分と現在の自分の連続性，将来の自
分への展望が見出せず，社会との一体感も持てない状態のことである。

⑤ 青年期を，基本的信頼感を獲得する時期とし，「モラトリアム期」と名
づけた。

24 乳児期の発達に関する記述として適切なものを，次の①〜⑤から１つ選
びなさい。　　　　　　　　　　　　　　　　　　(難易度■■■■□)

① 身体と運動の発達には２つの方向があり，頭部から尾部へ，中心部か
ら周辺部へと進む。

② 乳児期は身体各部が一様に発達し，１歳頃までに急速な発達を遂げる。

③ ボウルヴィによれば，特定他者への愛着行動は，新生児期から見られ
る。

④ 乳児期の発達は，一度現れた発達が消失したり，衰退したりすることはない。

⑤ ピアジェ(Piaget, J.)の発達段階説では，乳児期は様々な動作を繰り返すことを通じて感覚と運動の関係を構築し，目の前にある対象を操作できるようになる。

25 幼児期の心理の特徴として適切なものを，次の①〜⑤から１つ選びなさい。　　　　　　　　　　　　　　　　　　　　　　（難易度■■■□□）

① 幼児の心性の特徴である自己中心性は，他人を思いやったり，自分の欲求を抑えて譲ったりすることができず，利己的であることを意味する。

② 幼児が石や木などすべてのものに心があると感じる心性を，人工論という。

③ ピアジェの発達段階論において，幼児期は前操作期であり，数，量，重さなどの保存概念を獲得する。

④ 幼児期の心性の特徴として，物事の見かけで判断せず，本質をとらえる直観的思考がある。

⑤ 幼児のごっこ遊びは，あるものを別のものに見立てる象徴機能が発達することで生じる重要な発達のしるしである。

26 学習と達成動機についての記述として適切なものを，次の①〜⑤から１つ選びなさい。　　　　　　　　　　　　　　　　　　　　（難易度■■■■□）

① 文化の別を問わず，人間が自発的に課題を達成したいと思うのは，人との関わりを重視する親和動機によるものである。

② 子どものやる気を維持するためには，常に子どもが容易に達成できるレベルの課題を与えることである。

③ 子どものやる気を維持するためには，達成が困難な難易度の高い課題を多く与え，もっと努力しなければならないという気持ちを起こさせることである。

④ 無力感は自分がコントロールできない経験を重ねるうちに学習され，しだいに行動面全般において無気力となる。

⑤ 子どもの知的好奇心を満たすために，教材や発問には認知的葛藤を生じさせないような工夫が必要である。

27 防衛機制についての記述として適切なものを，次の①〜⑤から１つ選び
なさい。 (難易度■■■■■)

① 自分にとって認めたくない内的な不安や欲求を，他人の側のものとみ
なすことを，同一化という。

② 自覚すると自我が傷つくような衝動，感情，欲求を抑圧し，正反対の
行動を取ることを，昇華という。

③ 心理的な葛藤が麻痺やヒステリーなどの身体症状などとして表出され
ることを，転換という。

④ 状況にうまく適応できないときに，より幼い発達段階に戻ることに
よって困難な状況を解決しようとすることを，補償という。

⑤ 子どもが，ほしかった玩具が手に入らなかったとき，「あの玩具は面白
くないから，いらない」というのは抑圧の防衛機制によるものである。

解 答・解 説

1 ②

解説

① シュテルン(1871 ～ 1938)は人間の発達は遺伝と環境の相互作用によって生じると考えた。

② ロック(1632 ～ 1704)は人間の精神を「白紙(タブラ・ラサ)」と捉え，後天的な教育を重視した。よって誤り。

③ フランスの啓蒙思想家ルソー(1712 ～ 78)は『エミール』で教育について論じた。

④ フレーベル(1782 ～ 1852)は教育遊具「恩物」の考案者で，主著に『人間の教育』がある。

⑤ デューイ(1859 ～ 1952)は経験主義的教育論を展開。主著に『学校と社会』など。

2 ③

解説

① 羽仁もと子(1873 ～ 1957)が設立したのは自由学園で，自労自作の生活中心主義教育を行った。玉川学園の創設者は小原國芳(1887 ～ 1977)。

② 及川平治(1875 ～ 1939)は「分団式動的教育」を実践した兵庫県明石女子師範学校附属小学校主事であり，綴方教授を提唱したのは芦田惠之介(1873 ～ 1951)。

③ 正しい。

④ 澤柳政太郎(1865 ～ 1927)は成城小学校の設立者。「児童の村小学校」を設立したのは野口援太郎。 ⑤ 「婦人と子ども」を編集し，『幼稚園保育法眞諦』を著したのは倉橋惣三。谷本富は日本初の教育学博士。

3 ④

解説

幼稚園教育に携わる人にとって，現代幼稚園教育の父といわれるフレーベルは，避けて通れない人物のひとりである。彼は1782年，ドイツの小さな田舎町の厳格な牧師の家に生まれた。ペスタロッチとの出会いによって，生涯幼児教育に身をささげることとなった。子どもは本来，神的な存在であるとし，そのことを子どもに自覚させ，表現するよう導くことが教育の目的であるとした。そして，遊びに着目し，遊んでいるとき，子どもは外

の世界の認識へと導かれると同時に，世界のなかで自分を反映させることができると考えた。その際，世界と子どもをつなぐものとして，ひとつは教具としての恩物(神からの贈り物の意)，もうひとつは遊びを指導する大人の存在の２つがあるとした。フレーベルの教育思想と恩物とは深い結びつきがあるので，恩物についてよく理解しておくこと。

4 ⑤
解説

　Ａはペスタロッチ，Ｂはフレーベル，Ｃはルソーがあてはまる。各人物の詳細はポイントを参照。マラグッツィ(1920 ～ 1994)はイタリアで行われた幼児教育の革新的実践，レッジョ・エミリアのリーダー。

5 ②
解説

　ルソーの思想について，フランス革命の時代背景抜きには語れない。フランス革命によってそれまで続いたキリスト教会に代表される古い伝統的権威や秩序が崩壊し，理性による思考の普遍性と不変性を主張する啓蒙思想家たちが，数多く現れた。こうしたなかで，ルソーは新しい社会のあり方を説いた『社会契約論』を著す一方，教育学の古典とも言える『エミール』で新しい社会に対応した教育をどうするかを示した。『エミール』で「どんなものでも，自然という造物主の手から出るときは善であり，人間の手に渡ってからは悪となる」と述べているように，ルソーにとって子どもは本来善であり，児童期までの教育はできるかぎり子どもの自然のよさを残してやることであるとした。

6 ⑤
解説

　倉橋惣三はフレーベルに影響を受け「誘導保育」を保育の真諦として幼児教育の革新に取り組んだが，フレーベル主義の形骸化を批判，その著書『幼稚園眞諦』のなかで，「フレーベル精神を忘れて，その方法の末のみを伝統化した幼稚園を疑う。定型と機械化によって，幼児のいきいきしさを奪う幼稚園を慨く」と述べた。彼の考えた誘導保育とは，子どもは自由であると思っているにもかかわらず，その自由な活動のなかに教育的価値がきちんと配慮されているようにすることである。わが国の保育学会を設立するなど，日保の近代保育へ多大な功績を遺した。

④

解説

橋詰良一は大正 11 年春，大阪府池田市の呉服神社境内に「家なき幼稚園」を開設したことで知られる。子どもたちを自然の中で育てることが最善だとして，晴天時には草原や河原などへ出かけ戸外で保育を行った。和田実は，ルソーやフレーベルが幼児教育で説いた自然主義教育を受け継ぎ，明治 41年に『幼児教育法』を著し，遊戯を中心とした幼児教育を主張した。わが国における幼児教育の先駆者のひとりである。野口幽香は，明治 33 年，わが国で最初の託児所である「二葉幼稚園」を東京に創設した。幼稚園といっても入園者は貧困家庭の子どもたちで，早朝から夜遅くまで預かるなど，社会事業家としての彼女の一面をよく表すものだった。石井亮一は知的障害児教育に先駆的役割を果たした人物として知られる。1891 年，「聖三一孤女学院」を創設したが，のちに「滝乃川学園」と改称し，入園者を知的障害者に限定し，その保護・教育・自立を目指す総合的な教育・福祉施設とした。

 ③

解説

エレン・ケイはスウェーデンの社会思想家，教育学者，女性運動家として幅広く活躍。「20 世紀は児童の世紀」だとして新教育運動を展開した。モンテッソーリは貧困家庭の子どもたちを収容するためにローマに「子どもの家」を創設。「幼児は本来自己啓発する動機をもっている」として，そのための遊具も開発した。ピアジェはスイスの 20 世紀最大の心理学者といわれる。大人と質的に異なる子どもの思考を出生から青年期まで 4 つの発達段階で区分し幼児教育にも大きな影響を与えた。デューイは 20 世紀前半を代表する哲学者，教育改革者で，多様な人々とともに生きる民主主義の考え方に立ち，共同活動を重視，美的・道徳的な意味を含め，あらゆるものが共同活動から生まれてくると説いた。

9 ①

解説

戦後まもなく北イタリアのレッジョ・エミリア市で，教育家マラグッツィの指導と，市当局のバックアップにより地域の共同保育運動として始まったレッジョ・エミリア・アプローチは，革新的な幼児教育として世界的に注目されるようになった。その教育では，子どもは救済の対象ではな

く，大人とともに創造的な活動をとおして個性を表現し共同性を築く自立した存在とみなされる。そして，そこで自己と他者のアイデンティティの感覚を経験し，世界の多様性を学ぶ。家族や仲間といった私的で濃密な関係のなかで安らぐのではなく，別の相互関係を経験させることによって，自発的なコミュニケーションのチャンスが与えられ，アイデアを交換し，環境を変えていくということに満足を覚えるというものである。

10 ②
解説

　フレーベル同様，モンテッソーリも幼稚園教育で忘れてはならない人である。彼女は 1870 年，イタリアに生まれた。当時，男性に限られていた医学部へ入学し，イタリアで初の女性医学博士となる。医師となった彼女がまず力を注いだのは，悲惨な状況に置かれていた障害児の教育だった。そこで，障害児であっても健常児に匹敵する学習能力があることを知る。その後，ローマのスラム街に住む子どもたちのために，彼らを収容する「子どもの家」を創設した。こうした実践のなかで，子どもは自分自身の感覚をとおして世界を学ぶのであり，本来，その欲求をもっていることに気づく。そして，その欲求に応えられるような環境に置かれるとき，子どもは自らのかかわりのなかで成長すると考えた。その考えに基づいて集中力や感覚，知識を豊かにする遊具も開発した。

11 ④
解説

　Aはルソー(1712 ～ 78)の『エミール』の冒頭の一文である。外からの強制的な詰め込み教育(「積極教育」)でなく，子どもの自然の成長力や活動性に応じた自然による教育(「消極教育」)を主張する。**B**はペスタロッチ(1746 ～ 1827)の『隠者の夕暮』の冒頭の一文である。彼は，人間はすべて平等の人間性を有するとし，すべての人間に内在している諸能力を開発し，伸長していくのが教育の基本であるとした。また豊かな直観こそが言葉の獲得や思考力の発達の基礎になることを強調し，直観を構成する要素として「直観のABC(数・形・語)」をあげている。**C**はフレーベル(1782 ～ 1852)の『人間の教育』の冒頭の一文である。神が宇宙の中心であり神によって万物は生かされており(万有内在神論)，人間は創造的存在であり，子どものなかに宿る神的なもの(神性)を開発することこそが教育の本質であるとした。神から子どもたちへの贈り物を意味する「恩物」という教育遊具を考案している。し

たがって，ペスタロッチ・**B**・**a**・**ウ**の組み合わせの④が正しい。

12 ③

解説

　コメニウスは 17 世紀にチェコで活躍した宗教家・教育者。年齢や教授内容をそろえた現在の学校制度につながる仕組みを作ったことから，近代教育学の父と呼ばれる。主著の『大教授学(あらゆる人にあらゆる事柄を享受する普遍的な技法を提示する大教授学)』において，直観教授の理念と方法を示すとともに，世界初の絵本(絵入り教科書)とされる『世界図絵』を作成して，感覚を伴った教育の重要性を説いた。不適切なのは③であり，これは，カント哲学を継承したフィヒテについての記述である。

13 ③

解説

① 　倉橋惣三は東京女高師附属幼稚園の主事を長年務め，幼児教育の発展に尽くした児童心理学者。

② 　「学問のすゝめ」を著した慶應義塾大学の創設者。

③ 　日本の初代文部大臣・森有礼は，教育こそが富国強兵の根本，良妻賢母教育は国是とすべきであるとし，強力な国家主義教育政策を推進した。明治 20 年には学位令を発令し，日本における学位制度を定めたほか，さまざまな学校制度の整備を行い，近代国家としての教育制度の確立を目指した。黒田清隆内閣においても留任したが，明治 22 年，大日本帝国憲法発布式典の当日，凶刃に倒れた。

④ 　札幌農学校に学び，日本文化の海外への紹介に努めた，農学者・教育者。

⑤ 　第 8 代，第 17 代内閣総理大臣にして早稲田大学の創設者。

14 ④

解説

① 　ペスタロッチの主著は『ゲルトルート児童教育法』，『隠者の夕暮』。

② 　『教育に関する考察』はイギリス名誉革命の思想家として名高いロックの著した教育論で，イギリス紳士(ジェントルマン)になるための教育の一環として幼児教育の重要性を説いているが，問題文の出典ではない。

③ 　『子どもの発見』はモンテッソーリの著作。フレーベルの主著には『人間の教育』がある。

④　正しい。「子どもの発見者」とよばれるルソーであるが，著書は『エミール』である。「万物をつくる者の手をはなれるときすべてはよいものであるが，人間の手にうつるとすべてが悪くなる」という冒頭の言葉が示すように，ルソーの自然礼讃，人為排斥の哲学を教育論として展開した書である。

⑤　『子どもの発見』の著者・モンテッソーリは，ローマのスラム街に設立した「子どもの家」における実践で知られる。

15 ①

解説

　教育史における主要人物とその業績や教育思想の内容は，しっかり把握しておきたい。正解に名前が挙がった以外の人物については，以下のようになる。マカレンコ：集団主義教育を唱えた。著書に『愛と規律の家庭教育』がある。ルソー：「子どもの発見者」と呼ばれるルソーは，幼児が未成熟で未完成であっても，幼児を認め，尊重しなければならないとした。コメニウス：母親による家庭教育を「母親学校」と呼び，重視した。著書に『大教授学』がある。ロック：著書『教育に関する考察』で習慣形成を基調とし，幼児教育を重んじる理論を展開した。同書の序文に「健全な身体に宿る健全な精神」と記した。

16 ①

解説

　昭和23年に当時の文部省が刊行した「保育要領」は幼稚園だけでなく，保育所や家庭にも共通する手引きとして作られた。同38年に文部省，厚生省の連名で出された「幼稚園と保育所の関係について」は，両者の機能が異なることを示し，保育所の持つ機能のうち，教育に関するものは幼稚園教育要領に準ずることが望ましいとした(幼稚園は文部省の管轄，保育所は厚生省の管轄)。平成13年に文部科学省が策定した「幼児教育振興プログラム」では「幼稚園と保育所の連携の推進」を掲げ，幼稚園と保育所の共用施設の運営などに関する実践研究の実施や，研修の相互参加などが示された。

17 ④

解説

①　貝原益軒はたしかに『養生訓』を著しているが，日本で最初の体系的教育書といわれているのは『和俗童子訓』。同書では，子どもの早期教育や徳育の重要性を説き，その後の寺子屋教育や明治以降の小学校教育の基

礎となった。

② 明治13年の改正教育令で学科目の首位に置かれたのは道徳ではなく，修身。

③ 明治19年の小学校令では尋常小学校の3～4年間が就学義務とされた。6年間に延長されたのは，明治40年である。

④ 適切。庶民の子どもたちの生活に目を向けた「社会協力の訓練」を説いた。倉橋惣三に対し，社会中心主義といわれた城戸幡太郎は，庶民の子どもたちの生活に目を向け，「社会協力の訓練」を説いたことも押さえておきたい。

⑤ 『赤い鳥』は鈴木三重吉が北原白秋らの協力を得て赤い鳥社を設立，創刊した。

18 ②
解説

精神分析学の創始者であるフロイトの説明である。

① ゲゼルは，成熟優位説や学習準備性(レディネス)で有名。

③ ピアジェは，認知機能の発達段階説で有名である。

④ エリクソンは，漸成発達説やアイデンティティで知られる。

⑤ ヴィゴツキーは，子どもの発達における他者との相互作用を重視し，発達の最近接領域を提唱した人物として有名。

19 ②
解説

ピアジェは，人間には誕生の瞬間から知の働きがあるとし，環境との相互作用の中で，環境内の情報に対する認識の枠組み(シェマ)が，質的に変化していくことを発達ととらえた。よって**ア**と**オ**は適切。**イ**は言語獲得における生得説で有名なチョムスキーの説。**ウ**はピアジェの考えとして適切であるが，幼児期のひとりごとについては，外言(コミュニケーション手段)として獲得された言葉が，内言(思考の手段)としても用いられるようになる過渡期に生じる現象であるというヴィゴツキーの考えが妥当であると考えられている。**エ**はピアジェは道徳の発達についても言及していて，道徳的判断は結果のみで判断する結果論的判断から，その動機に着目する動機論的判断へと発達する，が正しい。

20 ④
解説

　アのワトソンは行動主義の提唱者。プログラム学習を開発したのはスキナーである。スキナーはオペラント条件付けの研究から，反応形成(シェイピング)やスモールステップの原理の考え方をプログラム学習に取り入れている。**イ**はスキナーではなく，エリクソン。**ウ**は適切。チョムスキーはアメリカの言語学者，思想家である。**エ**のエリクソンは心理社会的発達段階説をまとめた。環境優位説の代表者はワトソンである。**オ**も適切。フロイトは心理性的発達段階説を唱えた。

21 ⑤
解説

　ゲゼルは，発達は遺伝的要因で決めるとする成熟優位説を提唱した。レディネスの概念も押さえておきたい。ゲゼルの発達の成熟優位説に対して，環境優位説の代表的人物である②のワトソンもあわせて押さえておきたい。①のピアジェの発達観が，子どもと環境との相互作用を想定しているので，相互作用説の立場である。③のファンツは言語をもたない乳児の視線を，その興味関心の指標として用いた選好注視法を開発した人物で，乳児研究のパイオニアとして有名なので押さえておきたい。

22 ③
解説

① 記述は外発的動機づけの例。内発的動機づけは自分の心的なものに動機づけられている状態。
② アタッチメントは「愛着」のこと。記述は「ピグマリオン効果」の説明である。
③ 適切。プラトー(高原現象)期間は，より高い水準に進むための準備期間であり，この期間を過ぎると，また学習が進行すると考えられている。
④ アンダーマイニング効果は，内発的動機づけに基づいていた行動に，外発的動機づけを与えることでやる気をかえって阻害すること。
⑤ 競争は学習そのものへの好奇心や個人的な達成欲を高めるものではなく，外発的動機づけである。

23 ④

解説

① 記述の発達段階説を唱えたのはフロイトである。エリクソンはこれに
社会的な視点を取り入れ，心理社会的発達段階をまとめた。

② 記述はエリクソンではなくレヴィンである。

③ 記述はハヴィガーストの説明である。エリクソンは自我の心理社会的
発達を8段階にまとめた。

④ 適切。青年期の発達課題は「自我同一性の形成」である。アイデンティ
ティの感覚には自分が思う自分と，他者が思う自分との合致が必要であ
り，他者との関係の中で形成されることも留意したい。

⑤ 「基本的信頼感の獲得」は乳児期の発達課題である。モラトリアムとは，
アイデンティティ形成のプロセスで，社会においてさまざまな役割を試
す期間である。

24 ①

解説

① 適切。身体発達には個人差があるものの一定の順序と方向性があるこ
とが認められている。

② 身体各部の発達は一様ではない。スキャモンの発達曲線では身長・体
重(一般型)は乳幼児期と青年期に，脳機能(神経型)は乳幼児期に，生殖機
能(生殖型)は青年期以降，免疫機能(リンパ型)は児童期に発達が著しいこ
とが分かる。

③ ボウルヴィの愛着の発達段階によれば，生後3ヶ月頃までは無差別な
愛着行動が見られ，生後3ヶ月以降，特定他者への愛着行動が増えてい
き，生後半年頃になると特定他者への明確な愛着行動が見られ，その特
定他者を安全基地とした探索行動も見られるようになる。

④ 発達とは，受精から死に至るまでの心身の変化のことであり，生涯を
通して獲得と喪失がある。例えば乳児期には世界中の言語音の弁別能力
の喪失がある。

⑤ 乳児期は感覚運動期である。動作の繰り返しを循環反応と呼ぶ。表象
(イメージ)を用いた認知的な過程はほとんど介在しない時期である。感
覚運動期には対象の永続性が獲得される。

⑤

解説

① 幼児の自己中心性は，自己の視点と他者の視点が未分化であるために，他者の視点が理解できないという発達的心性である。

② 記述の心性はアニミズムである。人工論は，外界や自然のすべての事象を人間あるいは神が作ったものと考える心性であり，いずれも自己中心性による世界観であると考えられている。

③ 前操作期は2～7歳で，ものの見え方に左右される直観的思考が特徴。保存概念の獲得とは，見かけが変わってもモノの数量は変化しないと理解することである。前操作期は保存概念をもたず，見かけが変わるとその数量も変化したと考えてしまう。保存概念は前操作期後半から具体的操作期の間に獲得される。

④ 前操作期の後半(4～7歳頃)は物事の分類分けや概念化が進むが，この時期は物の見かけにとらわれ，直観的に判断しやすい。

⑤ 適切。幼児期には今ここにないものをイメージ(表象)として思い浮かべ，別のもので見立てる象徴機能が発達する。言語も象徴の1つであり，言語発達とも関連が深いことを押さえておきたい。

26 ④

解説

① 課題を達成したいという欲求は達成動機によるものである。親和動機も課題への意欲と関連するが，関連の度合いには文化差があることも指摘されている。

②，③ やる気＝達成動機は，成功動機と失敗回避動機からなる。成功動機も失敗回避動機も課題が難しいほど高まるため，子どもに応じて少し頑張れば達成できる(発達の最近接領域に含まれる)課題を用意することが大切である。

④ 適切。学習性無力感についての記述である。無力感，無気力のような望ましくない特性も学習されることを知り，大人は子どもが学習性無力感に陥らないような教育的配慮をすることが必要である。

⑤ 認知的葛藤を引き起こすことは，子どもの知的好奇心を満たすために欠かせない要素である。

③

解説

① 記述の防衛機制は，投影である。同一化は，不安や劣等感を解消するために，他者の特性を自分に取り入れようとすることである。

② 記述の防衛機制は，反動形成である。昇華は，抑圧した感情や衝動のエネルギーを，社会的に受け入れられる別の活動で表現することである。

③ 適切。例えば，園に通うことが子どもの不安や葛藤のもととなっている場合に，熱が出ることがある。

④ 記述の防衛機制は，退行である。補償は，自分が劣等感をもつ点をカバーし，欲求不満を補うために他の望ましい特性や自らの得意を強調しようとすることである。

⑤ 記述の防衛機制は，合理化である。抑圧は容認しがたい感情や欲求を無意識に抑え込んで気付かないようにすること。抑圧はもっとも基本的な防衛機制であり，爪かみや指しゃぶりの原因になることもある。

第9章

専門試験
教育学・保育原理

1 学習理論に関する記述として適切なものを，次の①〜⑤から１つ選びなさい。　　　　　　　　　　　　　　　　　　　　　　　　　（難易度■■□□□）

① 実質陶冶とは，記憶力，判断力，意志力などの学習に必要な精神的諸能力を伸ばすことを重視する働きかけである。

② 学習の構えとは，これから学ぶ学習の概要や意義を学習者が理解することで準備される能力である。

③ バンデューラによれば，学習は他者が何か行うのを見ているだけでも成立する。

④ 一般に，学習の初期段階や年少者には全習法の学習が効果的である。

⑤ 学習のフィードバックは学習の直後ではなく，ある程度時間が経過してから行うほうが効果的である。

2 学習に関する記述として適切なものを，次の①〜⑤から１つ選びなさい。　　　　　　　　　　　　　　　　　　　　　　　　　（難易度■■□□□）

① 先天的に不器用な子どもは存在せず，乳児期から適切な教育を行えば，どのような子どもでも高い学習効果をあげることが可能である。

② 家庭環境に問題を抱えている子どもは，学業が不振になる傾向がある。

③ スポーツなどはできるだけ発達の早期に種目を選択し，集中的な訓練を行うことが望ましい。

④ ゲゼルは，一卵性双生児実験から，学習訓練を早期から始めた子どものほうが，後から始めたほうよりも学習効果が高いと結論づけている。

⑤ ソーンダイクは，「どのような事柄でも，その知的な本質をゆがめることなしに，発達のどの段階の子どもにも教えることができる」と提唱した。

3 次は学習理論についての記述である。空欄（ Ａ ）〜（ Ｃ ）に当てはまる語句として適切なものの組み合わせを，あとの①〜⑤から選びなさい。　　　　　　　　　　　　　　　　　　　　　　　　　（難易度■□□□□）

食べ物を見ると唾液が分泌するのは生来備わっている反応で，（ Ａ ）である。イヌに食べ物を出すときにメトロノームの音を聞かせ，メトロノームの音を聞いただけで唾液が分泌するようになること，つまりメトロノームの音と（ Ａ ）の連合が成立したとき，メトロノームの音は（ Ｂ ）とな

る。このような条件づけの過程を，(C)という。

 ア　無条件刺激　　　　　　イ　条件刺激　　ウ　条件反応

 エ　レスポンデント条件づけ　オ　オペラント条件づけ

① 　A－ウ　　　B－イ　　　C－エ

② 　A－ウ　　　B－ア　　　C－エ

③ 　A－イ　　　B－ア　　　C－オ

④ 　A－ア　　　B－イ　　　C－エ

⑤ 　A－ア　　　B－オ　　　C－ウ

4 学習理論に関する記述として適切なものを，次の①〜⑤から１つ選びなさい。　　　　　　　　　　　　　　　（難易度■■□□□）

① 　ケーラーは，学習は試行錯誤による行動を繰り返すことによって成立するとした。

② 　一般に，ある行為の後，学習者にその行為の結果を知らせてやるフィードバックは，時間が経過してから伝えるほど学習を強化する力が大きい。

③ 　スキナーが開発したプログラム学習では，学習内容を細かく分割し，各々のペースで学習することが望ましいとされる。

④ 　認知説における「洞察」とは，すでに経験している行為と結果の連合により，目の前にある課題解決の見通しを立てることである。

⑤ 　オペラント条件づけでは，学習者の適切な反応に対する報酬により，認知の再体制化が起きると考えられている。

5 学習理論に関する記述として適切なものを，次の①〜⑤から１つ選びなさい。　　　　　　　　　　　　　　　（難易度■■■□□）

① 　ソーンダイクは，課題間に同一要素があることが学習の正の転移の条件であると考えた。

② 　一般に，練習の初期の段階や年少者の場合は分散学習より集中学習が効果的だと考えられている。

③ 　一般に，難易度の高い課題については全習法が，難易度の低い課題については分習法が有利であると考えられる。

④ 　実質陶冶では，学習効果は転移すると考えられている。

⑤ 　わが国の義務教育では現在，実質陶冶の考え方に基づく教育が行われている。

6 記憶と忘却に関する記述として適切なものを，次の①〜⑤から１つ選びなさい。 (難易度■■■□□)

① 言語的知識について，ある学習課題が完全にできるようになった後は，その学習を継続しても記憶の保持は向上しない。

② 記憶の保持は，記銘直後よりも記銘後一定時間たったほうが，記銘内容が正しいという現象がある。これをエピソード記憶という。

③ エビングハウスの忘却曲線では，記憶の保持率は時間の経過に比例して下降する。

④ 一般に，無意味な材料と難解な意味をもつ材料では，無意味材料のほうが忘却曲線は緩やかである。

⑤ 一定時間学習を行ったとき，最初と最後の部分が最も忘却されにくい。

7 学習心理学に関する説明と語句の組み合わせとして適切なものを，あとの①〜⑤から１つ選びなさい。 (難易度■■□□□)

A 人の行動は，人や環境からなる生活空間との相互作用に規定される。

B 前に学習したことによって負の転移が起こり，後の学習を妨害することがある。

C 学習を続けていくうちに，学習効果が停滞し，学習曲線上で平坦な線を描くことがある。

D 数種類の課題を経験しているうちに，新しい課題の学習が容易になるのは，目的と手段の関係づけの見通しができるようになるからである。

　ア 学習の構え　　イ 高原現象　　ウ 逆向抑制　　エ 順向抑制
　オ 場の理論

① A−イ　　B−エ　　C−ウ　　D−ア
② A−ア　　B−ウ　　C−イ　　D−オ
③ A−オ　　B−エ　　C−イ　　D−ア
④ A−ア　　B−イ　　C−エ　　D−オ
⑤ A−エ　　B−オ　　C−ウ　　D−イ

8 内容として正しいものを，次の①〜⑤から１つ選びなさい。

(難易度■■■■□)

① レディネスとは，ある学習を受け入れるための準備状態のことで，レディネスによって学習の効率性を図ることができる。

② ポートフォリオとは，散在した学習や訓練の成果を一定の価値基準により まとめることで，子どもたち個々人の発育を見るのには適さない。

③ コンピテンスとは，単なる能力ではなく，興味や好奇心を原動力とした能力のことで，他者との関係のなかで発揮できる能力のことである。

④ シェマとは，適応するために子どもが持つことになる問題解決の仕組みのことで，経験によって身に付けるとされる。

⑤ モデリングとは，子どもたちに対象となる人物(モデル)を示し，その人を手本として行動するよう指導する教育方法のことである。

9 学習指導についての記述として適切なものを，次の①～⑤から１つ選びなさい。 (難易度■■■■□)

① 一斉学習は効率が悪く，個別指導の方が優れている。

② グループ学習は，能力や興味，欲求が類似したグループに分けるのが基本である。

③ チーム・ティーチング(TT)は学校の教師全体で指導に当たることである。

④ CAIはコンピューターを利用して学習活動を支援するものである。

⑤ 劇化法は，学習内容の深化には適さない。

10 次の学習法の呼称として適切なものを，あとの①～⑤から１つ選びなさい。 (難易度■■■□□)

児童の学習過程をスモール・ステップと呼ばれる細かい段階に分け，個々の段階でフィードバックを行う学習方法。

① バズ学習　② 問題解決学習　③ チーム・ティーチング

④ 集団学習　⑤ プログラム学習

11 教育課程とカリキュラムについて正しい記述の組み合わせを，あとの①～⑤から１つ選びなさい。 (難易度■■□□□)

ア 教育課程とは，教育目標を達成するために，教育内容を選択し，組織し，一定の順序に配列した計画のことをいう。

イ 教育課程は，カリキュラムよりも狭義の概念である。

ウ カリキュラムには，教科主義カリキュラムと経験主義カリキュラムがある。

エ　教科中心カリキュラムは学問中心カリキュラムともいい，スキナーが提唱した。

オ　経験主義カリキュラムは，学力向上の要請の中で縮小が求められている。

① ア，イ，ウ　　② ア，ウ，エ　　③ イ，ウ，エ

④ イ，エ，オ　　⑤ ウ，エ，オ

12 次の文章の空欄（　Ａ　）～（　Ｃ　）に当てはまる語句として適切なものの組み合わせを，あとの①～⑤から１つ選びなさい。　（難易度■■■□□）

　コア・カリキュラムとは，核になる教科を選び，それに関連する教科を周辺領域として同心円的に組織したものをいい，（　Ａ　）教育理論に基づくカリキュラム統合の試みの１つである。代表的なコア・カリキュラムの例として，伝統的な教科の枠を取り払った（　Ｂ　）と，教育は経験の再構成であるとしたデューイの見地をとる児童中心主義の（　Ｃ　）がある。

ア　経験主義　　　　　　　　　イ　進歩主義

ウ　カリフォルニア・プラン　　エ　ヴァージニア・プラン

オ　広域カリキュラム　　　　　カ　融合カリキュラム

キ　教科カリキュラム

① Ａ－ア　　Ｂ－カ　　Ｃ－オ

② Ａ－イ　　Ｂ－エ　　Ｃ－オ

③ Ａ－ア　　Ｂ－オ　　Ｃ－キ

④ Ａ－イ　　Ｂ－ウ　　Ｃ－エ

⑤ Ａ－ア　　Ｂ－エ　　Ｃ－ウ

13 次の文章の空欄（　Ａ　）～（　Ｃ　）に当てはまる語句の組み合わせとして正しいものを，あとの①～⑤から１つ選びなさい。

（難易度■■■□□）

　（　Ａ　）カリキュラムは，子どもの興味・関心に基づいて内容を選択，系統化するカリキュラムで，子ども自身が生活する地域の問題を取り上げるなど，子どもの学習意欲を喚起しやすいという特徴を持っている。しかし，子どもの成熟に必要な知識・技能がすべて得られる保証はない。デューイ，（　Ｂ　）ら進歩主義教育者が推し進めたもので，生活カリキュラム，あるいは（　Ｃ　）カリキュラムとも呼ばれる。

ア　広域　　　　イ　経験　　　　　ウ　潜在的　　　エ　活動
オ　イリッチ　　カ　キルパトリック　キ　ヘルバルト

①　A-ア　　B-オ　　C-エ
②　A-ア　　B-カ　　C-ウ
③　A-イ　　B-カ　　C-エ
④　A-イ　　B-キ　　C-ウ
⑤　A-イ　　B-キ　　C-エ

14　幼稚園教育における評価について適切なものを，次の①〜⑤から１つ選びなさい。　　　　　　　　　　　　　　　　　　　(難易度■■■□□)

①　『幼稚園教育要領解説』(平成30年2月，文部科学省)では指導の過程についての評価は「幼児の発達の理解」と「指導計画の改善」という両面から行うとしている。

②　反省・評価の視点として，教師の関わり方，環境の構成のほか，あらかじめ教師が設定した指導の具体的なねらいや内容の妥当性がある。

③　評価するためには，常にそのための時間を取って行うべきものであり，保育と評価は切り離して考える必要がある。

④　指導要録は，幼児の学籍並びに指導の過程とその結果の要約を記録し，その後の指導に役立たせるための原簿とするもので，外部への証明等には用いない。

⑤　指導要録の「指導に関する記録」については，指導上の参考事項として「他の幼児との比較や一定の基準に対する達成度についての評定」も記入することとされている。

15　次の教育の評価法の呼称として正しいものを，あとの①〜⑤から１つ選びなさい。　　　　　　　　　　　　　　　　　　　(難易度■■□□□)

子どもの現時点の状態を知り，一人一人の特徴や傾向をとらえ，学習計画に反映させるため，学習を始める前に行う。

①　総括的評価　　②　形成的評価　　③　診断的評価
④　絶対評価　　　⑤　相対評価

16 次は，幼稚園における学校評価についての記述である。正しいものの組み合わせを，あとの①～⑤から１つ選びなさい。　　（難易度■■■■□）

ア　どのような評価項目・指標などを設定するかは各幼稚園判断にまかされている。

イ　教育課程は評価対象とならない。

ウ　公正を期するため，評価には幼稚園関係者以外の者の意見も聞く必要がある。

エ　教職員による自己評価を行い，その結果を公表する必要がある。

オ　自己評価の結果・学校関係者評価の結果を設置者に報告する必要がある。

①　ア，エ，オ　　②　ア，イ，エ　　③　イ，ウ，エ

④　イ，エ，オ　　⑤　ウ，エ，オ

17 集団の理論に関する記述として適切なものを，次の①～⑤から１つ選びなさい。　　（難易度■■■□□）

①　個人が自らの態度や規範の拠り所としている集団を，準拠集団と呼ぶことがある。

②　幼稚園や学校は，理論上は１次集団あるいは公式集団として分類される。

③　学級内の友人関係は，フォーマル・グループとして分類される。

④　オルポートは，人が集団内で作業を行うとき，「われわれ意識」によってその遂行が促進されると指摘した。

⑤　グループ・ダイナミクスの概念を明らかにしたのはモレノであり，集団の実践的研究方法としてアクション・リサーチを提唱した。

18 集団思考に関する記述として適切なものの組み合わせを，あとの①～⑤から１つ選びなさい。　　（難易度■■■□□）

ア　集団思考では，個々人による多様な発想が制限されるため，認知的な動機づけや知的好奇心の発露にはマイナスであると考えられている。

イ　ブレーン・ストーミングでは成員が次々にアイデアを出すことが奨励され，その際のアイデアは質よりも量が重視される。

ウ　一般に，集団凝集性の低い集団ほど活動が能率的になされ，活発である。

エ　学級集団におけるリーダーは，生徒が選出する学級委員長や小集団学

習における班長がそれに該当する。

オ　集団内の人間関係を分析する手法には，ソシオメトリック・テストや
ゲス・フー・テストなどがある。

① ア，イ　　② イ，オ　　③ ウ，エ　　④ ア，ウ

⑤ エ，オ

19 教育評価に関する記述として適切なものを，次の①〜⑤から１つ選びな
さい。　　　　　　　　　　　　　　　　　　　　(難易度■■■■□)

①　相対評価は正規分布内の標準偏差を基準として評点をつけるもので，
学習へのフィードバックがしやすいという利点がある。

②　絶対評価の長所として，評価するものの主観が影響しにくいという点
がある。

③　能力別学級編成の際の判定には，個人内評価が適している。

④　形成的評価は生徒および教師に学習の効果をフィードバックするもの
である。

⑤　客観法テストには真偽法，組み合わせ法，選択法，単純再生法，論文
式テストなどがある。

20 子どもの心身の問題に関する記述として適切なものを，次の①〜⑤から
１つ選びなさい。　　　　　　　　　　　　　　　　(難易度■■■■□)

①　自閉症児は対人コミュニケーションが難しいため，言葉での指導が困
難な場合は具体的な物や，絵カードを見せたりするとよい。

②　家庭では話せるのに幼稚園や学校など特定の場面で話せなくなる場面
緘黙症は，教育的な介入をせず，子どもが自発的に話そうとするまで待
つ姿勢が大切である。

③　吃音の子どもがうまく話せないときは，言えるまで根気よく言い直し
をさせ，頑張れば話せるという自信をつけさせることが大切である。

④　ADHDは不注意，衝動性・多動性などを主な症状とするが，脳の障害
とは断定できず，薬物療法が行われることはない。

⑤　フェニルケトン尿症は酵素の異常によってフェニルアラニンの代謝が
阻害され，聴覚や視覚の障害が現れる先天性の障害である。

21 次は障害児教育についての記述である。空欄(A)，(B)に当てはまる語の組み合わせとして適切なものを，あとの①〜⑤から１つ選びなさい。　　　　　　　　　　　　　　　　　　　　　　　　(難易度■■■■□)

　(A)とは，子どもたちの身体的，知的，社会的もしくは他の状態と関係なく，学校や学級，地域社会はこれをすべて包含し，個々の教育ニーズに応えうるものであるべきとする考え方である。これに対するわが国の取り組みとして(B)があり，障害をもつ子どもの通常教室での教育が推進されている。

　　ア　特別支援教育　　　　イ　障害児学級　　　ウ　バリアフリー
　　エ　インクルージョン　　オ　自立活動

① A−ウ　　B−ア　　② A−エ　　B−ア
③ A−ウ　　B−イ　　④ A−ア　　B−オ
⑤ A−エ　　B−イ

22 次の障害児保育に関する記述のうち適切でないものを，次の①〜⑤から１つ選びなさい。　　　　　　　　　　　　　　　　　　　　　　(難易度■■□□□)

① 障害児の受け入れに際しては，担任だけでなく，すべての職員がその幼児を理解することが大切である。

② 脳性まひ児の症状としては，筋緊張，感覚・知覚障害，話し言葉の障害のほか，てんかん発作が見られることが多い。

③ 障害児の基本的生活習慣を確立するには，繰り返しの指導と家庭の協力，指導における一貫性が不可欠である。

④ 障害を持つ幼児の保育においては，生育歴や行動観察・発達検査などの結果を知ることと，専門家の助言が欠かせない。

⑤ 言葉が少なかったり，まだ言葉が出ていない幼児に対しては，できるだけ言葉を言わせるなどの訓練と，繰り返し教え込む努力をすることが大切である。

23 幼稚園教育の基本や幼稚園教師の役割として正しいものを，次の①〜⑤から１つ選びなさい。　　　　　　　　　　　　　　　　　　　　　　(難易度■■□□□)

① 幼児期における教育は，生涯にわたる人格形成の基礎を培う重要なものであり，幼稚園教育は幼児期の特性を踏まえ，一斉指導を通して行うものであることを基本とする。

② 幼児は安定した情緒の下で自己を十分に発揮することにより発達に必要な体験を得ていくものであり，教師はいろいろな活動を計画しそれを着実に実行させていく必要がある。

③ 幼児の自発的な活動としての遊びは，心身の調和のとれた発達の基礎を培う重要な学習であり，遊びを通しての指導を中心としてねらいが総合的に達成されるようにする。

④ 発達は，心身の諸側面が相互に関連し合い，多様な経過をたどって成し遂げられていくものであるが，幼児の場合はまだ未成熟であり，特に集団としての発達課題に即した指導に重点を置くようにする。

⑤ 教師は，幼児と人やものとの関わりが重要であることを踏まえ，物的環境を構成しなければならないが，教師はその構成者であって自身は環境の一部ではないことに留意する必要がある。

24 幼稚園による家庭や地域社会に対する子育て支援について適切なものを，次の①〜⑤から１つ選びなさい。 （難易度■■□□□）

① 幼稚園による子育て支援については，法律で規定されているわけではないが，幼稚園教育要領などに基づき，積極的に行う必要がある。

② 幼稚園は地域における生涯教育のセンターとしてその施設や機能を開放し，積極的に子育てを支援していく必要がある。

③ 幼稚園が行う子育て支援は，幼稚園園児の関係者を対象とするので，そうでない親には児童相談所や保育所が対応するように幼稚園としても働きかける。

④ 幼稚園の子育て支援活動は幼児の生活全体を豊かにするため多様な展開が必要であり，そのため教育課程に基づく活動に優先して行うこともある。

⑤ 幼稚園や教師は児童虐待の予防や虐待を受けた子どもの保護や自立について，国や地方公共団体の施策への協力に努めることになっている。

25 現代日本の家庭や子育てを取り巻く状況に関する記述として不適切なものを，次の①〜⑤から１つ選びなさい。 （難易度■■■□□）

① 少年による刑法犯の検挙人員は，近年減少し続けている。

② 少子化の影響は，将来的な労働力不足や経済成長の低減，社会保障や高齢者介護における負担増などを懸念させる課題となっている。

③ 子どもの虐待・放任が児童相談所に通報された場合，子どもの心身への悪影響の排除が最優先の問題となるため，児童相談所は所定の手続きをとることにより，その家庭を強制的に立ち入り調査する権限をもたされている。

④ 児童養護施設への入所理由では，虐待・放任が4割近くを占め，親子関係の修復，家庭復帰のための支援が重要な課題となっている。

⑤ 都市部の保育所入所に関する待機児童の増加原因としては，幼稚園よりも子どもを預かってもらえる時間が長い保育所に子どもを入所させることで，育児から解放される時間をより長くすることを，親が願っているということが最大の要因となっている。

26 次の保育の研究方法についての説明文と研究方法の呼称の組み合わせとして正しいものを，あとの①〜⑤から1つ選びなさい。

(難易度■■■□□)

A 子どもの習慣・態度・興味・性格などの人格的性質の理解に意義があると考えられる行動の記述を中心とするもので，観察記録の一種。

B 集団としての子ども同士の人間関係や，集団のなかでの個々の子どもの役割などを理解するために用いる方法。

C 活動・性格・技能などに関する一覧表をあらかじめつくっておき，観察によって確認された項目に印をつけていく方法。これにより，集団全体の様子や一般的傾向を知ることができる。

ア 逸話記録 　　　イ 質問紙法 　　ウ 観察法
エ チェックリスト 　オ 面接法 　　カ 事例研究法
キ ソシオメトリー

① A－ウ 　　B－キ 　　C－エ
② A－ウ 　　B－カ 　　C－キ
③ A－ア 　　B－キ 　　C－エ
④ A－ア 　　B－オ 　　C－イ
⑤ A－オ 　　B－カ 　　C－イ

27 幼稚園教育の基本に関する記述として適切なものを，次の①〜⑤から1つ選びなさい。　　　　　　　　　　(難易度■□□□□)

① 幼児は安定した情緒の下で十分に守られることにより発達に必要な体

験を得ていくものであることを考慮して，幼児の安全な活動を促し，幼児期にふさわしい生活が展開されるようにすること。

② 幼児の自発的な運動は，心身の調和のとれた発達の基礎を培う重要な学習であることを考慮して，運動を通しての指導を中心としてねらいが達成されるようにする。

③ 幼児の発達は，心身の諸側面が相互に関連し合い，多様な経過をたどって成し遂げられていくものであり，また，幼児の生活経験がそれぞれ異なることなどを考慮しながら，全ての幼児が年齢に即した課題を達成できるよう指導を行うようにする。

④ 教師は，幼児の主体的な活動が確保されるよう幼児一人一人の行動の理解と予想に基づき，計画的に環境を構成しなければならない。

⑤ 幼児期の教育は，平和で民主的な国家及び社会の形成者としての基礎を培う重要なものであり，幼稚園教育は，教育基本法に規定する目的及び目標を達成するため，幼児期の特性を踏まえ，環境を通して行うものであることを基本とする。

28 次はエンパワーメントに関する記述であるが，エンパワーメントに反するものが1つある。それはどれか，次の①〜⑤から1つ選びなさい。

（難易度■□□□□）

① 強制を避け，できるだけ放任する。
② 子どもの自主性や主体性を尊重する。
③ 弱者であっても可能性や行動力を持っている。
④ 自ら問題解決できるよう援助する。
⑤ 子どもの自己決定権や判断力を促す。

29 幼稚園における幼児の生活に関する記述として，適切なものをア〜オの中から選ぶとき，正しい組み合わせを，あとの①〜⑤から1つ選びなさい。

（難易度■■■■□）

ア 幼稚園の生活では，教師や他の幼児とのコミュニケーションをとおして幼児自身の変容をもたらす。

イ 幼稚園の生活では，幼児同士の交流を円滑にするため，幼児はたくさんの遊びを覚えることが不可欠である。

ウ 幼稚園生活をとおして，幼児は危険な場所や遊びの把握をする必要は

ない。

エ　幼稚園生活では，ケアされ，ケアするという相互作用によって幼児自身が尊重されているという体験を味わう。

オ　幼稚園に入園したら，幼児にとって誰よりも教師の存在が重要となる。

① ア，ウ　　② イ，エ　　③ ウ，オ　　④ イ，オ

⑤ ア，エ

30 次のア～オのうち，子どもの主体性を大切にする保育としてふさわしいものはどれか。その組み合わせを，あとの①～⑤から１つ選びなさい。

(難易度■□□□□)

ア　年齢別に一定の到達度を設定し，その目標に向かって同一の方法で指導すること。

イ　常に子どものこころの様子を把握し見守ること。

ウ　子どもの生活実態に応じた保育内容を明確にすること。

エ　子どもの自主性を育てるため，できるだけ放任した保育を行う。

オ　集団生活がうまくできることを最優先した保育を行う。

① ア，ウ　　② イ，ウ　　③ ウ，オ　　④ ア，エ

⑤ イ，オ

31 次のア～オは教師の役割に関する記述であるが，適切でないものがある。それはどれか，その組み合わせを，あとの①～⑤から１つ選びなさい。

(難易度■■□□□)

ア　教師は，幼児一人一人の発達に応じて，相手がどのような気持ちなのか，体験を通して考えていけるよう援助する。

イ　決まった友達とだけ遊ぶことが起こったときは，子どもたちの相互理解を深めるために，その集団が続くよう援助する。

ウ　人として絶対にしてはならないことや言ってはならないことがあることに気付くよう援助する。

エ　教師は自分の主観的な理解をまず頼りに，子どもに関わり援助する。

オ　集団の生活にはきまりがあることや，そのきまりをなぜ守らなければならないかを指導することをせず，あくまでも自然と気付くよう見守る。

① ア，ウ　　② イ，オ　　③ イ，ウ　　④ ア，エ

⑤ ウ，オ

32 次は，幼稚園における遊びについての記述である。ア～オの中で適切でないものはどれか，その組み合わせを，あとの①～⑤から１つ選びなさい。 (難易度■■□□□)

ア 遊びにおいて，幼児が思うがままに多様な仕方で関わるような環境に置かれると，幼児は周囲の環境になじめず，遊び本来の意味が失われることが多い。

イ 遊びをとおして，人の役に立つ何らかの成果を生み出すことを目的としている。

ウ 幼児の活動で重要なのは，その過程で幼児自身がどれだけ遊び，充実感や満足感を得ているかであり，活動の結果だけを重視してはならない。

エ 自発的活動としての遊びは，幼児期特有の学習なので，幼稚園における教育は，遊びを通しての指導を中心に行うことが重要である。

オ 教師には，幼児の遊びを大切にして，意欲を促すとともに，試行錯誤を認め，時間をかけて取り組めるようにすることが求められる。

① ア，ウ ② イ，エ ③ ア，イ ④ ア，エ
⑤ ウ，オ

33 次は，幼稚園教育と家庭との関わりについての記述である。ア～オのなかで適切なものはどれか，その正しい組み合わせを，あとの①～⑤から１つ選びなさい。 (難易度■□□□□)

ア 家庭との連携に当たっては，保護者の幼児期の教育に関する理解が深まるよう配慮することが大切である。

イ 幼稚園は，家庭教育を基盤にしながら家庭では体験できない社会・文化・自然などに触れ，教師に支えられながら，幼児期なりの世界の豊かさに出会う場である。

ウ 幼稚園が家庭と協力して教育を進めることは，保護者が家庭教育とは異なる視点を持つことになるので，保護者に幼稚園教育に対する誤解を抱かせないよう十分配慮する必要がある。

エ 家庭は子どもの教育について第一義的責任を有しており，幼児が望ましい発達を遂げていくためには，家庭との連携を十分図って個々の幼児に対する理解を深めることが大切である。

オ 家庭での生活の仕方が幼児の生活のリズムに大きく影響するので，入園にあたっては，まず集団生活のリズムに合わせるよう指導することが

必要となる。

① ア，ウ，エ　② イ，エ，オ　③ ア，エ，オ

④ ア，イ，エ　⑤ ウ，エ，オ

34 幼児と地域社会との関わりに関する記述として適切でないものを，次の①〜⑤から1つ選びなさい。　(難易度■□□□□)

① 地域の人々との交流は，幼児の発達にとって有意義であることはもとより，幼児と関わる地域の人たちにとっても，幼児に接することによって心がいやされ，夢と希望がはぐくまれるなどの点で有意義なものとなることである。

② 地域の人々の営みの中にあふれていた季節感も失われつつある傾向があり，秋の収穫に感謝する祭り，節句，正月を迎える行事などの四季折々の地域や家庭の伝統的な行事に触れる機会をもつことはあまり意味を持たなくなった。

③ 地域の人々が幼児の成長に関心を抱くことは，家庭と幼稚園以外の場が幼児の成長に関与することとなり，幼児の発達を促す機会を増やすことになる。

④ 農家などの地域の人々との交流では，食べ物への関心が高まり，また，幼児の身近に食べ物があることにより，幼児は食べ物に親しみを感じ，興味や関心をもち，食べてみたい物が増え，進んで食べようとする気持ちが育つ。

⑤ 地域の人たちとの関わりは，人間は一人だけで孤立して生きているのではなく，周囲の人たちと関わり合い，支え合って生きているのだということを実感するよい機会となる。

解答・解説

1 ③
解説

① 記述は形式陶冶の考え方である。「形式」とは「知識を使いこなす能力を重視する」ということ。実質陶冶は学習において具体的・個別的な知識の習得を重視するものである。

② 学習の構えとは，一定の訓練によって学習の方法が習得されることである。

③ 適切。バンデューラのモデリング(観察学習)の考え方である。

④ 一般に，学習の初期段階や年少者には学習教材や内容を分けて学習させる分習法の学習が効果的である。

⑤ 学習のフィードバックは一般に，学習の直後のほうが効果は大きく(即時フィードバック)，時間の経過に従って効果は小さくなる(遅延フィードバック)。

2 ②
解説

① 遺伝や胎児期の障害などもあり，先天的な不器用さや学習が困難な子どもは存在する。また，健常な子どもでも発達の仕方や素質には個人差があり，記述は不適切である。

② 適切。愛着関係の欠如や好ましくない生育環境などは，子どもの発達に問題を生じやすい。また心理的な不安から学業が不振になる子どもも多い。

③ 運動能力の部分的な強化を行うのではなく，自由な遊びを基本として全身的な発達を促すことが望ましい。

④ ゲゼルは神経組織の成熟などのレディネス(心身の準備性)を重視した人物である。一卵性双生児実験では後から訓練を始めたほうが学習の効率が良いことを示した。

⑤ ブルーナーが提唱した説である。レディネスを適切な教育的刺激によって早めることができる(レディネス促進)ことを提案した。

3 ④
解説

Aには無条件刺激，Bには条件刺激，Cにはレスポンデント条件づけが当てはまる。ロシアの生理学者パブロフが唱えた古典的条件づけの理論であ

る。この学習理論は刺激と反応，あるいは観念と観念の連合によって学習を理論づける連合説に分類される。

4 ③

解説

① 記述はソーンダイクによる試行錯誤説である。ケーラーは問題解決過程における見通し(洞察)を重視し，洞察説を唱えた。

② 学習の直後に行われる即時フィードバックは効果が大きく，時間が経ってからの遅延フィードバックは一般的に効果は小さくなる。

③ 適切。プログラム学習では，学習者のペースで，学習内容を細かく分け，基礎的なものから段階的に複雑なものへ移行していくことが望ましいとされる。

④ 「洞察」はひらめきによって問題の構造を理解し，現れてくる関係を見抜くことである。

⑤ 経験や習慣から形成された認知パターンから離れ，異なる視点から見ることで認知や視野の再体制化が起きる。

5 ①

解説

① 記述はソーンダイクの同一要素説で，適切である。これに対し，ジャッドは，経験が一般化されて一般原理として認識されたとき，状況だけがスライドして転移が起こるとする一般化説を唱えた。

② 練習の初期段階や年少者，知的に低い者の場合は，分散学習が効果的と考えられる。

③ 難易度の高い課題については分習法が，難易度の低い課題については全習法が有利であると考えられる。

④ 学習効果が転移すると考えるのは形式陶冶。実質陶冶では具体的・実質的な知識や技能それ自体の習得を目的とする。

⑤ 実質的な教育内容だけでなく，学習の転移を見込んだカリキュラムが組まれているといえる。例えば数学の学習により単に数量の計算や図形の性質を理解したりするだけでなく，汎用性のある思考法や洞察の訓練ができるという学習の転移が見込まれる。

⑤

解説

① 記述は過剰学習についての説明である。過剰学習には一定の効果がみとめられる。最初の学習量の50%ほどの過剰が効果的であるとされる。

② 記述の現象はレミニッセンスである。エピソード記憶とは時間や場所,そのときの感情などを含む出来事についての記憶である。

③ エビングハウスの忘却曲線では,記憶の保持率は記銘直後に急激に下降し,その後はゆるやかに下降するという特徴をもつ。

④ 一般に有意味材料のほうが記憶保持はよく,忘却曲線は緩やかになる。

⑤ 適切。最初と最後は最も忘却されにくく,中央部分が最も忘却されやすい。

7 ③

解説

Aはゲシュタルト派心理学者レヴィンによる場の理論である。ゲシュタルト心理学とは心理現象を要素の機械的な結合ではなく全体的なまとまり(ゲシュタルト)として理解しようとするものである。Bは順向抑制,反対に後に学習したことが前に学習したことを妨害することを逆向抑制という。Cの高原現象は学習曲線上で高原(プラトー)のような平坦な線を描く,学習の一時的な停滞のことである。課題が高度になることによる興味や意欲の低下,誤反応の固着,不適切な学習方法などさまざまな原因が考えられる。Dはハーロウにより命名された現象である。高等動物ほど学習の構えが形成されやすいとされる。

8 ③

解説

① ゲゼルが自身の発達観のなかで取り上げた考え方で,ある学習をするとき,これを習得するために必要な条件が用意され,準備されている状態のことである。レディネスが成立していれば効果的に学習できるとしても,効率性とは直接結びつくものではない。

② 一人一人について学習や成果を一定の価値基準によりまとめることで,個別に育ちを見ることができると同時に,自己評価と教師による他者評価によって,自身の理解と教師による指導の一体化が図れる利点がある。

③ 単になにかができるという能力だけでなく,それを推進するための意

志や興味を兼ね備えた能力のことで，これにより適応能力も促進される。

④　ピアジェの心理学で使われる用語で，人間が環境に適応していくなかで体制化される生得的に備わった行動の仕組み。シェムともいう。

⑤　幼児は周りの大人や友達をモデルとしてその言動を模倣し，自分自身に取り入れて成長していくが，この自発的な模倣をモデリングといい，指導して模倣させるわけではない。

9 ④

解説

①　一斉学習は原理的には個別学習の延長線上にあり，より多くの児童・生徒に効率的な指導を行おうとするもの。

②　グループ学習の構成は等質的グループと異質的グループがあり，問題文は前者を指す。

③　ＴＴは複数の教師が１学級の指導を協力して行うことである。

④　CAIはComputer Assisted Instructionの略で，適切。なお類似の用語に，コンピューターで教師の教育活動を支援するCMI(Computer Managed Instruction)がある。

⑤　「ごっこ学習」なども含めた劇化法は，表現活動によって学習内容の理解を深化させるものである。

10 ⑤

解説

①　集団学習の一種で，少人数のグループに分かれ，話し合いをするためのざわめき(buzz)からこの呼称となった。

②　児童自ら問題を設定させ，探究心を養う積極的活動による学習法。

③　２人以上の教職員が個々の子どもおよび集団の指導の展開をはかり，責任をもつ指導方法。

④　複数の児童・生徒を対象として教職員が指導する学習法の総称。

⑤　適切である。米国の心理学者スキナーが提唱した学習法。学習者の積極的な反応を強化することを特徴とし，学習の目標値に確実に到達できるように配慮されている。徐々に難易度の上がる例題を解いては答えの確認をさせ，学習者に達成感を味わわせるのが，プログラム学習の最もわかりやすい例といえよう。

11 ①

解説

　教育課程の定義は**ア**の通り。「カリキュラム」には，計画的で明示的な「顕在的カリキュラム」だけでなく，教師の目標や意図に関わりなく子どもを方向づける「潜在的カリキュラム」(隠れたカリキュラム)も含まれるため，教育課程よりも広義の概念になるので**イ**は正しい。教科主義カリキュラムは学問体系を基本として編成するカリキュラム，経験主義カリキュラムは子どもの生活経験を基本として編成するカリキュラムであり，両者をバランスよく配分することが求められている。よって**ウ**は正しいが**オ**は誤り。学問中心カリキュラムを提唱したのはブルーナー(1915 ～ 2016)なので**エ**は誤り。

12 ⑤

解説

　コア・カリキュラムは経験主義教育理論に基づくもので，その代表的なものにヴァージニア・プランとカリフォルニア・プランがあり，⑤が適切である。広域カリキュラム(小学校低学年の生活科のように，類似した教科や経験を広い範囲でまとめたもの)，融合カリキュラム(化学・物理・生物・地学を理科としてまとめるような，教科を廃止していくつかの分野から構成するカリキュラム)，教科カリキュラム(文化遺産の習得を簡単にするため，教科としてまとめ，理論的順序で内容を系統立てたもの。集団学習において一般的だが，押し付け学習になりやすい，暗記中心になり，思考力が育成されにくいなどの課題がある)はいずれもコア・カリキュラムと並列されるべきカリキュラムの類型である。

13 ③

解説

　経験カリキュラムについての記述である。このカリキュラムは，生活カリキュラムまたは活動カリキュラムとも呼ばれており，問題文に挙げた以外に，(1)教育の意義を子どもの問題解決による経験の再構成に求める。(2)従来の教科目の枠を取り払って，生活の題材を学習単元とする。(3)子どもの主体性を尊重し，自律的な学習ができるよう指導する。といった特徴を持つ。広域カリキュラムは小学校低学年の生活科など，類似の教科や経験を広い範囲でまとめたカリキュラムをいう。また，イリッチは潜在プログラムに

ついて書かれた『脱学校の社会』の著者であり，ヘルバルトは心理学と倫理学を基礎に，体系的な教育学を構築した。

14 ②
解説

① 「幼児の発達の理解」と「教師の指導の改善」という両面から行われる(幼稚園教育要領解説(平成 30 年 2 月，文部科学省)第 1 章第 4 節 2(5))。それを踏まえて指導計画の改善が行われる。

② 適切である。実際に幼児が生活する姿から発達の全体的な状況，よさや可能性などをとらえ，それに照らして選択肢にあるような視点から反省・評価する(「幼児理解に基づいた評価」(平成 31 年 3 月，文部科学省))。

③ 評価は日常の保育のなかでも行われ，保育と評価は常に一体になっている。常にそのための時間を取って行わなければならないというものではない。

④ 指導要録(児童等の「学習及び健康の状況を記録した書類」(学校教育法施行令第 31 条)の原本)は学校に備えておかなければならない表簿の一つである。外部への証明等にも役立たせる原簿となるもので，進学した場合はその抄本または写しは進学先に送られる。

⑤ 幼稚園教育要領において，幼児理解に基づいた評価を行う際には，「他の幼児との比較や一定の基準に対する達成度についての評定によって捉えるものではないことに留意する」とされている。

15 ③
解説

① 総括的評価は，学習終了後に行うもので，学習の成果と反省点を確認し，次の学習計画に反映させる。

② 形成的評価は学習の進行中に行う。学習成立の状態をチェックし，学習の過程の確認をしたり，変更したりするための資料を得る。

③ 正しい。

④ 絶対評価は，学習者が学習目標をどの程度達成したかを把握するために行う。子ども同士の比較はせず，目標と子どもを対応させるため，学習者の学習集団の中での優劣はこれでは計れない。具体例としては，公立小学校の通信簿などが挙げられる。

⑤ 相対評価は，学習の集団の中で，子どもの相対的な位置を把握するた

めに偏差値などを使って行われる。基本的には子どもと子どもを比較するものであり，優劣や差異などを決めるのに用いる。

16 ①
解説

ア 適切。「幼稚園における学校評価ガイドライン」(平成23年，文部科学省)の3(1)②(ア)自己評価の評価項目・指標等の設定に，「具体的にどのような評価項目・指標等を設定するかは，各学校が学校の状況や地域の実情に基づき判断すべきことである」とある。

イ 「教育課程」は，「幼稚園における学校評価ガイドライン」の別添2-1「評価項目・指標等を検討する際の視点となる例」として例示されている。

ウ 学校評価の形態には，教職員による自己評価，保護者などの関係者による評価，第三者評価の3形態によるものがある。このうち，第三者評価は法令による義務ではない。

エ，オ 適切。いずれも学校教育法第42条(幼稚園については，第28条により準用)及び学校教育法施行規則第66条～第68条(幼稚園については，第39条により準用)による。

17 ①
解説

① 適切。準拠集団は記述のように，単に所属しているというだけでなく個人が自分の行動の評価基準としている集団である。

② 幼稚園や学校は2次集団であり，公式集団である。1次集団には成員間の結びつきが親密で直接的な家族，親戚，遊び仲間，近隣集団などが分類される。

③ 学級は学校の管理の下に編成されるフォーマル・グループであるが，その中で次第に形成される友人関係はインフォーマル・グループである。

④ 記述のような集団効果はオルポートによる「社会的促進」である。「われわれ意識」は集団内に形成される一体的感情や内輪意識を表す概念。

⑤ 記述に当てはまる人物はレヴィン。モレノは人間関係の測定法であるソシオメトリーの考案者である。

18 ②
解説

アの集団思考は，個々の異なる考え方を提示し合うことで多くの情報や

豊かな発想が得られる方法である。自己の既有の知識と集団の意見のずれは知的好奇心を刺激し，認知的な動機づけになる。**イ**のブレーン・ストーミングは創造性の開発を目的として生まれた技法であり，正確さや実現性よりも自由な発想が重視される。適切。**ウ**の集団凝集性はレヴィンが導入した概念であり，集団が成員に対して持っている魅力である。集団凝集性が高いほど，活動は活発になる。**エ**の学級集団という単位でのリーダーは，学校が選出する担任教師である。入学から時間が経つにしたがって子ども同士の私的な結びつきが強くなり，小学校 4 年生頃からインフォーマルな小集団を形成するようになる。**オ**は適切。

19 ④

解説

① 相対評価は個人の集団内での相対的位置を決める評価法であり，客観性に優れるが，個人の学習へのフィードバックがしにくい。

② 絶対評価は個人の指導計画を改善しやすいが，基準自体が主観的・恣意的に決められるおそれがある。

③ 能力別学級編成には相対評価が適している。個人内評価とは各個人内での比較を行う評価法である。ある個人の教科や指標間の成績を比較する方法と，ある個人の過去の成績と現在の成績を比較する方法がある。

④ 適切。ブルームは完全習得学習の理論を提唱し，教育評価を診断的評価・形成的評価・総括的評価の 3 つに分類している。学習中の練習問題や単元テストなどが形成的評価に当たる。

⑤ 論文式テストは採点者の主観が入りやすく，非客観テストに属する。

20 ①

解説

① 適切。自閉症は先天性の脳の障害であり，言語的なコミュニケーションが難しい。視覚的な情報を利用して指導すると理解しやすい。

② 場面緘黙症は特定の場面で本人の意思と関わりなく言葉が出なくなる障害であり，早期の教育的な介入が必要である。

③ 吃音を意識したり，緊張したりするとかえって症状が悪化することがあるので，症状が出ているときは，無理に話させない。

④ ADHDは脳神経学的な疾患と考えられ，薬物療法や心理療法による治療が行われる場合がある。

⑤　フェニルケトン尿症は先天性の酵素の異常によってフェニルアラニンの代謝が阻害される障害で，主な症状は色素の欠乏と知的障害である。

21 ②

解説

Aにはインクルージョン，Bには特別支援教育が当てはまる。インクルージョンの理念は，近年福祉の理念として積極的に導入が進められている。2007(平成19)年には特別支援教育が学校教育法に位置づけられ，すべての幼稚園・学校で障害のある幼児児童生徒の支援をしていくことが定められた。バリアフリーやインテグレーションは近似した概念であるが，インクルージョンは健常者と障害者を二分して考えず，すべての子どもが十人十色であるとの認識に立つものである。自立活動とは，特別支援学校，特別支援学級，通級指導で行われる障害者が自立を目指すための活動である。健康の保持，心理的な安定，環境の把握，身体の動き，コミュニケーションについての訓練が行われる。

22 ⑤

解説

①　適切。できれば，障害児とクラスメイトになる子どもたちを含む，障害児の周りの人間全員が，その子どもを理解することが望ましい。
②　適切。障害児保育にあたる人間には，その子どもの障害がどのような原因によるもので，どのような影響をもたらすものなのかを理解しておくことが求められる。
③　適切。家庭と幼稚園とで教えることに一貫性がないと，子どもは混乱するばかりである。
④　適切。障害児保育においては，障害そのものへの理解と，それに基づく指導が重要。保育の目標としては，身辺自立のほか集団参加と社会性が重要。
⑤　不適切。言葉に遅滞のある子どもに対し，教え込もうとしたり，言葉の訂正や言い直しをさせることは禁物。話しかけを増やし，生活経験を広げることなどに配慮する。

23 ③

解説

①　「一斉指導を通して」ではなく「環境を通して」である。「特に，幼児期

は心身の発達が著しく，環境からの影響を大きく受ける時期である」(幼稚園教育要領解説(平成30年2月，文部科学省)第1章第1節2の(1))ことから環境を通して行う教育が基本となっている。

② 幼児は安定した情緒の下で自己を十分に発揮することにより発達に必要な体験を得ていくものである。だからといって，教師主導の一方的な保育を展開していくものではない。一人一人の幼児が教師の援助の下に主体性を発揮して活動を展開していけるようにする。

③ 正しい。教師は「幼児をただ遊ばせている」だけではなく，幼児の主体的な遊びを生み出すための必要な教育環境を整えることが必要となる。

④ 幼児の発達は，心身の諸側面が相互に関連し合い，多様な経過をたどって成し遂げられていくものであること，また，幼児の生活経験がそれぞれ異なることなどを考慮して，幼児一人一人の特性に応じ，発達の課題に即した指導を行うようにする。

⑤ 教師自身も人的環境であり，環境の一部である。教師の動きや態度は幼児の安心感の源となる。

24 ⑤

解説

① 幼稚園の子育て支援については学校教育法第24条に「幼児期の教育に関する各般の問題につき，保護者及び地域住民その他の関係者からの相談に応じ，必要な情報の提供及び助言を行うなど，家庭及び地域における幼児期の教育の支援に努めるものとする」と規定されている。

② 生涯教育のセンターでなく幼児期の教育のセンター。

③ 児童相談所や保育所との連携は大切なことであるが，幼稚園は幼稚園園児の関係者だけを対象に子育て支援をするのではない。広く地域の人々を対象とし，地域の幼児の健やかな成長を支えていくことが大切である。

④ 子育て支援活動は多様に行われるが，幼稚園の実態に応じ，着実に行われる必要がある。その際は，教育課程に基づく活動の支障とならないように配慮する。

⑤ 適切。「前項に規定する者は，児童虐待の予防その他の児童虐待の防止並びに児童虐待を受けた児童の保護及び自立の支援に関する国及び地方公共団体の施策に協力するよう努めなければならない」(児童虐待の防止等に関する法律第5条第2項)。「前項に規定する者」とは「学校，児童福祉施設，病院，都道府県警察，婦人相談所，教育委員会，配偶者暴力相

談支援センターその他児童の福祉に業務上関係のある団体及び学校の教職員，児童福祉施設の職員，医師，歯科医師，保健師，助産師，看護師，弁護士，警察官，婦人相談員その他児童の福祉に職務上関係のある者」であり，これには幼稚園の教諭も含まれる。

25 ⑤
解説

① 適切。平成16年度以降減少し続けており，令和3年は2万399人(前年比9.5%減)であった。

② 適切。労働人口に比べ高齢者が増える中，社会保障の水準を維持しようとすれば，若い世代の負担は当然大きくなる。

③ 適切。通報は，保育所・幼稚園・小学校などの職員に限らず，気付いた人間は誰でもできる。

④ 適切。児童養護施設への入所理由として，最も多い原因は「父母による虐待」で，次に「父母の放任怠惰」「父母の養育拒否・棄児」などネグレクトが続いている。親が生存している場合の入所が多く，家庭との関係調整は大きな課題となっている。

⑤ 不適切。令和5年4月の待機児童調査では，待機児童は調査開始以来5年連続で最少。保育ニーズは，女性の就労率の上昇等であり，令和3年からの新子育て安心プランではその対策をしている。

26 ③
解説

個々の子どもと子どもの集団の両方を観察，記録するのが研究の第一歩となる。この設問で正解としてあがっていないイ，ウ，オも保育の研究方法として確立されたものである。イの質問紙法は，家庭での幼児の生活・遊びなどについて知りたいとき，あるいは，生育歴など基本的な事実について情報を収集したいときなどに，質問紙を用意し，保護者に記入回答を求める方法。ウの観察法は，さまざまな場面で子どもが自然にする行動を観察し，これについて客観的な記録をとり，資料とする方法。オの面接法は，幼児と直接会話をしたり，観察したりすることにより，その幼児の性格や行動を研究しようとする方法。

27 ④
解説

① 幼児は安定した情緒の下で自己を十分に発揮することにより発達に必要な体験を得ていくものであることを考慮して，幼児の主体的な活動を促し，幼児期にふさわしい生活が展開されるようにすること。

② 幼児の自発的な活動としての遊びは，心身の調和のとれた発達の基礎を培う重要な学習であることを考慮して，遊びを通しての指導を中心としてねらいが達成されるようにする。

③ 幼児の発達は，心身の諸側面が相互に関連し合い，多様な経過をたどって成し遂げられていくものであること，また，幼児の生活経験がそれぞれ異なることなどを考慮して，幼児一人一人の特性に応じ，発達の課題に即した指導を行うようにする。

④ 適切。

⑤ 幼児期の教育は，生涯にわたる人格形成の基礎を培う重要なものであり，幼稚園教育は，学校教育法に規定する目的及び目標を達成するため，幼児期の特性を踏まえ，環境を通して行うものであることを基本とする。

28 ①
解説

エンパワーメントとはもともと，社会のなかで，子ども，女性，少数民族，障害者などの弱者が，周囲の状況を変え，主張する力をもつのみでなく，自分たち自身一人ひとりが可能性をもち，行動する力をもっている存在であることを認め，自分たちが現在あることを肯定的に受け入れることを重要な要素として含んでいる。幼児教育におけるエンパワーメントについて理解しておくようにしたい。

① エンパワーメントは子どもの主体性や自主性を重んじるが，放任するということではなく，自分を主張するとともに律することもできるような他者と協働できる力のことである。子どもは本来社会に対して貢献できる力があるという考えに基づく。

④ 子どもたちに「……しなさい」というのではなく「……してみましょう」というような形で援助することである。

⑤ ④と同様での形で関わることで，子どもの自己決定権や判断力を育てる。

29 ⑤
解説

ア 適切。幼稚園における発達の過程とは，子どもの生活が変容していくことであるといえる。

イ 遊びは子どもたちの交流に欠かせないが，必ずしも遊びの数の多さによって交流の円滑さが左右されるとは限らない。ひとつの遊びに没頭することによって交流が深まることも多々ある。

ウ 健康領域や環境領域で，危険な場所や危険な遊びについての正しい判断を身に付け，行動できるようになることが記載されている。

エ 適切。幼稚園という集団生活では家庭と違って，自分がケアされるだけでなく，親や教師，友達など他者をケアするという相互関係のなかで自分自身も尊重されているということを実感する。

オ 教師の存在は人的環境として，また愛着の対象として重要であるが，「誰よりも」とは言えない。保護者の存在も大きい。

30 ②
解説

ア このことは，子どもの主体性を大切にすることと正反対のことである。このようなことが起こるのは，同年齢なら皆同じ発達段階にあると思い込み，子ども一人一人に目を向けようとしないからである。

イ ふさわしい。子ども一人一人のこころの流れに沿って保育することが求められる。

ウ ふさわしい。子ども一人一人の生活実態も異なっているので，生活実態に応じた保育内容を明確にすることも大切である。

エ 子どもの自主性を大切にすることと，放任した保育を行うこととは別である。

オ 幼児期に，「自己を表出することが中心の生活から，次第に他者の存在を意識し，他者を思いやったり，自己を抑制したりする気持ちが生まれ，同年代での集団生活を円滑に営むことができるようになる時期へ移行していく」(幼稚園教育要領解説(平成30年2月，文部科学省)第1章第3節3)というように，集団生活が円滑に営まれるようにするには，子どもの主体性を大切にすることが重要である。

②

解説

ア，ウ 「教師は，幼児一人一人の発達に応じて，相手がどのような気持ちなのか，あるいは自分がどのようにすればよいのかを体験を通して考えたり，人として絶対にしてはならないことや言ってはならないことがあることに気付いたりするように援助することが大切である」。そして，友達との間で起こる対立や葛藤は排除されるべきものではなく，幼児の発達にとって大切な学びの機会であることも留意しておきたい。

イ このようなときは，「時期を見て，いろいろな友達と関わり合うきっかけとなる環境の構成や援助をしていくことも教師の役割である」。

エ 誤解を受けやすい文章だが，人から聞いた話よりも教師自身の主観的理解のほうがずっと確かであり，信頼できるということである。体当たりで子どもに接するときのことを考えれば理解できるだろう。

オ 「見守る」のではなく，**ウ**にあるように「気付かせるように援助する」。

 ③

解説

ア 「遊びの本質は，人が周囲の事物や他の人たちと思うがままに多様な仕方で応答し合うことに夢中になり，時の経つのも忘れ，その関わり合いそのものを楽しむことにある」というのが遊び本来の意味である。

イ 「遊びは遊ぶこと自体が目的であり，人の役に立つ何らかの成果を生み出すことが目的ではない」。

ウ 「活動の過程が意欲や態度を育み，生きる力の基礎を培っていくからである」。結果よりも過程が重要である。

エ 「自発的な活動としての遊びにおいて，幼児は心身全体を働かせ，様々な体験を通して心身の調和のとれた全体的な発達の基礎を築いていく」からである。

オ 「教師の関わりは，基本的には間接的なものとしつつ，長い目では幼児期に幼児が学ぶべきことを学ぶことができるように援助していくことが重要である」と，時間をかけて取り組めるようにすることの大切さを説いている。

33 ④

解説

ア 正しい。幼稚園運営上の留意事項としてこのことが掲げられている。

イ 正しい。幼稚園の特色として幼稚園には，このような家庭や地域とは異なる独自の働きがあり，ここに教育内容を豊かにするに当たっての視点があるとしている。

ウ 「幼稚園が家庭と協力して教育を進めることにより，保護者が家庭教育とは異なる視点から幼児への関わりを幼稚園において見ることができ，視野を広げるようになるなど保護者の変容も期待できる」と家庭との協力を積極的にすべきだとしている。

エ 正しい。子どもの教育について第一義的責任を有しているのはあくまでも家庭である。

オ 「家庭での生活の仕方が幼児の生活のリズムに大きく影響するので，入園当初は一人一人の生活のリズムを把握し，それらに応じながら，遊ぶ時間や食事の時間などに配慮することも必要である」と，子ども一人一人に合った指導の必要性を説いている。

34 ②

解説

① 適切。地域の人々との交流は幼児からの一方的なものではないことに留意。「幼児は，環境との相互作用によって発達に必要な経験を積み重ねていく。(省略)ここでの環境とは自然環境に限らず，人も含めた幼児を取り巻く環境の全てを指している」。

② 適切ではない。失われつつあるからこそ，伝統的な行事に積極的に触れる機会をもつべきである。

③ 適切。大人たちに見守られているという点からも，「幼児が豊かな人間性の基礎を培う上で貴重な体験を得るための重要な環境である」。

④ 適切。さらに，「幼児なりに食べ物を大切にする気持ちや，用意してくれる人々への感謝の気持ちが自然に芽生え，食の大切さに気付いていくことにつながる」。

⑤ 適切。「そのためには，日常の保育の中で，地域の人々や障害のある幼児などとの交流の機会を積極的に取り入れることも必要である。とりわけ，高齢社会を生きていく幼児にとって，高齢者と実際に交流し，触れ合う体験をもつことは重要である」。

第10章

専門試験
発達と実践

1 次のア〜カの言葉を幼児語と幼児音に分けたものとして適切なものを，あとの①〜⑤から１つ選びなさい。　　　　(難易度■■□□□)

〔言葉〕

ア　ちぇんちぇえ　　イ　おみじゅ　　ウ　わんわん

エ　くっく　　　　　オ　ぽうりゅ　　カ　じろうしゃ

①　幼児語－ア，イ，ウ　　幼児音－エ，オ，カ

②　幼児語－イ，エ，オ　　幼児音－ア，ウ，カ

③　幼児語－イ，カ　　　　幼児音－ア，ウ，エ，オ

④　幼児語－ウ，オ　　　　幼児音－ア，イ，エ，カ

⑤　幼児語－ウ，エ　　　　幼児音－ア，イ，オ，カ

2 次のア〜クの言葉を幼児語と幼児音に分けたものとして適切なものを，あとの①〜⑤から１つ選びなさい。　　　　(難易度■■□□□)

ア　ねんね　　イ　わんわん　　ウ　ちゅみき　　エ　ぶうぶ

オ　だっこ　　カ　まんま　　　キ　でんちゃ　　ク　くっく

①　幼児語－イ，エ，オ，カ　　　　　幼児音－ア，ウ，キ，ク

②　幼児語－ア，イ，エ，ク　　　　　幼児音－ウ，オ，カ，キ

③　幼児語－ア，イ，エ，キ　　　　　幼児音－ウ，オ，カ，ク

④　幼児語－ア，イ，エ，オ，カ，ク　幼児音－ウ，キ

⑤　幼児語－ウ，キ，ク　　　　　　　幼児音－ア，イ，エ，オ，カ

3 幼児期の発達に関する記述として適切なものを，次の①〜⑤から１つ選びなさい。　　　　(難易度■■■□□)

①　絵を描くとき，幼児が自分にとって印象の強い部分を大きく描くのは，幼児の象徴機能の発達によるものである。

②　幼児期の記憶の特徴は，意味を理解しながら覚える機械的記憶である。

③　４〜５歳の子どもの遊びは並行遊びが特徴であり，一緒に遊んでいるように見えても相互のやり取りは少ない。

④　骨格がほぼ完成し，ボール投げ，跳躍などができるようになる。

⑤　発達のつまずきが見られても，成長とともに消失するものもあり，必ずしも発達障害であるとは限らない。

4 幼児期の心身の諸機能の発達として正しいものの組み合わせを，あとの①～⑤から1つ選びなさい。　　　　　　　　　　　　(難易度■□□□□)

ア　神経系，リンパ系が顕著に発達する。

イ　身体の急激な発達と性的成熟が進み，心理的離乳に向かう。

ウ　骨格が完成する。

エ　ボール投げ，跳躍などができるようになる。

オ　女子の体位が男子を上回る。

①　ア，ウ　　②　ア，エ　　③　イ，ウ　　④　ウ，エ

⑤　エ，オ

5 発達のつまずきに関する記述として適切なものを，次の①～⑤から1つ選びなさい。　　　　　　　　　　　　(難易度■□□□□)

①　発達には一定の時期と順序があり，その経路と少しでも異なる徴候があればすぐに医師に相談し，治療を行わなければならない。

②　発達障害であることが確定した場合は，保育によって状況を改善することは難しいので，早期に専門家にゆだねるべきである。

③　発達のつまずきは親の責任ではなく，個々の子どもの個性の1つである。

④　発達のつまずきは成長とともに改善されていく場合が多いが，精神遅滞や脳性障害などの発達障害である場合は，その後も障害は固定的なものとなる。

⑤　発達のつまずきが障害であるかどうか，乳幼児期には見極めが難しいため，その可能性を念頭に置きながら工夫して働きかけていかなければならない。

6 次は，保育における子どもの生活と発達の援助についての記述である。A～Hにあてはまる語句をア～ソから選ぶとき，正しい組み合わせを，あとの①～⑤から1つ選びなさい。　　　　　　(難易度■■■□□)

　子どもの発達は，様々な側面が絡み合って(**A**)に影響を与え合いながら遂げられていくものであり，子どもの発達を促すためには，大人側からの働きかけばかりでなく，子どもからの自発的・(**B**)な働きかけが行われるようにすることが必要である。したがって，幼稚園においては，一人一人の子どもが，安心して生活でき，また，発達に応じた適切な(**C**)と援助があたえられることにより，(**B**)，意欲的に活動ができるような

(D)が構成されなければならない。

　このため，家庭や地域と連携を持った安定した子どもの生活と，子どもをありのままに見て，それを深く理解して受容する教師との(E)が重要である。

　子どもの活動には，強いて分けてみるならば，(F)，衣服の着脱や片付けなどのような生活習慣にかかわる部分と遊びを中心とする部分とがあるが，子どもの主体的活動の中心となるのは遊びである。自発的な活動としての遊びにおいて，幼児は心身全体を働かせ，さまざまな(G)を通して心身の調和のとれた全体的な発達の基礎を築いていくのである。この際，教師が遊びにどうかかわるのか，教師の(H)の基本を理解することが必要であり，そのために教師には，子どもの主体的な遊びを生み出すために必要な教育環境を整えることが求められる。さらに，教師には，子どもとの信頼関係を十分に築き，子どもと共によりよい教育環境をつくり出していくことも求められている。

ア　能力	イ　心身	ウ　食事	エ　相互
オ　発達	カ　刺激	キ　複雑	ク　環境
ケ　能動的	コ　信頼関係	サ　積極的	シ　遊び
ス　体験	セ　学習	ソ　役割	

① A-イ　B-サ　C-カ　D-セ　E-ス　F-ウ
　 G-オ　H-ソ
② A-キ　B-ケ　C-ア　D-コ　E-ソ　F-セ
　 G-ク　H-ス
③ A-キ　B-ケ　C-シ　D-セ　E-エ　F-ウ
　 G-カ　H-ア
④ A-サ　B-ケ　C-ク　D-ソ　E-コ　F-セ
　 G-オ　H-ス
⑤ A-エ　B-ケ　C-カ　D-ク　E-コ　F-ウ
　 G-ス　H-ソ

7 幼児期の手腕運動の発達段階を早い順に並べたものとして適切なものを，あとの①～⑤から１つ選びなさい。　　　　（難易度■■□□□）

ア　円・正方形の模写。はさみが使えるようになる。

イ　手の届くものを持って遊ぶ。

ウ　三角形を模写。箸をうまく使える。積み木を速く正確に揃えて積める。

エ　模倣して縦線を引く。積み木を押し付けるようにして5，6個積める。

オ　ひし形の模写。のこぎりが使える。

① イ－エ－ア－ウ－オ

② イ－ア－エ－ウ－オ

③ エ－イ－ア－オ－ウ

④ エ－イ－ウ－ア－オ

⑤ イ－ア－ウ－エ－オ

8 次のA～Eにあげた数量に関心を持たせるための具体的指導法の適切な指導の順序を，あとの①～⑤から１つ選びなさい。（難易度■■■■□）

A　お手玉を6個と4個に分けておき両方から1個ずつ対にして取っていき，お手玉が残った方が「多い」ということを教える。

B　あめ玉を2つに分け，どちらが多いか少ないか，直感的に判断させる。

C　大きな砂山と小さな砂山を作り，2つの砂の量を比較して，どちらが多いか判断させる。

D　さまざまな種類のものをならべておいて，その中から積み木やボールなど同種のものを集める遊びをさせる。

E　おはじき1個と多数を比較してどちらが多いかを尋ね，1つのおはじきを示しながら「いっこ」あるいは「ひとつ」と教える。

① A－B－C－D－E　　② B－D－C－A－E

③ C－D－B－A－E　　④ D－B－C－A－E

⑤ E－B－C－D－A

9 ことばの発達に関する記述として適切なものを，次の①～⑤から１つ選びなさい。　　　　　　　　　　　　　　　　　　（難易度■■■□□）

① 話しことばの習得は青年期以降でも可能であるが，自然な文法に従いスムーズな会話をすることは難しくなる。

② ヴィゴツキーによれば，子どものひとりごとは「自己中心的言語」である。

③ 児童期には言語能力が著しく発達する。この時期を「ことばの爆発期」ともいう。

④ 1歳頃から「ママ」「ワンワン」などの意味のある語を話せるようになり，5歳頃からは3語文を話せるようになる。

⑤ 3～4歳頃は命名期と呼ばれ,「これは何？」としきりに訊ね, 身のまわりの物の名前を知りたがる。

10 ことばの発達に関する記述として適切なものを, 次の①～⑤から1つ選びなさい。 (難易度■■■■□)

① 発達初期の養育者との愛着関係が不安定な子どもには, ことばの発達が遅れる傾向がある。

② ことばの学習には適期があり, その時期を逃すと成長後の習得は不可能となる。

③ ヴィゴツキーの理論によれば, 子どものひとりごとは, それまで漠然としたイメージであった思考を言語化するための移行過程である。

④ ピアジェの理論によれば, 自己中心的言語とは, 親しい人との話しことばのように, 現実場面に具体的に即したことばである。

⑤ 子どもは, ことばの外言化により, 親が見ていないところでも言いつけを守ったり, 自分の行動を調節したりすることができるようになると考えられる。

11 発達に関する記述として適切なものを, 次の①～⑤から1つ選びなさい。 (難易度■■■■□)

① 現在は生後の環境が発達に大きく影響すると考える立場が優勢である。

② 環境閾値説によれば, 身長などの身体的発達には環境の影響は小さいと考えられる。

③ 発達とは生後から成人期までの身体的・精神的変化である。

④ ゲゼルの成熟説では, 訓練によってレディネスが促進され, 成熟が早まるとされる。

⑤ 母親と過ごす時間が長い子どもは, ことばの発達が遅い傾向がある。

12 児童期の発達に関する記述として適切なものの組み合わせを, あとの①～⑤から1つ選びなさい。 (難易度■■■■□)

ア 物質の量などの保存性概念を理解する。

イ 状況について論理的に理解する。

ウ 心理的離乳期である。

エ 象徴機能が発達する。

オ　自立心が芽生え始める。

① ア，イ　　② ア，ウ　　③ イ，ウ　　④ ウ，エ
⑤ ウ，オ

13 幼稚園で発音が不明瞭な子どもの指導として適切なものの組み合わせを，あとの①〜⑤から１つ選びなさい。　　（難易度■■■□□）

ア　本人がはっきりと話すことが大切なので，本人が正しく発音するようになるまで待つ。

イ　友達と遊んでいるところにその子どもを連れていき，混じるようにいう。

ウ　その子どもが自ら話したことに関心を寄せ，認め，自信がつくようにする。

エ　発音が不明瞭なままでは教育的な意味がないので，その子どもに話せそうな言葉を使った仕事を与え，とにかく不明瞭に発音する機会をなくす。

オ　耳の聞こえが悪くなるような病気にかかっていないかなど，原因となるものがないか確認する。

① ア，イ　　② ア，ウ，オ　　③ イ，ウ，エ　　④ ウ，エ，オ
⑤ ウ，オ

14 遺伝と環境の働きに関する記述として適切なものを，次の①〜⑤から１つ選びなさい。　　（難易度■■■□□）

①　物事の得意・不得意などは，遺伝的要因ではなく，環境や経験によって形作られる。

②　一般に身体的側面に関連する特性ほど，環境からの刺激が少なくても発現しやすい。

③　絶対音感や外国語音韻の習得などの特性は，遺伝規定性が高い能力であり，良い環境に育っても素質が実現するとは限らない。

④　遺伝的要因は身体的側面にのみ現れ，心理面にはほとんど現れない。

⑤　遺伝的な障害は，環境によって症状を緩解したり適応させたりすることは難しく，医学的な対応が唯一の方法となる。

15 発達に関する記述として適切なものを，次の①〜⑤から１つ選びなさい。　　（難易度■■□□□）

①　発達の縦断的研究では，短期間で広範な年齢，発達段階に関する資料

321

が収集できる。

② 新生児の足の裏をなでると，足指を扇のように広げるモロー反射が起こる。

③ 幼いころから別々の環境で育った一卵性双生児には，高齢になってからも後成的差異がほとんどないことがわかっている。

④ 牛島義友は精神構造の変化による発達区分を行い，4〜8歳の子どもを身辺生活時代とした。

⑤ 発達加速現象には，成長加速傾向と成熟前傾傾向の2つの側面がある。

16 愛着の形成に関する記述として適切なものを，次の①〜⑤から1つ選びなさい。　　　　　　　　　　　　　　　　　　　　　（難易度■■□□□）

① 乳児は自分の生理的欲求を満たしてくれる人物に愛着を持つため，愛着の対象は必ずしも親しい人とは限らない。

② 人見知りは母子間の愛着が十分に形成されなかった子どもに見られる行動であり，愛着形成が十分な子どもは見知らぬ人にもすぐに親しみを持つ。

③ 適切な時期に愛着形成ができなかった子どもには，成長してからも人格的な障害が現れやすい。

④ アタッチメント理論では，乳児は情緒が十分に分化・発達していないため，自ら人に働きかけることができない依存的な存在であると考えられている。

⑤ 人手の少ない施設で育った子どもにはホスピタリズムの症状がみられるが，家庭で育った子どもにはみられない。

17 児童期の発達の特徴として適切な記述の組み合わせを，あとの①〜⑤から1つ選びなさい。　　　　　　　　　　　　　　　（難易度■■□□□）

ア　閉鎖的な仲間集団が形成される。

イ　主観と客観の分化のきざしが現れ，自我が芽生え始める。

ウ　数・量・重さ・体積に関する保存の概念が獲得される。

エ　この時期の発達課題は「親密対孤立」である。

オ　心理的離乳を体験する。

　①　ア，イ　　②　ア，ウ　　③　イ，エ　　④　ウ，エ
　⑤　ウ，オ

18 次の文は，幼稚園教育要領(平成29年3月告示)の安全に関する教師の指導についての記述である。適切な記述を○，不適切な記述を×とした場合の正しい組み合わせを，あとの①〜⑤から1つ選びなさい。(難易度■■■■□)

A 避難訓練などを通じて，災害などの緊急時に適切な行動がとれるように援助をしていくが，交通ルールに関しては，家庭が主体となり子どもが日常生活で身につけていくべき事項である。

B 安全に関する指導では，危険な場所や事物などが子どもの生活や遊びを通して理解できるように環境を設定していく。

C 幼稚園生活の中では，安全を確保するために，場合によっては厳しく指示したり，注意したりすることも必要である。

D 安全に関する指導では，子どもの情緒の安定を図ることが大切である。

	A	B	C	D
①	○	○	×	○
②	○	×	○	×
③	×	○	×	×
④	×	×	○	○
⑤	×	○	○	○

19 子どもの発達に関する記述として適切なものの組み合わせを，あとの①〜⑤から1つ選びなさい。 (難易度■■■□□)

ア 子どもが凝集性の高い仲間集団を形成するギャングエイジは，大人の介入を嫌い，思わぬ危険や反社会的行動につながることが多いため，大人は子どもだけで行動しないよう常に見守り予防するべきである。

イ 心理的離乳期には，親の保護から心理的に独立するという緊張と不安から，しばしば親に対して反抗的な態度などがみられる。

ウ 子どもが，自己中心的な認識から次第にさまざまな視点から対象を認識できるようになることを，脱中心化という。

エ 子どもが鏡に映った自分の像を自分であると認知できるようになるのは，生後6か月頃からである。

① ア，ウ ② イ，ウ ③ イ，エ ④ ア，イ，ウ
⑤ ア，イ，エ

20 次のア〜エに記した発達の主な特徴を年齢の低いものから高いものへ並べたものとして正しいものを，あとの①〜⑤から１つ選びなさい。

(難易度■■■■□)

ア　大人のいいつけに従うよりも，自分や仲間の意思を重要視し，それを通そうとする。仲間同士の秘密の冒険ごっこなどを喜んでいる。

イ　様々なことに興味をもち，「なぜ？」「どうして？」という質問が増える。

ウ　１つの目的に向かって少人数の集団で活動するようになる。互いに自分のしなければならないことや，ルールを守る必要性がわかるようになり，集団としての機能を発揮できるようになってくる。

エ　それまでは何かと大人に頼り，大人との関係を中心に行動していた子どもも，一人の独立した存在として行動しようとするなど，自我が芽生えてくる。

①　イ−エ−ア−ウ
②　エ−イ−ウ−ア
③　エ−ア−イ−ウ
④　エ−ウ−イ−ア
⑤　イ−ア−ウ−エ

21 １日の指導計画の留意事項として適切なものを，次の①〜⑤から１つ選びなさい。

(難易度■□□□□)

①　１日の指導計画は，前日までの子どもの活動の様子や，既往の経験，活動の種類とそれに対する子どもの興味関心を考えた上で作成する。

②　１日の教育時間は４時間と規定されているが，担任の考えるとおりに変更することができる。

③　計画を確実に実行できるよう，天候に左右されることのない指導案作りが必要である。

④　幼児はその特性から，評価することが困難なので，小学校のように評価を行う必要はない。

⑤　保育所とは異なるので，間食を与えたり，午睡をとらせてはならない。

22 次の文のうち，入園時の教師の配慮について幼稚園教育要領(平成29年3月告示)に照らした場合の不適切な記述の組み合わせを，あとの①〜⑤から１つ選びなさい。

(難易度■□□□□)

ア　特に3歳児の入園については，家庭との連携を緊密にする。

イ　幼稚園入園までに，排泄の自立と偏食なく食べられる態度を養うよう家庭に協力を依頼する。

ウ　幼稚園入園前に生活していた認定こども園や保育所などの場がある子どもに対しては，そこでの経験に配慮する。

エ　5歳児の入園については，心身の発達に問題のない限り子どもを見守る姿勢に重点を置く。

オ　家庭や幼稚園入園前に生活していた園での生活リズムに十分配慮する。

① イ，エ　　② イ，ウ　　③ エ，オ　　④ ア，エ

⑤ ウ，エ

23 次は，幼稚園教育要領(平成29年3月告示)「第2章　ねらい及び内容」の「人間関係」の4～6月の年間指導計画である。空欄(A)～(D)に当てはまる言葉を入れていくと余る語を，あとの①～⑤から1つ選びなさい。 (難易度■□□□□)

4月：(A)をもって遊んだり，生活したりできるようにする。(B)の楽しさを味わう。集団の(C)を習う。

5月：遊具の使い方など，集団の(C)を正しく実行する。行事に楽しく参加してよく活動する。

6月：よい習慣を身につける。(D)を守り，自分の生活もルールにそったものとする。

① 時刻　　② きまり　　③ 依存　　④ 集団生活

⑤ 信頼関係

24 遊びとその意義の組み合わせとして不適切なものを，次の①～⑤から1つ選びなさい。 (難易度■□□□□)

① 積み木遊び————共同の用具を公平に使い，友達と協力してつくるなどの態度を養う

② すべり台————いろいろな感覚や運動能力の発達を促す

③ 砂遊び————興味を持って自由にのびのびと表現する力を養う

④ ごっこ遊び————簡単な社会の仕組みや人々の働きに興味をもたせる

⑤ 遠足————数量や図形などに対する興味や関心をもたせる

25 次の文章の空欄(**A**)~(**D**)に入る語句の組み合わせとして適切なものを，あとの①~⑤から１つ選びなさい。　　　　　(難易度■■■■□)

　子どものトラブルは，(**A**)，ひんぱんに起こり，(**B**)の手段という側面がある。子どもの間でトラブルが起きたときには，子どもの発達段階に応じて援助をするようにする。子ども同士での解決が可能な発達段階において，解決が困難な場合には(**C**)。保護者が仲介する場合は，(**D**)ように考慮する。

　　ア　短時間性かつ一過性　　　イ　長びき

　　ウ　相互分離　　　　　　　　エ　相互接近

　　オ　大人が介入するが，大人の考えを無理に押し付けず，子どもが納得
　　　　するようにする

　　カ　どんなに時間がかかっても，自分たちで解決できるまで見守る

　　キ　それによって子どもが自分の失敗を学んでいく

　　ク　子どもに，自分の悪かったところを認めさせ，謝らせる

① 　A−ア　　　B−エ　　　C−オ　　　D−キ

② 　A−ア　　　B−ウ　　　C−カ　　　D−ク

③ 　A−ア　　　B−エ　　　C−カ　　　D−ク

④ 　A−イ　　　B−ウ　　　C−カ　　　D−キ

⑤ 　A−イ　　　B−エ　　　C−オ　　　D−キ

26 園外保育の際は，有害動物や有毒植物に気をつけなくてはならない。人体に無害あるいは無毒なものの組み合わせとして正しいものを，次の①~⑤から１つ選びなさい。　　　　　(難易度■■■■■)

① 　アオダイショウ，カツオノエボシ

② 　オタマジャクシ，ウルシ

③ 　キョウチクトウ，トリカブト

④ 　ヒガンバナ，ムカデ

⑤ 　カタツムリ，ネジバナ

27 次のア~オは「日常生活の中で数量や図形などに関心をもつ」ための遊びの例である。幼児にはどの順で遊びを経験させるのが適切か，あとの①~⑤から１つ選びなさい。　　　　　(難易度■■■■□)

　ア　砂山を作って２つの量を比較し，どちらが多いか少ないかの判断をさせる。

イ 様々な種類の異なるものをたくさん並べておき，その中から同種のもの，たとえばブロックや人形，おはじきなどを集めさせる。

ウ えんぴつ(ほかのものでもよい)を5本と3本(いくつでもよい)に分けておき，両方から1本ずつ対にして取り除いていき，残ったほうが多いということを教える。

エ たくさんあるあめ玉を2つに分けて，どちらが多いか少ないか，直感的に判断させる。

オ ブロック1個と多数とを比較してどちらが多いかを尋ね，1つのブロックを「いっこ」とか「ひとつ」と呼ぶことを教える。

① イ－エ－ア－ウ－オ
② イ－ウ－ア－エ－オ
③ ア－オ－エ－イ－ウ
④ ア－イ－エ－オ－ウ
⑤ ウ－イ－エ－ア－オ

28 次の文の空欄(A)〜(D)に当てはまる語の組み合わせとして適切なものを，あとの①〜⑤から1つ選びなさい。　　(難易度■■■■□)

　幼児同士が会話をするときは，その場所に相手がいるからしゃべっているだけであって，互いに正しく伝えたり，分かり合ったりしようという努力はしない。こういう言葉は(A)と呼ばれ，子ども特有の自己中心的思考の表れとみなされている。また，幼児は，困難な場面を切り抜けようと努めているときに(B)がしばしば出現するが，この場合は，幼児は言葉を思考の道具として用いているのである。それは，伝達のための言葉である(C)から，心の中で自問自答をし，考えをまとめていく(D)への過渡的形態とみることができる。(B)がみられなくなっていくのは，学齢期以降である。

① A－自己中心語　　B－ひとり言　　C－幼児音　　D－幼児語
② A－幼児語　　　　B－ひとり言　　C－外言　　　D－内言
③ A－幼児語　　　　B－吃音　　　　C－外言　　　D－内言
④ A－自己中心語　　B－ひとり言　　C－外言　　　D－内言
⑤ A－自己中心語　　B－吃音　　　　C－幼児音　　D－幼児語

29 次の空欄(A)～(E)に当てはまる語句の組み合わせとして正しい
ものを，あとの①～⑤から１つ選びなさい。　　　(難易度■■□□□)

　「動きや言葉などで表現したり(A)遊んだりする楽しさを味わう」とい
うことは，子どもに押し付けてまとめたものをステージで発表するという
ような，(B)に見せるためのものではない。子どもが(C)を浮かべ，
その世界にひたりきって，そのものになりきって，楽しんで動き回ることが
大切なのである。具体的にいえば，(D)が挙げられるだろう。その特徴
は，子ども自身が主体的に考え進めていくため，あらかじめ決められた筋
書きがない点である。

① **A**－ものを作り　　**B**－父母　　　**C**－イメージ　　**D**－ごっこ遊び

② **A**－演じて　　　　**B**－父母　　　**C**－汗　　　　**D**－砂遊び

③ **A**－ものを作り　　**B**－保護者　　**C**－イメージ　　**D**－砂遊び

④ **A**－演じて　　　　**B**－保護者　　**C**－イメージ　　**D**－ごっこ遊び

⑤ **A**－ものを作り　　**B**－保護者　　**C**－汗　　　　**D**－ごっこ遊び

30 次の文のうち，幼稚園教育要領(平成29年3月告示)に記載されている
教育時間終了後の幼稚園の役割や教師の援助として，適切な記述を○，
不適切な記述を×とした場合の正しい組み合わせを，あとの①～⑤から
１つ選びなさい。　　　　　　　　　　　　　　　(難易度■■■■■)

A 教育時間の終了後には，幼児教育の啓発のために保護者や地域の人々
に機能や施設を開放する。

B 幼児期の教育に関する相談に応じたり，情報を提供したりする。

C 保護者同士の交流の機会を提供したりする。

D 地域における乳幼児期の教育・保育のセンターとしての役割を果たす
よう努める。

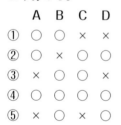

```
    A  B  C  D
①  ○  ○  ×  ×
②  ○  ×  ○  ○
③  ×  ○  ○  ×
④  ○  ○  ○  ○
⑤  ×  ○  ×  ○
```

31 次の文のうち，幼稚園教育要領(平成29年3月告示)に記載されている幼児期の人間関係形成における教師の援助として，適切な記述を○，不適切な記述を×とした場合の正しい組み合わせを，あとの①～⑤から1つ選びなさい。　　　　　　　　　　　　　　　　(難易度■■■■■)

A　他の幼児との間での葛藤やつまずきを乗り越えることで，思いやりの気持ちが育つことに留意する。

B　幼児同士で互いに必要な存在であることを認識できるようにする。

C　一人一人を生かした集団を形成しながらも，時にはクラスの目標に向かって適した集団となるように自己の発揮を抑制することも大切である。

D　トラブル時は互いに思いを伝え合うことが自己発揮の上で最も重要であり，一人一人が自己主張をできるまで援助を続けて行くことが，義務教育への連続性に関連することを意識する。

E　他の幼児と意見が異なった場合には，折り合いをつけたり，悲しかったり悔しかったりする自分の気持ちをコントロールする力が育つようにする。

```
       A   B   C   D   E
①     ○   ○   ○   ×   ○
②     ○   ×   ○   ○   ×
③     ×   ○   ○   ×   ×
④     ×   ○   ×   ○   ○
⑤     ○   ○   ×   ×   ○
```

32 次はある実習生の教育実習の記録とそれに対する教師のコメントである。コメントの(A)～(F)に当てはまるものをあとのア～スから選ぶとき，正しい組み合わせを，あとの①～⑤から1つ選びなさい。

(難易度■■□□□)

〈実習生の記録〉

「実習3日目で，たくさんの子どもたちと交流するうちに，名前と顔が一致するようになった。

登園してしょうた君に会ったら，「先生，おはよう」と挨拶されたので，「しょうた君，おはよう」と，名前をつけて言い返した。きのうの挨拶のときは名前が出てこず，「おはよう」と言い返しただけだったが，きょうのしょうた君はにこにこ笑って，きのうよりもうれしそうに感じた。砂場遊

びでは，みんながいっしょになって遊ぶなかで，はやと君だけが遊びのなかに入らず，どこか元気がないのが気になった。こういうときに，どんな声を掛けたらいいのだろうか，あとで藤田先生に尋ねることにしよう。積み木あそびのときは，子どもたちと遊ぶのに夢中になって，後片付けの時間になっているのを忘れてしまって，先生に注意されてしまった」。

〈教師のコメント〉

　「実習3日目，多くの子どもと関わることができ，しかも名前と顔が一致したというのは，よかったですね。これは，クラスの子どもたちを（　A　）として見ていたあなたが，子ども一人一人を自立的な存在として，（　B　）として見るように変化したのです。記録するということは，何気なくやっていることを（　C　）させ，それまで気付かなかった気付きが与えられます。記録の中で，昨日と今日の違いが明らかになり，何もしていないはやと君のことが気になる，つまり，子どもの目に見えない（　D　）な状態に気付いたことは進歩です。新任の教師は先輩の先生方の（　E　）も欠かせませんが，それを積極的に求めていこうという姿勢もいいですね。そして，それを参考にしながら，今後，より具体的に，保育者の（　F　）も記録していくと，保育を振り返る資料として役に立つでしょう」。

　　ア　理論化　　イ　愛情　　　ウ　助言　　　エ　人間　　　　オ　援助
　　カ　忠告　　　キ　集団　　　ク　個人的　　ケ　主観的　　　コ　個人
　　サ　意識化　　シ　指導　　　ス　内面的
　①　A－キ　　B－コ　　C－ア　　D－ケ　　E－カ　　F－イ
　②　A－コ　　B－エ　　C－サ　　D－ス　　E－ウ　　F－オ
　③　A－エ　　B－キ　　C－サ　　D－ク　　E－シ　　F－イ
　④　A－キ　　B－コ　　C－サ　　D－ス　　E－ウ　　F－オ
　⑤　A－キ　　B－コ　　C－ア　　D－ケ　　E－シ　　F－オ

解答・解説

1 ⑤
解説

　幼児語は，子どもが小さいときに親などの養育者が子どもに対して使い，そのために子どもが使うようになる言葉をいい，育児語とも呼ばれる。したがって，幼児語にはその家庭でだけ使われるものも含まれる。一方，幼児音は子どもの音声が発達する途上においてのもので，不明瞭に聞こえるものをいう。発音の発達スピードには個人差があるが，徐々に正しく発音できるようになる。ただし，聴力や口の中の機能・形態，知的発達の遅れが原因であることもあるので，よく観察する必要がある。

2 ④
解説

　幼児語とは，子どもが小さいときに，親など養育者が子どもに対して使う言葉であり，そのために子どもが使うようになる言葉である。世界では，養育者が一切幼児語を使用しないことで，子どもが幼児語を話さない地域もある。それぞれの言葉の意味は次の通り。**ア**　眠ること，**イ**　犬，**ウ**　積み木，**エ**　自動車，**オ**　抱くこと，**カ**　ご飯，**キ**　電車，**ク**　靴。

3 ⑤
解説

① 　幼児期の思考の顕著な特徴として自己中心性がある。印象の強い部分を大きく描くのは，自分から見て目立つ点にのみ注意を集中する中心化傾向の現れである。
② 　幼児期の記憶の特徴は，繰り返されることによって意味と関わりなく覚える機械的記憶である。
③ 　並行遊びは2～3歳頃。4～5歳頃になるとルールのある集団遊びができるようになる。
④ 　幼児期には走行，ボール投げ，跳躍などができるようになるが，骨格が完成するのは青年期である。
⑤ 　適切。乳幼児期は認知，知覚，運動機能などが未発達であるため，発達のつまずきが障害であるかどうかの見極めは難しい。家庭環境の聞き取りなどを行いながら慎重に見ていく必要がある。

4 ②

解説

　幼児期には神経系，リンパ系が著しく発達する。脳の神経系は6歳頃には成人の90％に達し，リンパ系は7歳頃には成人の水準に達する。また，歩行から走行ができるようになり，ボール投げ，三輪車乗り，跳躍などができるようになる。女子の体位が男子を上回るのは，児童期後半頃の現象である。女子では10〜11歳，男子では12〜13歳頃から身体の急激な発達と性的成熟が進み，思春期(青年期前期)に入る。骨格が完成するのは青年期である。解答は**ア，エ**の②である。

5 ⑤

解説

① 　発達にはおおまかな時期や順序があるが，個人差がある。

② 　保育によって少なからず状況は変化する。医療や福祉の専門家と連携しながら保育面で働きかけることが大切である。

③ 　児童虐待などがある場合にも発達のつまずきが起こる傾向もある。家族関係に留意して，必要があれば児童相談所などの他機関と連携することも重要である。

④ 　発達障害であっても，保育や医療などの働きかけにより発達とともに大きく変化していくものである。

⑤ 　適切。乳幼児期には見極めが難しい。園や家庭での観察を通して，また専門家からの助言を参考に必要であれば医療機関や養育機関と連携して対応していく。

6 ⑤

解説

　Aは「絡み合って」ということから，**キ**か**エ**が考えられるが，「与え合いながら」ということから**エ**となる。Bは前の語に「自発的」とあることから，似た意味の**ケ**となる。CとDはそれぞれ，「発達を促すためには，(省略)幼児の興味や関心に応じて必要な刺激が得られるような応答性のある環境が必要である」とされていることから**カ**と**ク**。Eは**コ**が文面から自然と導かれる。Fは「幼児の生活は，本来，(省略)具体的な生活行動に着目して，(省略)食事，衣服の着脱や片付けなどのような生活習慣に関わる部分と遊びを中心とする部分とに分けられる」ということから**ウ**。Gは「幼児期は，自然な生活の

流れの中で直接的・具体的な体験を通して，人格形成の基礎を培う時期である」とされ，幼児教育では体験が重視されるので，ここは**ス**。Hはあとに「整えることが求められる」とあることから**ソ**が正解。なお，「　」内はいずれも，文部科学省が示した『幼稚園教育要領解説』(平成30年2月，文部科学省)に示された解説である。

7 ①
解説

幼児期の手腕運動の発達段階について，設問で扱っているのは，**ア**　3歳児，**イ**　6か月児，**ウ**　5歳児，**エ**　2歳児，**オ**　6歳児の発達段階である。また，上記以外に，次のような発達段階が認められる。3か月児：静止物に手が届く。8，9か月児：手指で物を把握。12か月児：クレヨンの握り持ち。18か月児：なぐりがき。積み木を2，3個積める。4歳児：積み木を押し付けなしに積める。はさみで形を切り抜く。クレヨンを正しく持てる。教師は，以上の発達段階を念頭に，子どもの表現する意欲を十分に発揮させられるように環境の整備などを図るようにする。

8 ④
解説

数の指導は物の集まりの多さ・少なさとして指導する。指導は，「集合遊びをさせる」→「物の集まりの多少を直感的に判断させる」→「量の多少の比較をさせる」→「1対1の対応遊びをさせる」→「1と多数の比較をさせる」の順序で行うとよく，その具体例となるものを並べると④のD－B－C－A－Eとなる。就学以前の数の指導については議論があるが，就学するのに充分な知能の発達がなされていないと，劣等感をもつなどの問題が起こりうるので，その有用性を一概に否定することはできない。無論，知能の発達だけでなく，身体の発達，社会性・基本的習慣の発達も保育者は促していかねばならない。

9 ①
解説

① 適切。ことばなどいくつかの能力の習得には適期(敏感期)があり，その時期を逃すと難しくなる。野生児や社会隔離児はことばの習得が非常に困難であった例がある。

② ヴィゴツキーは，ひとりごとは外言(外部への伝達のためのことば)か

ら内言(音声を伴わない思考のためのことば)への移行過程で現われると
考え,「自己中心的言語」であるというピアジェの説を批判している。

③　児童期には言語能力が著しく発達するが,「ことばの爆発期」は2歳前
後の幼児に見られる発達過程である。

④　3語文を話せるようになるのは2〜3歳頃からである。

⑤　記述の命名期はおおむね1歳半〜2歳頃にみられる。

10 ①
解説

①　適切。乳児期から幼児期の発達課題には歩行,会話,排泄習慣,善悪
の区別などがあり,その時期の母子関係が欠如した子どもには,それら
の発達の遅れが多く認められる。

②　学習には最適な時期である「敏感期」があるが,人間の場合,その時期
を過ぎても習得は不可能ではない。

③　ヴィゴツキーは,子どものひとりごとは,外言(音声を伴う発話)から内
言(音声を伴わない心の中での発話)への移行過程であると位置づけた。

④　記述は「一次的ことば」についての説明である。ピアジェの理論では,
自己中心的言語とは子どものひとりごとなどのように自己中心的な認知
による,伝達を目的としないことばである。

⑤　内言化によって自分の行動を調節できるようになると考えられる。

11 ②
解説

①　現在は遺伝と環境の相互作用説が優勢である。

②　適切。ジェンセンの環境閾値説では,特性によって環境要因から受け
る影響の大きさが異なり,身長やことばなどはよほど劣悪な環境でない
限り発達が進むが,学業成績などには環境が影響しやすいとされる。

③　発達とは生後から老年期までの変化である。

④　レディネス(準備性)促進は学習優位説に立つブルーナーによって提唱
されたもの。ゲゼルは一卵性双生児の実験から,訓練が効果をあらわす
には学習者の心身の成熟を待たなければならないと考えた。

⑤　ことばの発達は認知の発達と関連が深く,乳幼児期の養育者との応答
的なコミュニケーションが重要である。

12 ①
解説

　アは児童期。11歳頃までに数，量，重さなどの保存性概念が確立される。ピアジェの発達段階では具体的操作期にあたる。**イ**は児童期。幼児期の直感的な理解から脱し，状況を論理的に理解できるようになる。**ウ**は青年期。親への精神的依存から離脱したいという欲求が生まれ，自立心と依存心の葛藤から精神的に不安定になる時期。青年前期であり第二反抗期ともいう。**エ**は幼児期。象徴機能とは目の前にないものの表象を心に浮かべ，他のものに代えて表す働きのこと。象徴機能は1歳半頃から発達する。**オ**は幼児期。2歳頃の幼児前期になると自立心が芽生え，親の働きかけに対し「イヤ」などと言って何でも自分でやりたがるようになる。

13 ⑤
解説

　発音が不明瞭な子どもは他者との会話が成立しにくく，言語発達が遅れる傾向がある。そのため，他者との関わりの機会が減り，社会性の発達に影響が出る傾向にある。このような子どもの支援の主なポイントとしては，(1)原因を究明し，取り除くようにする，(2)子どもに好きな遊具で存分に遊ばせ，しだいに友だちとの遊びに誘導する，(3)積極的に話したことを認めてやり，自信をもたせる，(4)簡単な言葉を使った課題を与え，やりとげた後にプラスのフィードバックが必要である，などが挙げられる。

ア　不適切。放置しているだけである。

イ　不適切。子どもの自由意志を尊重しておらず，友だちとの遊びを強制しているだけである。

ウ　適切。本人の好きなことに共感を示せば，言葉は出やすくなる。

エ　不適切。仕事や課題を与えるまではいいが，やりとげた時にほめてやらなくては，言葉の発達に導けない。

オ　適切。原因となる疾患等がないか確認している。

14 ②
解説

① 　環境や経験は人間の発達において大きな規定要因であるが，現在は遺伝と相互に影響しあうという相互作用説が優位である。

② 　適切。一般に，身体的側面に関連する特性ほど，遺伝規定性が高い。

335

③ 遺伝ではなく環境規定性が高いとされる特性である。ジェンセンの環境閾値説では，身長・能力などの特性によって遺伝的資質が環境要因の影響を受ける感受性が異なるとされる。

④ 発達が遺伝と環境の相互作用で進むことは，知能や認知などの心理面でも同様である。

⑤ 遺伝的な障害でも，環境的アプローチによって緩解したり，適応させたりすることが可能である。

15 ⑤

解説

① 記述は横断的研究の利点である。縦断的研究は同一の対象をある程度の期間追跡調査し，資料を収集する方法であり，同一対象の発達の変化を分析し，発達上の因果関係を導き出すことに利点がある。

② 記述は新生児の原始反射のうちのバビンスキー反射である。

③ 双生児研究法は，発達を規定する遺伝と環境の影響の程度を調査するのに適している。別々に育った一卵性双生児は幼いころほど差異が少なく，加齢とともに環境の影響を受け差異が増大することがわかっている。

④ 牛島義友の区分では，0〜4歳が身辺生活時代，4〜8歳は想像生活時代である。

⑤ 適切。発達加速現象とは，思春期における身長・体重などの成長加速傾向，および乳歯・永久歯の生え変わり時期の低年齢化，第二次性徴の早期化のような成熟前傾現象をいう。

16 ③

解説

① 愛着は生理的欲求の充足だけでは形成されない。温かく情緒的な接触のある特定の人物に対して形成される。

② 人見知りは特定の人物との間に十分な愛着が形成されている場合に見られやすい行動である。

③ 適切。適時の愛着形成がなかった子どもには，成長後も情愛のなさ，反社会性などの特有の障害が認められる。

④ アタッチメント理論は，ボウルビィが提唱した心理学的概念で，乳児は誕生時から周囲に積極的に働きかける能動的な存在であると考えられている。

⑤　家庭で育った子どもでも，養育者との間にアタッチメントの形成が不十分な場合はホスピタリズムの症状が現れる。

17 ②
解説

　アは児童期，イは幼児期，ウは児童期，エは初期成人期，オは青年期である。エリクソンの発達段階説において，「親密対孤立」は初期成人期の発達課題であり，児童期の発達課題は「勤勉性対劣等感」である。

18 ⑤
解説

　A・B・Dは，幼稚園教育要領「第2章　ねらい及び内容」の「健康」の「3　内容の取扱い(6)」に関連している。「安全に関する指導に当たっては，情緒の安定を図り，遊びを通して安全についての構えを身に付け，危険な場所や事物などが分かり，安全についての理解を深めるようにすること。また，交通安全の習慣を身に付けるようにするとともに，避難訓練などを通して，災害などの緊急時に適切な行動がとれるようにすること。」と記述されている。よって，Aは不適切，B・Dは適切。Cは，上記の箇書に関して幼稚園教育要領解説で述べていることなので適切。

19 ②
解説

ア　児童中期から後期の子どもは，凝集性，排他性の高い仲間集団での行動を好むようになる。この人間関係は子どもの社会性の発達に重要な意義をもつので，集団行動自体を予防するというのは不適切であり，集団における役割の自覚や主体的な責任意識を育成することが重要である。

イ　適切。心理的離乳は青年期にみられる発達過程の1つである。

ウ　適切。自分から見て目立つ面にのみ注意が集中することを中心化といい，他者の視点やさまざまな角度から物事をとらえられるようになることを脱中心化という。

エ　ルージュテストにより，鏡に映った自分の姿が自分であると認知できるようになるのは，生後18か月頃からである。

20 ②
解説

　アは6歳児，イは4歳児，ウは5歳児，エは3歳児の発達の主だった特徴である。幼児期は身体が成長するだけでなく，自我の芽生えから社会性が育つまでと，心も大きく成長する時期であり，その発達の段階に応じた教育指導を行うことが重要である。設問で示された以外の各年齢の特徴は以下の通り。3歳児：食事，排泄，衣類の着脱など基本的生活習慣の点で自立し始める。4歳児：全身のバランスをとる能力が育つ。自意識が芽生える。5歳児：友だちと活動する過程で社会性が育つ。物事の判断ができる基礎が培われる。言葉を介したコミュニケーションがとれるようになる。6歳児：幼稚園で最年長児としての自信と誇りを持つようになる。創意工夫をした遊びを始め，思考力・認識力もついてくる。

21 ①
解説

① 　適切。子どもの状態をよく観察した上で指導計画を立てることが大事である。
② 　勝手な変更は認められない。
③ 　天候に左右されることがないとなると，どうしても屋内の活動にかたよりがちである。戸外で日光にあたり，のびのびとした活動をさせることも必要なので，季節や年齢を考慮して適切な保育を行う。
④ 　個々の子どもに合わせた指導のためにも評価を行うことは必要である。
⑤ 　間食は幼児の楽しみという意味でも，エネルギーの補給の意味でも必要。また，1日4時間の教育時間のうちでも，必要に応じて午睡もとらせてもよい。

22 ①
解説

　イ・エが不適切である。ア・ウ・オについては，幼稚園教育要領第3章「指導計画及び教育課程に係る教育時間の終了後等に行う教育活動などの留意事項」第3「教育課程の役割と編成等」4「教育課程の編成上の留意事項」(2)「入園当初，特に，3歳児の入園については，家庭との連携を緊密にし，生活のリズムや安全面に十分配慮すること。また，満3歳児については，学年の途中から入園することを考慮し，幼児が安心して幼稚園生活を過ご

338

すことができるよう配慮すること。」と記述がある。**イ**については，家庭に呼びかけたり，子どもの発達段階を聞き取ったりすることはあるが，必ずしも自立している必要はなく，このような記載もない。**エ**については，入園時の年齢は関係なく，不安が強い子どもであれば，多くの支えを必要としている。子どもの状況に応じて援助することが大切である。

23 ③
解説

A　⑤が入る。就園やクラス替えなど，4月は人間関係に変化の出やすい時期である。新しい集団の中で幼児が楽しく生活するには，まず，互いに信頼関係を築くことが大切である。また，この時期には園舎内外の整備をし，わかりやすいところに子どもの持ち物を置くスペースをつくる。

B　④が入る。同世代のいろいろな子どもと触れ合う楽しさを味わえるように配慮する。

C　②が入る。遊具を独り占めせず，順番に使うなど，4月に習った「集団のきまり」を実行できるように指導していく。

D　①が入る。「守り」の目的語としては②も考えられるが，「生活もルールにそったものとする」が直後にあり，②だと同内容の繰り返しになってしまう。

24 ⑤
解説

　①～④の遊びには，設問中のもののほか，次のような意義がある。

①　集中力，持続力をもたせる。数量や図形に興味をもち，理解する能力の芽生えを促す。

②　身体を動かす楽しさを満足させる。友だちと仲良く，決まりを守って遊べるようになる。

③　解放感を味わい，情緒を満足，安定させる。友だちと喜んで遊んだり，協力したりする習慣や態度を養う。さまざまな感覚刺激を受けたり，道具を使うことの意味を学んだりできる。

④　想像力や空想力を豊かにする。友だちとグループを作って協力する態度を養う。

⑤　遠足には次のような意義がある。集団での行動の仕方を身につける。経験を豊かにし，感動を深める。友だちや保育者に対する親近の情を養

う。幼稚園での生活に変化をつけ，生活を楽しくする。

25 ①

　子どものトラブルには，ひんぱんに起こり，短くて激しく，その場限りであとを引かない(短時間性かつ一過性)という特徴がある。また，幼児の場合，トラブルは相互の意思や心の接近の手段であり，コミュニケーションの方法のひとつとなっている。保育者が子ども同士のトラブルに介入するのは，子ども同士の解決が難しい場合のみとし，それぞれの子どもの言い分をしっかりと聞きとめ，大人の考えを押し付けるのではなく，子どもが納得するように導かねばならない。人間関係領域では，トラブルは解決することが目的ではなく，折り合いをつけて自分の気持ちを調整することが大切であるとされている。

26 ⑤

① アオダイショウは大きなヘビだが，毒はない。毒蛇としてはマムシとハブに注意。カツオノエボシはクラゲの一種。触手に強い毒をもつ。
② オタマジャクシは無害だが，山野に生えるウルシに触れるとかぶれる。
③ キョウチクトウ，トリカブトはいずれも有毒植物。キョウチクトウは生垣に使われるなど身近にあるので，外出先にないか確認しておく。トリカブトは山でないとまず見かけないが，花が美しく，全草が有毒なので，遠足の際など，子どもが触ることのないよう，注意しなくてはならない。
④ ヒガンバナは全草が有毒だが，水溶性の毒なので，触れてしまったときは，手をよく洗えばよい。ムカデも毒があるので刺されないように気をつける。
⑤ いずれも無害，無毒である。

27 ①
解説

　ア〜オの遊びはそれぞれ，以下のことをねらったものである。数の指導は物の集まりの多さとして指導すべきであり，日常生活の中で，基礎となる事柄の経験を多くさせ，具体的な事物と数量や図形を対応させて取り扱うようにすることが大切である。
ア 量の多少の比較をさせる。

イ 集合遊びをさせる。

ウ 1対1の対応遊びをさせる。

エ 物の集まりの多少を判断させる。

オ 1と多数の比較をさせる。

　就学前の数の指導は賛否のわかれるところであるが，就学するのに十分な知能の発達がなされていないと，子どもが不登校を起こしたり，劣等感を持ったりするなど，種々の問題が起こりかねないので，十分な配慮が必要である。

28 ④
解説

　Aの子ども特有の自己中心的な思考の表れと目されているのは，自己中心語である。これがわかっていれば，選択肢②と③は除外できる。Bの「ひとり言」は幼児期に多くみられ，言語能力・思考力の発達とともにみられなくなっていく。CとDは，文脈から対になっている言葉であることがわかる。Cは自分以外の，外界へ向かって発信する言葉であることから外語と呼ばれ，Dは自分自身の内的世界へ向かっての言葉であることから内語と呼ばれる。幼児語は育児語とも呼ばれ，養育者が幼児に対して使う言葉であり，そのために子どもが使うようになる言葉である。幼児音は音声の発達段階における，不明瞭な発音を伴った言葉をいう。吃音はどもることである。

29 ④
解説

　幼稚園教育要領(平成29年3月告示)「第2章　ねらい及び内容」「表現」の2内容(8)「自分のイメージを動きや言葉などで表現したり，演じて遊んだりするなどの楽しさを味わう。」に関する文章である。人から与えられた，あるいは押し付けられたものではなく，幼児自身が感じたことや考えたことを自分なりに表現することを通して豊かな感性や表現力を養うことが大切だということが述べられている。もちろん，表現の仕方についても，幼児に対して特定の方法が押し付けられることがあってはならない。

30 ③
解説

A 不適切。「幼児教育の啓発」ではなく，「子育て支援」である。保育所保

育指針では，子育て支援の章が新たに新設されるなどしており，子育て
家庭への支援は幼稚園でも重要である。

B，C　適切。他にも「幼児と保護者の登園を受け入れる」などの記載がある。

D　不適切。正しくは「幼児期の教育のセンター」である。このことについ
ての記載は，「第3章　教育課程に係る教育時間の終了後等に行う教育
活動などの留意事項　2」にある。

31 ⑤
解説

A　適切。人間関係領域の内容の取扱い(4)に「(前略)人に対する信頼感や思
いやりの気持ちは，葛藤やつまずきをも体験し，それらを乗り越えるこ
とにより次第に芽生えてくることに配慮すること。」とある。

B　適切。第1章　総則　第3　教育課程の役割と編成等　4　教育課程の
編成上の留意事項(1)「(前略)他の幼児とのかかわりの中で幼児の主体的な
活動が深まり，幼児が互いに必要な存在であることを認識するようにな
り(後略)」とある。

C　不適切。自己発揮の抑制については書かれていない。

D　不適切。幼稚園教育要領にこのような記載はない。自己主張が苦手な
子どももいれば，言語以外で自己主張をする子どももいる。その子ども
の特性に応じて，援助していくことが大切である。

E　適切。人間関係領域の内容の取扱い(5)「(前略)互いに思いを主張し，折
り合いを付ける体験をし，きまりの必要性などに気付き，自分の気持ち
を調整する力が育つようにすること。(後略)」と記載されている。

32 ④
解説

A，B　集団生活のなかで子どもたち一人一人を個人として尊重すること
が大切であると頭では分かっていても，実習生には学校などで学習して
きた理論と実践が一致しない段階であるといえる。

C　記録することによって，自分の何気ない行動を意識化させ，それまで
気付かなかったことを認識させることがよくある。

D　保育では，子どもの内面的な状態を適切に理解することも大切である。

E　よりよい教師を目指すには，先輩の助言は欠かせない。とくに新任の
段階では積極的に助言を求め，それを前向きに捉えて活かそうとするこ

とが重要である。

F　幼稚園は子どもたちが適切な援助を行う教師と共に生活する場である。

●書籍内容の訂正等について

　弊社では教員採用試験対策シリーズ(参考書，過去問，全国まるごと過去問題集)，公務員採用試験対策シリーズ，公立幼稚園教諭・保育士採用試験対策シリーズ，会社別就職試験対策シリーズについて，正誤表をホームページ (https://www.kyodo-s.jp) に掲載いたします。内容に訂正等，疑問点がございましたら，まずホームページをご確認ください。もし，正誤表に掲載されていない訂正等，疑問点がございましたら，下記項目をご記入の上，以下の送付先までお送りいただくようお願いいたします。

> ① **書籍名，都道府県・市町村名，区分，年度**
> 　(例：公立幼稚園教諭・保育士採用試験対策シリーズ　秋田市の公立保育士2025 年度版)
> ② **ページ数**(書籍に記載されているページ数をご記入ください。)
> ③ **訂正等，疑問点**(内容は具体的にご記入ください。)
> 　(例：問題文では"ア〜オの中から選べ"とあるが，選択肢はエまでしかない)

〔ご注意〕

○ 電話での質問や相談等につきましては，受付けておりません。ご注意ください。

○ 正誤表の更新は適宜行います。

○ いただいた疑問点につきましては，当社編集制作部で検討の上，正誤表への反映を決定させていただきます(個別回答は，原則行いませんのであしからずご了承ください)。

●情報提供のお願い

　協同教育研究会では，これから公立幼稚園教諭・保育士採用試験を受験される方々に，より正確な問題を，より多くご提供できるよう情報の収集を行っております。つきましては，公立幼稚園教諭・保育士採用試験に関する次の項目の情報を，以下の送付先までお送りいただけますと幸いでございます。お送りいただきました方には謝礼を差し上げます。

(情報量があまりに少ない場合は，謝礼をご用意できかねる場合があります。)

◆あなたの受験された専門試験，面接試験，論作文試験の実施方法や試験内容

◆公立幼稚園教諭・保育士採用試験の受験体験記

- -

送付先	○電子メール：edit@kyodo-s.jp
	○FAX：03 − 3233 − 1233 (協同出版株式会社　編集制作部 行)
	○郵送：〒 101 − 0054　東京都千代田区神田錦町 2 − 5
	協同出版株式会社　編集制作部 行
	○HP：https://kyodo-s.jp/provision (右記のQRコードからもアクセスできます)

　※謝礼をお送りする関係から，いずれの方法でお送りいただく際にも，「お名前」「ご住所」は，必ず明記いただきますよう，よろしくお願い申し上げます。

【編集協力者】

阿部 真美子　聖徳大学　教育学部児童学科　教授

石田 成人　　東京未来大学　モチベーション行動科学部　講師

小田桐 忍　　聖徳大学　教育学部児童学科　教授

齋藤 有　　　聖徳大学　教育学部児童学科　准教授

杉浦 誠　　　常葉大学　保育学部保育学科　准教授

深津 さよこ　聖徳大学　教育学部児童学科　准教授

公立幼稚園教諭・保育士採用試験対策シリーズ

京都市の公立幼稚園教諭
（過去問題集）

編　集　Ⓒ協同教育研究会
発　行　令和6年6月10日
発行者　小貫　輝雄
発行所　協同出版株式会社
　　　　〒101-0054　東京都千代田区神田錦町2-5
　　　　TEL.03-3295-1341
　　　　http://www.kyodo-s.jp
　　　　振替　東京00190-4-94061
　　　　印刷・製本　協同出版・POD工場